VOM
HÖLLENENGEL
ZUM
BANDITEN
UND WIEDER ZURÜCK

VOM

HÖLLENENGEL ZUM

BANDITEN

UND WIEDER ZURÜCK

MEINE GESCHICHTE

FERNANDO S.

AUTOBIOGRAFIE

Bibliografische Information der Deutschen Nationalbibliothek: Die Deutsche Nationalbibliothek verzeichnet diese Publikation in der Deutschen Nationalbibliografie; detaillierte bibliografische Daten sind im Internet über dnb.dnb.de abrufbar.

Weitere Mitwirkende:

Hardy Bond	Social-Media und Videograf
Sarah Mencke	Buchdesign und Fotografin
Katrin M.	Assistentin und Organisatorin

Verlag: BoD · Books on Demand GmbH, In de Tarpen 42, 22848 Norderstedt
Druck: Libri Plureos GmbH, Friedensallee 273, 22763 Hamburg

ISBN: 978-3-7597-7537-5

Inhaltsverzeichnis

Vorwort

Mein Name ist Fernando S. Ich bin am 12.02.1983 in Mönchengladbach geboren.

Mein Vater war italienischer Staatsbürger und meine Mutter deutsche Staatsbürgerin.

Ich bin aufgewachsen in Bedburg-Erft, bei Bergheim.

Die Stadt aus der "unser" Lieblingsfussballer Lukas Podolski stammt!

Die Idee für dieses Buch entstand während meiner Zeit in der JVA Köln 2018, als ich dort in Isolationshaft saß!

Aus dieser Idee, die von vielen belächelt wurde, entstand ein Plan und dann ein Projekt.

Ich danke den Männer von 26 ix.TV, dass sie mir eine Plattform gegeben haben, damit ich meine Geschichte teilweise in einem Interview erzählen durfte, um so auf meine Person aufmerksam zu machen! **(youtube: 26ix.TV Fernando S.)**

Erst durch dieses Interview bekam ich den letzten Schub an Motivation, um dieses Projekt zu verwirklichen!

Dies ist kein "Aussteiger"-Buch, so wie Ihr es von manchen anderen Personen gewohnt seid! So langsam wird dieser Schuh auch echt langweilig…

Nein, hier geht es allein nur um mich, meine Lebensgeschichte und meine Erfahrungen (im Rocker-, Rotlicht- und Türstehermilieu).

Ich berichte euch von meinen unglaublichen Erlebnissen mit einer gewissen Staatsanwältin und mit der Polizei. Wie die Medien meinen Namen durch den Dreck zogen und dann nicht mal den Anstand besaßen, dies zu korrigieren!

In diesem Buch werdet ihr erfahren, wie meine damaligen Brüder und ich 20 Jahre an Haftstrafen bekamen, wir aber unschuldig waren!

Dies war, meiner persönlichen Meinung nach, nicht etwa ein Justizirrtum, im Gegenteil, es war gezielt und geplant von Seiten der Strafverfolgungsbehörden, dieses Verfahren zu genau so einem Abschluss zu bringen.

Ich erzähle euch, wie aus einem schüchternen Jungen aus einem Kölner Vorort ein Mann wurde, der Mitglied in den zwei größten MC's (Motorcycle Clubs) der Welt war.

Ich war Hells Angel Prospect und der V-Präsident des Bandidos Chapters Düren (Borderside). Ich gründete insgesamt drei Chapter während meiner Zeit beim Bandidos MC, zwei in Deutschland und eins im Kosovo!

Ich wollte nicht nur Teil eines Motorradclubs sein, ich wollte was bewegen!

Schnell musste ich aber feststellen, wer viel macht, macht auch viel falsch…

Mit meiner Geschichte möchte ich euch zeigen, dass nicht alles, was in den Medien über diese Szene geschrieben wird, auch stimmt. Für manche "Aussteiger" ist es einfach, auf den fahrenden Zug der Medien zu springen, da sie durch Verrat und Lügen keine andere Möglichkeit mehr haben.

Sie werden, meiner persönlichen Meinung nach, nur noch als Instrument für die Justiz, die Strafverfolgungsbehörden und die Medien benutzt, um negative "Stimmung" zu verbreiten.

Dies trifft auf mich in keinster Weise zu und so bekommt ihr mal einen anderen positiven Einblick in diese Szene! Ich bin seit 2017 kein Mitglied mehr in einem MC und deswegen kann ich ganz objektiv über meine Vergangenheit als Hells Angel und als Bandido schreiben.

Ich bedanke mich bei all denen, die jetzt dieses Buch in der Hand halten und sich für meine Geschichte interessieren! Ich verspreche euch, es wird euch gefallen…

So, genug blabla… Viel Spaß beim Lesen!

Euer Fernando

1

Kindheit - Jugend - Freunde

Am 12.02.1983 erblickte ich in Mönchengladbach das Licht der Welt. Meine Mutter war erst 21 Jahre und mein Vater hatte sich 6 Monate vor meiner Geburt schon aus dem Staub gemacht.

Beste Voraussetzungen für ein sorgenfreies Leben…

Mein Vater war Italiener aus der Nähe von Neapel und bis zum heutigen Zeitpunkt habe ich ihn nie gesehen, nicht einmal ein Bild. Er könnte also morgen an mir vorbei gehen und ich würde nicht wissen, dass er mein Vater ist! Er würde es aber genauso wenig wissen, dass ich sein Sohn bin!

Vom Tag an, als er erfuhr, dass meine Mutter mit mir schwanger war, schlug er sie täglich und trat ihr in den Bauch, in der Hoffnung, sie würde mich verlieren. Ein richtiger Bastard also!

Meine Mutter zog die Reißleine und zog zu ihren Eltern (meine Oma und mein Opa) zurück und rettete mir und ihr wahrscheinlich so das Leben.

Mein Vater zog dann, kurz vor meiner Geburt, zurück nach Italien und damit war das Thema "mein Vater" auch schon direkt erledigt!

2 Wochen nach meiner Geburt fing meine Mutter auch schon direkt wieder an zu arbeiten, weil sie durch die Trennung von meinem Vater so gut wie alles verloren hatte. Wohnung weg, kein Geld mehr und wer will schon als alleinerziehende Mutter wieder bei den Eltern zu Hause leben?

Zuerst arbeitete sie in einem großen Kaufhaus in Grevenbroich an der Information und wenig später wurde sie dann Rechtsanwaltsfachangestellte.

Mein erster Kontakt mit Rechtsanwälten war also schon in sehr jungen Jahren und war tatsächlich meiner Mutter geschuldet.

Bis zu meinem 3. Lebensjahr wohnten wir dann bei meinen Großeltern. Sie waren die BESTEN!!!

1986 lernte meine Mutter dann meinen Stiefvater kennen. Alles ging relativ schnell und wir zogen von Grevenbroich nach Bedburg-Erft. Mein Stiefvater war ein sehr wohlhabender Mann. Eigenes Haus mit Garten, eigene Firma (Autoteile), 2 Autos und und und… er hatte sogar ne Waffensammlung vom 2. Weltkrieg! Es gab auch in der Wohnung diverse Fotos und Abzeichen, auf denen man das Hakenkreuz erkennen konnte.

Ich selber aber habe nie mitbekommen, dass er mal Nationalistische Ausdrücke oder Sprüche von sich gegeben hat, trotzdem fand ich es schon in jungen Jahren befremdlich, dass mein Kinderzimmer direkt neben dem Raum war, in dem die Waffen lagen.

Ich hatte eine relativ schöne Kindheit. Finanziell ging es uns gut und obwohl er mein Stiefvater war, hat er sich das niemals anmerken lassen.

Er adoptierte mich sogar, als ich 6 Jahre alt war.

Erst als ich 11 Jahre alt war, erfuhr ich, dass er gar nicht mein leiblicher Vater war!!!

Ich persönlich fand es gar nicht schlimm, weil er für mich einfach mein Vater war.

Blut macht nicht Familie, sondern Loyalität und die Liebe zu einem Menschen macht es!

Er hat mir alles ermöglicht und gegeben, was ein Kind so benötigt und dafür danke ich ihm… vorerst!!!

Meine Kindheit war auf jeden Fall voll normal. Ich habe mit anderen Kindern Fußball gespielt, war gut in der Schule, hatte viele Freunde und habe auch zu Hause bekommen was ich wollte. Wir sind 3 mal im Jahr in den Urlaub geflogen und ich habe schon in jungen Jahren die halbe Welt gesehen. Ägypten, Tunesien, Zypern, Griechenland, Dominikanische Republik, Kuba, Skandinavien komplett und viele Länder mehr… Ich habe schon sehr früh gemerkt, dass ich mich für verschiedene Länder und Kulturen interessiere.

Mein Favorit ist natürlich Sonne, Strand und Meer…

Bis zu meinem 12. Lebensjahr war wirklich alles normal, aber dann fing es langsam an zwischen meiner Mutter und meinem Stiefvater zu kriseln. Als Kind merkst du sowas relativ schnell leider. Die Liebe nahm ab und die Aggressionsschwelle war sehr gering.

Hier ein Beispiel… Wir saßen wie fast jeden Tag zusammen und es gab Mittagessen.

Es gab Wirsing, richtig widerlich und das habe ich mir dann auch anmerken lassen und ließ den Wirsing auf meinen Teller. Mein Stiefvater forderte mich auf, meinen Teller leer zu essen, aber dieser Aufforderung konnte ich beim besten Willen nicht nachkommen! Ich hätte den ganzen Tisch voll gekotzt, hätte ich diesen Wirsing aufgegessen.

Auf einmal bekam ich eine Ohrfeige, die wirklich KO-Potenzial hatte!!!

Er schlug immer weiter auf mich ein, die Treppen hoch, bis ich in meinem Zimmer war, erst dann ließ er von mir ab. Er schloss meine Tür von außen zu, sodass ich mein Zimmer nicht mehr verlassen konnte!

Zum ersten Mal in meinem Leben eingesperrt!!! Vom eigenen Stiefvater!!!

Meine erste Zelle war also mein Kinderzimmer!!!

Wenn ich heute darüber nachdenke, merke ich, wie gut ich das alles eigentlich verarbeitet habe, aber die Schläge waren nicht das schmerzhafteste an diesem Tag. Für mich war das Schlimmste, dass meine Mutter nicht mal reagierte.

Wie kann man als Mutter so etwas zulassen? Wie kann man da wegschauen?

Ich merkte von diesem Tag an, wie sehr mein Respekt diesen beiden Menschen gegenüber immer weniger wurde. Ich bat immer öfter darum, zu meiner Oma fahren zu dürfen, um dort mal ein Wochenende zu verbringen.

Ich konnte ihre Fressen nicht mehr sehen!

Der wahre Grund für die charakterliche Veränderung meiner Mutter und meines Stiefvaters war der Alkohol! Ich wusste schon immer, dass Alkohol ein sehr großer Bestandteil ihres Lebens war. Einmal im Monat gaben sie bei uns im "Partykeller" eine Feier für Nachbarn und Freunde und wir Kinder durften dann oben fernsehen. Aber diese Partys wurden immer wilder und wenn dann alle Gäste weg waren, knallte es bei uns zu Hause.

Sie stritten sich immer häufiger, fast täglich und zu Hause wurde die Luft immer dünner.

Man spürte die Anspannung, die zu Hause in der Luft lag.

Für ein Kind ist es das schlimmste Gefühl, glaubt mir. Auch die Gewalt nahm zu, nicht mir gegenüber, sondern meiner Mutter gegenüber. Klar bekam ich auch noch ab und an was hinter die Ohren, aber meine Mutter wurde wortwörtlich zerschlagen!

Für mich war dies unerträglich und ich habe mich als Kind so wehrlos gefühlt, weil ich meine Mutter nicht schützen konnte. Schon da habe ich mir geschworen, niemals eine Frau zu schlagen!

Die Verletzungen von meiner Mutter wurden von Mal zu Mal schlimmer und die Ausreden, wie diese Verletzungen entstanden sind, wurden immer abenteuerlicher. Mit der Zeit begriff ich, dass die Ehe dem Ende zuging.

Als ich mein 15. Lebensjahr erreicht habe, kam es dann auch zur Trennung. Meine Mutter hielt diesen Terror von Beleidigungen, respektlosem Verhalten und körperlicher Gewalt nicht mehr aus. Wir zogen von einem Haus in eine 3-Zimmer-Wohnung, von 3 mal im Jahr Urlaub zu Urlaub auf Balkonien und von 20 DM Taschengeld am Tag (in den Ferien) zu, gehe selber arbeiten für dein Geld (Zitat meiner Mutter).

Was ich dann auch tat…

Meine schulischen Leistungen wurden nach der Trennung auch immer schlechter. Nicht weil ich dumm oder faul war, sondern weil mich das alles emotional sehr mitnahm!

Ich bin von der Realschule zur Hauptschule gewechselt.

Für mich war dieser Schritt richtig schlimm, weil ich dadurch Freunde verlor und viele sich auch über diesen Schulwechsel lustig gemacht haben, ohne zu wissen, was der wahre Grund dafür war.

Aber so sind Kinder halt, in diesem Alter sieht man Mobbing halt nicht als Mobbing, sondern es ist cool jemanden mit sowas aufzuziehen, um sich in der Gruppe beliebt zu machen.

Mein Leben änderte sich einfach schlagartig. Der Schulwechsel, neue Umgebung, finanzielle Schwierigkeiten… all das bricht als 15-Jähriger über dich hinein und dann verlangt man von dir, dass du das alles einfach mal so verarbeitest.

Wie soll das bitte funktionieren???

Es wurde aber noch schlimmer… Meine Mutter verlor sich komplett im Alkohol!

Sie ging jeden Tag in die Kneipe und das nicht nur abends! Ich war komplett auf mich alleine gestellt. Ich musste mich selbst versorgen, hatte keine Hilfe bei alltäglichen Ratschlägen oder bekam irgendwie noch Mutterliebe und Fürsorge zu spüren.

Also nahm ich das Heft selber in die Hand und erledigte alles alleine. Ich war jeden Tag pünktlich in der Schule und war Klassenbester. Ich bin direkt zu meiner ersten Arbeitsstelle, einer Brauerei, gefahren, um dort Leergut zu sortieren. Anschließend fuhr ich mit dem Fahrrad nach Hause, um dort meine Hausaufgaben zu erledigen. Dann ging ich um 18:00 Uhr zu einem anderen Job in einer Pizzeria. Hier habe ich dann 4 Stunden am Tag telefonisch Bestellungen entgegengenommen und die Pizzataxifahrer koordiniert. Mein Lohn war 5 DM die Stunde und ich durfte eine Pizza mit nach Hause nehmen.

Diese Pizza hat mir verdammt oft mein Leben gerettet, weil ich nicht davon aus gehen konnte, dass zu Hause gekocht wurde, geschweige denn das meine Mutter überhaupt zu Hause war.

Die Pizzeria wurde in den Ferien mein zu Hause. Ich war von morgens bis abends dort um zu arbeiten und mein Aufgabenbereich erweiterte sich auch täglich.

Ich half in der Küche, erledigte Einkäufe und bereitete nachher sogar selbst Speisen zu.

Früher konnte ich in den Ferien immer mit meinen Freunden ins Freibad, nach der Trennung habe ich das Freibad in 6 Wochen tatsächlich nur noch 2 mal gesehen. Am Wochenende trug ich gelegentlich auch noch Zeitungen aus, was für mich tatsächlich der nervigste Job war.

Der Besitzer der Pizzeria Marco (Name geändert) wurde für mich eine Art Vaterersatz. Er kümmerte sich um mich, weil er auch meine Familienverhältnisse kannte und ich ihm, so glaube ich, auch sehr leid tat. Ich fand tatsächlich zwischenzeitlich auch noch Zeit für Sport, auch das Dank Marco, weil er immer darauf achtete, dass ich mich als 15/16-jähriger nicht in der Arbeit verlor.

Vor der Trennung meiner "Eltern" spielte ich Tischtennis und Basketball und war in beiden Sportarten tatsächlich nicht schlecht. Auch Fußball spielte ich, das aber nur 1 Jahr, weil das Talent dafür wohl nicht ausreichend gegeben war.

Mit 12 Jahren fing ich dann in Bedburg mit dem Kickboxen an. Der Trainer dort war ein harter Typ, Spanier und ehemaliger Weltmeister und noch dazu ein sehr guter Trainer. Mir hat es dort Spass gemacht und so oft es möglich war, ging ich dort zum Training.

Ich kann allen Eltern nur raten, lasst eure Kinder eine Kampfsportart lernen und ausüben.

Es geht dort nicht um Gewalt anderen Menschen gegenüber, so wie es im ersten Moment scheint.

Vielmehr lernt man dort Respekt und was man mit unnötiger sinnloser Gewalt anrichten kann. Außerdem steigert es von jedem Kind auch das Selbstvertrauen und das Selbstbewusstsein, glaubt mir dass ist wirklich verdammt wichtig in jungen Jahren.

Mit 16 Jahren schaffte ich dann meinen Realschulabschluss an der Hauptschule. Früher hieß das noch "10b", keine Ahnung, ob es heute noch so genannt wird.

Das alles habe ich ganz alleine geschafft, mit 3 Jobs und ohne Hilfe oder Unterstützung von zu Hause.

Wenn ich so zurückblicke, dann bin ich schon sehr stolz darauf, dass ich das alles so geschafft habe. Ich kenne viele Geschichten von Jugendlichen, die in genau solchen Situationen sich in Kriminalität, Drogenkonsum, Alkoholkonsum oder sogar Schlimmeres verloren haben.

Bis zum heutigen Zeitpunkt sind Drogen und Alkohol ein absolutes Tabuthema in meinem Leben.
Ich habe nichts von all dem je genommen oder probiert!

Nach meinem Abschluss auf der Hauptschule stand ich nun vor der Entscheidung weiterzuarbeiten und das Vollzeit oder mich weiterzubilden, um einen noch besseren qualifizierten Abschluss zu erreichen. Ich entschied mich dafür, die BBZ in Grevenbroich zu besuchen, um mein Fachabitur zu machen.

Leider brauchte ich dafür die Unterschrift meiner Mutter und die war von meinem Plan eher wenig begeistert. Außerdem sah ich sie manchmal tagelang nicht, weil auch ihre Lebenspartner oft wechselten und keiner besser war als mein Stiefvater.

Alle waren Alkoholiker und dazu noch gewalttätig.

Einmal wollte ich meine Mutter aus ihrer Stammkneipe abholen und ihr "neuer" Lebenspartner hatte was dagegen. Er wollte, dass ich mich "verpisse", aber bitte, wer war er, dass er mir etwas zu sagen hat? Also kam es zu einem Wortgefecht, worauf er mich mit seinem Unterarm an meinem Hals an die Wand drückte und mich hoch hob. Dieser Mann war so der Typ Bauarbeiter Kneipenschläger und ich hingegen eine 60 kg schwere Laugenstange.

Ich bekam keine Luft mehr und hörte von außen nur Schreie von anderen Gästen, dass er mich runterlassen soll, was er aber anscheinend überhörte.

Ich bekam Todesangst und aus Reflex schlug ich mit meiner linken Faust ihm direkt auf die Nase, die sofort gebrochen war. Er ließ von mir ab und ich rannte um mein Leben. Hätte er mich erwischt, würde ich heute vielleicht dieses Buch nicht schreiben.

Zurück zur Berufsschule und zur immer noch fehlenden Unterschrift…

Ich hatte nur eine Möglichkeit, die Unterschrift meiner Mutter zu fälschen. Sie weigerte sich vehement, mich bei meinem Vorhaben, mich weiterzubilden, zu unterstützen. Gesagt, getan und schon wurde ich an der Schule angenommen.

Einer der besten Entscheidungen meines Lebens!

Ich lernte damals neue Jungs kennen aus der Nachbarstadt Bergheim. Bergheim war bekannt! Eine Stadt, in der Kriminalität an der Tagesordnung war.

Wir, die in Bedburg lebten, hatten damals schon immer Panik, wenn man auf Jungs aus Bergheim traf. Der Ruf von ihnen war berüchtigt.

Diese Jungs waren auf einmal meine Freunde, sie wurden sogar zu meinen besten Freunden und es gab keinen Tag, den wir nicht zusammen verbrachten, da wir ja sowieso auch in einer Klasse waren.

Mein neuer bester Freund war Ramo (Name geändert)! Von ihm lernte ich tatsächlich sehr viel über das Leben. In Bedburg bin ich wohlbehütet aufgewachsen, Bergheim hingegen war ein Jungel!

Ohne meinen neuen besten Freund hätte mich kein einziger in Bergheim respektiert oder gar mit mir geredet.

Sie hätten mich wahrscheinlich bis auf die Unterhose ausgezogen und dann in den Zug nach Bedburg gesetzt.

Meine neuen Freunde waren das komplette Gegenteil zu meinen Alten. Sie zogen sich besser an, sprachen anders und jeder respektierte sie. Mir gefiel dieses neue Umfeld.

Ich war auch immer seltener zu Hause und auch die Arbeit in der Pizzeria wurde immer weniger.

Die Jungs hatten Kontakt zu Partyveranstaltern aus Köln und hatten so die Möglichkeit, sich durch Flyer zu verteilen und Plakate aufzuhängen, etwas Geld dazuverdienen. Flyer? Plakate? Ja liebe Freunde, ich bin 41 Jahre alt und vor 25 Jahren gab es noch keine Internet Werbung, da war alles noch Old School. Also zogen die Jungs mich mit und ich konnte mir so nebenbei auch noch etwas Geld verdienen.

Die Zeit in Köln war unglaublich. Hohe Straße, Schildergasse, Ehrenstraße, Kölner Ringe… Das alles war Neuland für mich und ich konnte zu diesem Zeitpunkt noch nicht ahnen, dass ich in ein paar Jahren hier hinziehen werde und dass diese Stadt mich für mein Leben prägen wird!

Das Coolste an dem neuen Job war, dass wir auch schon mit unter 18 Jahren in den Diskotheken verkehren konnten.

Das war natürlich nicht erlaubt, aber es gab dort nicht wirklich jemanden, den das interessiert hat. Wir waren halt die "kleinen" Flyerverteiler und man hat es einfach so akzeptiert.

Das Nachtleben in Köln war einfach unglaublich. Wie fühlst du dich als 16-Jähriger, der aus einem 12000 Einwohner Dorf kommt und auf einmal im Nachtleben einer Millionenstadt abhängt? Du bist der King!!!

Man kannte uns langsam in Köln, erst recht unter den Partygästen. Ich pendelte jeden Tag von der Berufsschule nach Hause und dann wieder direkt nach Köln und das nahezu täglich.

So langsam näherte sich mein 18. Lebensjahr und mit diesem Tag kam eine Menge Veränderungen und Enttäuschungen auf mich zu!!!

2

Mein Weg nach Köln

Meine schulische Leistung auf der Berufsschule war mehr schlecht als recht, trotzdem stand ich kurz vor meinem Abschluss. Grund für meinen schulischen "Untergang" war nicht, dass ich es nicht wollte, sondern eher, dass ich es nicht konnte. Ich arbeitete abends und sogar manchmal nachts, dadurch hatte ich leider viele Fehlstunden.

Zum Vergleich, auf der Hauptschule hatte ich keine einzige Fehlstunde und auf der Berufsschule waren es knapp 88 Fehlstunden in 2 Jahren.

Wenn man sich selbst versorgen muss, dann ist der Druck in so einem jungen Alter leider sehr hoch.

Eines Tages, kurz vor meinem 18. Geburtstag, kam ich nach Hause und meine Mutter wollte mit mir ein wichtiges Gespräch führen.

Es hätte tatsächlich alles sein können, weil sie ein solches Gespräch zuletzt vor der Trennung mit meinem Stiefvater mit mir geführt hatte. Sie sah mich sehr ernst an und meinte, wir ziehen in 4 Wochen aus der Wohnung!

Für mich war es unerklärlich, weil wir weder Mietschulden hatten, noch war die Wohnung nicht schön oder zu klein, ganz im Gegenteil! Ich war so naiv, dass ich nicht mal fragte warum, sondern nur wohin wir denn jetzt ziehen werden.

Ich hätte mit jeder Antwort gerechnet, aber nicht mit so einer, die mich komplett aus meiner Welt gerissen hat.Meine Mutter meinte zu mir, dass sie zu ihrem neuen Freund ziehen wird, wohin ich ziehe, wisse sie aber nicht.

Wie bitte??? Ich bin noch keine 18 Jahre alt, stehe kurz vor meinem Abschluss an der Berufsschule und jetzt soll ich innerhalb von 4 Wochen mir eine Wohnung suchen und finden??? Wie soll das funktionieren??

Wer zum Teufel ist überhaupt der neue Freund und wo bitte wohnt der?

Tausend Fragen schossen mir durch den Kopf, doch tatsächlich kam nicht eine Silbe über meine Lippen!

Ich war so selten zu Hause, dass ich nicht mal mitbekommen habe, dass meine Mutter einen neuen Partner gefunden hatte. Der wohnte übrigens genau gegenüber von uns und seine Wohnung war auch noch sein Eigentum.

Also mal kurz zusammengefasst:

Eine Mutter lässt ihren Sohn genau am 18. Geburtstag einfach alleine. Sie kündigt die Wohnung, zieht von Hausnummer 4 zu Hausnummer 21 und sagt ihrem Sohn, dass er nicht dorthin kann, weil ihr neuer Partner das nicht möchte!

Wie eiskalt kann man sein?

Das war für mich der endgültige Bruch in diesem bis zum damaligen Zeitpunkt Mutter - Sohn Verhältnis.

Der Cousin von einem Freund von mir hatte ein Appartement in Horrem und bot mir an, bei sich wohnen zu können, bis ich was gefunden habe. Die Wohnung war so klein, dass es fast für eine Person schon zu klein war.

Ich danke ihm heute noch von ganzem Herzen dafür!

2 Monate war ich dort und für mich war klar, es geht für mich nach Köln. Von Tag 1 an habe ich mich in diese Stadt verliebt und für mich gab es keine andere Wahl! Also tat ich alles was ich tun musste, um dort eine Wohnung zu bekommen und ich hatte Glück.

Direkt im Belgischen Viertel in Köln habe ich ein möbliertes Appartement gefunden. Beste Lage, 550 Euro warm (mittlerweile ist der Euro gekommen) und ich musste keine Möbel kaufen, was ich so oder so nie hätte machen können, weil ich froh war, wenn ich am Tag mir einen Döner hätte kaufen können.

Die 1100 Euro für die Wohnung hat mir Marco, mein alter Chef von der Pizzeria, gegeben.

Ich glaube, das war so eine Art Abfindung, um sein schlechtes Gewissen zu erleichtern, weil ich über Jahre nur 5 DM pro Stunde bekommen habe.

Angekommen in Köln merkte ich sofort, hier herrschte ein anderer Wind! Rauer, direkter und dreckiger! Mein damals bester Freund war genauso pleite wie ich, aber so wie es die letzten Jahre bei uns war, war es jetzt auch… Was wir hatten, haben wir geteilt.

Er war in jungen Jahren schon sehr hoch verschuldet, aber wer von uns hatte keine Schulden, wenn man sieht, aus welchen Verhältnissen wir gekommen sind.

Schon früh kam ich mit Männer aus der Unterwelt, aus dem Milieu, in Kontakt. Das war ne andere Liga und meine alten und meine neuen Freunde waren irgendwie komplett unterschiedlich. Obwohl sie nie gemeinsam an einem Tisch saßen, wusste ich auch so, dass sie sich nie verstehen würden.

Ich fing an Kraftsport zu machen und ging mit ein paar Jungs zum Boxen. Wenn du sowas damals nicht gemacht hast, hättest du auch nie eine Chance gehabt, mit gewissen Personen an einem Tisch zu sitzen.

Du musstest optisch was darstellen, ansonsten hätte man in diesem Haifischbecken nicht einen Tag überlebt.

Mein Vorteil war noch, dass ich ganz sympathisch und lustig war, ich behaupte mal ich war ein angenehmer Zeitgenosse.

Mein neuer Freundeskreis war in Köln bekannt und noch dazu gut angesehen, was mir natürlich auch viele Vorteile brachte und auch Türen öffnete. Nur in einer Sache konnte ich in keiner Weise mit diesen Männern mithalten.

GELD!!! Die einzige Sprache, die jeder versteht!!!

Diese Männer hatten an einem Tag mehr Geld in ihrer Tasche, als ich in meinen ganzen Jahren in der Pizzeria verdient hatte.

Ich wusste, dass hier ist die Champions League und ich komme gerade aus der Kreisklasse. Rolex Uhren, AMG's, Bündel voll Geld und Markenklamotten.

Ich hingegen bin mit 2 Tüten voll mit Klamotten und sonst nichts nach Köln gekommen und war froh, wenn ich die Miete für den nächsten Monat in der Spardose hatte! Warum liefen diese Männer mit mir rum? Was haben sie in mir gesehen?

Ich kannte die meisten durch das Nachtleben und Sympathie und Respekt spielt in Köln einfach ne große Rolle und beides konnte ich geben, aber auch ich sollte bald in dieser Liga mitspielen können…

3

Der erste Kontakt mit dem weiblichen Geschlecht

Zuerst einmal muss ich euch sagen, dass ich früher nie so auf Frauen (erst Recht nicht auf Männer) fokussiert war, weil ich einfach zu schüchtern war.

Alle Freunde von mir hatten schon in jungen Jahren eine Freundin, die heute so genannte erste große Liebe! Ich hingegen hatte sowas nicht, aber wie auch bei 3 Jobs? Meine Unschuld verlor ich im Alter von 16 Jahren an meine "Babysitterin", die ab und an auf mich aufgepasst hatte, als ich noch klein war.

Ich hatte damals meinen Schlüssel vergessen und meine Mutter war mal wieder nicht auffindbar, also rief ich Diana (Name geändert) an, weil sie unseren Ersatzschlüssel hatte.

Ich ging bei ihr vorbei und sie lud mich auf ein Getränk zu ihr ein. Sie hatte einen eigene Wohnung und war schon in jungen Jahren eine sehr selbstbewusste Frau.

Irgendwann sprach sie mich auf das Thema Sex an und fragte mich, ob ich es schon mal gemacht habe.

Ich dachte mir nichts dabei, als sie mir die Frage stellte, sie hingegen hatte anscheinend einen Plan. Ich antwortete wahrheitsgemäß und sagte ihr, dass es bis zum damaligen Zeitpunkt noch nicht so weit gekommen war.

Wie aus der Pistole geschossen sagte sie plötzlich, zieh dich aus, ich zeig es dir. Gesagt, getan und auf einmal lag ich nackt auf ihrem Bett, sie zog mir ein Gummi an und ritt auf mir, ganze 30 Sekunden (hoch gerechnet), dann war der "Spass" vorbei.

Ich schämte mich, weil ich ja auch schon mal Pornos gesehen hatte und die Aktion gerade hatte mal nichts mit den Filmen zu tun, die ich da gesehen hatte.

Sie merkte, dass es für mich unangenehm war und sie sagte mir, dass sowas ganz normal sei, wenn es das erste Mal ist.

Was zum Teufel wollte sie mir dann zeigen?

Ich nahm den Schlüssel, der ja der eigentliche Grund war, wofür ich "gekommen" war und verließ die Wohnung.

Auf dem Weg nach Hause gingen mir so viele Gedanken durch den Kopf, aber ich bekam nichts sortiert. Danach hatte ich ab und an Sex, aber hatte nie eine feste Partnerin. Ich wollte mich nie binden, weil ich vielleicht schon damals wusste, es wird nicht für immer und verletzt zu werden ist ein echt ekelhaftes Gefühl, auf das ich keine Lust hatte.

Diana* habe ich übrigens nie wieder gesehen und das obwohl sie nur 3 Straßen weiter wohnte. Ich glaube, auch ihr war es im Nachhinein unangenehm, nicht weil es so schnell vorbei war, sondern weil ich einfach für ihre Verhältnisse viel zu jung war!

Was mir gerade einfällt, im Alter von 6 Jahren hatte ich tatsächlich meine erste große Liebe, sie war 5 Jahre alt und wohnte eine Straße weiter.

4

Mein Einstieg ins Rotlichtmilieu

Ich musste Kapitel 3 kurz einfügen, damit dieses Kapitel überhaupt Sinn macht und ihr euch nicht fragt, wie ich wohl in jungen Jahren im Umgang mit Frauen war.

Da das Thema Rotlichtmilieu ein großer Bestandteil meines Lebens war, ist es wichtig zu wissen, dass meine Vergangenheit nichts damit zu tun hatte, weshalb ich von diesem Milieu so angezogen war.

Wie ich schon erwähnte, hatte ich relativ früh Kontakt zu Männern aus dem Milieu und so lernte ich auch schnell Frauen im Nachtleben kennen.

Ich hatte eine gute Freundin, die in einer Sonnenbank gearbeitet hatte. Diese Sonnenbank war so eine Art Szenetreff, wo so gesehen das ganze Milieu sich bräunen ließ, wie so eine Art Tankstelle, wo sich alle Tuner mit ihrem Golf 2 trafen.

Dort verkehrte ich relativ oft und so lernte ich eine Dame kennen, die 3 Jahre älter war als ich.

Man konnte erkennen, dass es dieser Frau wirtschaftlich sehr gut ging! Eine teure Handtasche, eine Rolex Uhr und auch ihr Auto, welches vor der Sonnenbank parkte, ließ erkennen, dass diese Frau sich keine Sorgen um Rechnungen machen musste.

Sie war mit meiner guten Freundin befreundet und man mag es kaum glauben, sie fragte sie nach meiner Nummer.

Wir sahen uns gelegentlich in der Sonnenbank und so kam es dann zum Kontakt. Ich sagte meiner guten Freundin zu, dass sie ihr meine Nummer ruhig geben kann.

Kurz danach hatten wir schon das erste Date und ich kann euch sagen, da trafen 2 Welten aufeinander!

Wir trafen uns in einem bekannten Szene-Lokal auf den Kölner Ringen und hatten einen sehr schönen und lustigen Abend.

Das Einzige was uns verband an diesem Abend war die Chemie zwischen uns, sonst aber auch nichts! Sie aber wusste genau, worauf sie sich einlässt.

Sie war schon länger in diesem Job als Prostituierte tätig und hatte natürlich schon mehrere Dates mit Männern, wovon viele aus dem Milieu kamen.

Sie merkte schnell, dass diese Personen es meistens nur auf das Finanzielle abgesehen hatten und darauf hatte sie einfach keine Lust mehr. Ich hingegen hatte nichts mit dem Milieu zu tun und ihr Job war absolut kein Thema bei dem Date. Für sie war es seit Jahren endlich mal wieder ein "normales" Date und ich glaube, dass es genau das war, was sie schließlich beeindruckt hat.

Wir kamen zusammen und es entwickelte sich eine sehr gute und respektvolle Beziehung, das aber genau diese Beziehung mich an das Rotlichtmilieu binden sollte, habe ich zu diesem Zeitpunkt nicht geahnt!

Sie war meine Eintrittskarte in eine andere Welt.

Ich sah auf einmal eine Menge Geld und Wohlstand, auf einmal war kein Problem mehr unlösbar! Nicht ich nahm von ihr, sondern sie gab mir Geld. Die erste Zeit war es so ein komisches Gefühl, oft verneinte ich es, was sie oft wütend machte. Mit der Zeit aber begriff ich das System…

So ist das Leben im Rotlichtmilieu, du bist wie so eine Art Trophäe für diese Frauen. Warum sonst sollte eine Frau aus dem Rotlichtmilieu einem Mann Geld geben oder teure Dinge kaufen? Wegen Schutz?

Ich bitte euch… Wir sind nicht mehr in den 80er Jahren.

Keine Frau braucht Schutz, außerdem hat sie genug Schutz, wenn sie in einem Laufhaus, einem Saunaclub oder in einem Privatclub arbeitet.

Jeder Laden hat seine Sicherheitsleute und ich kann euch

versichern, dass 95 % der Männer, die dort arbeiten, ihre Arbeit sehr gut machen.

Wie ihr mittlerweile mitbekommen habt, hat ein deutsches Klatschblatt mich zum "Rotlichtkönig von Aachen" gemacht...

Später im Buch dazu mehr...

5

"Traum"-job Türsteher

Mittlerweile habe ich einen Job in einer Sicherheitsfirma bekommen. Die Firma war bekannt in Köln und hatte zur damaligen Zeit sehr viele "Türen" gehabt, wie man es umgangssprachlich sagen würde.

Ich war gerade 19 Jahre alt und für mich war es absolutes Neuland, aber ich fand den Job schon immer interessant. Schon als ich als Jugendlicher Flyer verteilte und dann nachts die Männer an der Tür stehen sah, wusste ich, dass ich auch mal da stehen will.

Mein erster Job war in Köln-Mülheim, ich war maximal aufgeregt und habe irgendwie richtig viel erwartet, aber wie es meistens halt so ist, wenn du was erwartest, wirst du enttäuscht!

Ich bekam einen Posten am Notausgang...

Was soll ich hier bitte? Ich saß in einem Treppenhaus, ab und an kam mal eine Kellnerin vorbei und fragte mich, ob ich was trinken möchte. Sie war die einzige Person, die ich den ganzen Abend über sah.

So habe ich mir das nicht vorgestellt, ich bin vor Langeweile gestorben, aber es kam noch schlimmer...

Irgendwann gegen 5 Uhr morgens kam die Kellnerin mal wieder

vorbei, sah mich mit entsetzten Augen an und fragte mich, was ich noch hier suche? Ich verstand erst gar nicht, was sie von mir wollte, dann meinte sie, dass meine Kollegen schon seit über 1 Stunde weg sind!

Ich wurde einfach vergessen!!! Unglaublich!!!

Das sollte mein Traumjob sein? Ich platzte vor Wut, aber leider erreichte ich meinen Chef nicht mehr, erst am anderen Tag rief er mich zurück und entschuldigte sich dafür.

Mein erster Tag an der Tür, ich wurde am Notausgang vergessen…:) heute kann ich darüber lachen, aber nur weil ich weiß, dass jeder klein anfängt und dass das Leben genau solche Hindernisse für dich bereit hält!

Du bekommst nichts geschenkt und musst dir alles erarbeiten, denn was du geschenkt bekommst, gibst du schnell wieder ab.

Eine wichtige Regel für mein Leben und für meine Zukunft in einem Motorradclub.

Es ist wie bei einer Frau, kriegst du sie schnell rum, wird sie sehr schnell uninteressant, musst du aber um sie kämpfen, so gibst du sie nur sehr schwer wieder her!

Ich wurde nun jede Woche von meinem Chef eingesetzt, mal hier mal da. Ich musste lernen und deswegen ließ er mich mit Männern arbeiten, die seit Jahren in seiner Firma beschäftigt waren.

Die ersten Jahre waren langweilig, man bekam keine Verantwortung und musste die Positionen besetzen, auf die die Männer, die seit Jahren in diesem Job tätig sind, keine Lust haben.

Warum ich euch das alles erzähle?

Im Laufe des Buches werdet ihr merken, dass das Leben in jeder Lebenslage genau so abläuft!

Mit der Zeit bekam ich immer mehr Verantwortung, auch weil ich sehr schnell lernte und ich mir für keine Arbeit zu schade war.

Mit 22 Jahren bekam ich meine erste große Verantwortung, meine erste "eigene" Tür von meinem Chef, leider war sie in Bonn, aber ich habe sie trotzdem dankend angenommen.

Wir waren ein geiles Team und es gab nicht selten Ärger, aber alles war im Rahmen und es gab nicht eine Situation, die wir nicht im Griff hatten.

Nach einem Jahr wurde ich zurück nach Köln geholt, mitten auf die Kölner Ringe!

Ich war auf einmal Teil eines Teams, welches an der Tür in dem Nachtclub Nummer 1 in NRW arbeitete! Ich war angekommen!!!

Vor 5 Jahren wurde ich noch am Notausgang vergessen und nun stehe ich an einer Tür, die zur obersten Liga gehört.

So komisch sich das anhört, aber auf einmal wirst du auch tagsüber ganz anders wahrgenommen und behandelt. Du wirst schneller bedient, wenn du Essen gehst, bekommst auf einmal %, wenn du Klamotten kaufen gehst, alle sind freundlich und warum?

Na, weil du den Einlass in diesen Clubs machst und sie erhoffen sich so, dass sie nicht anstehen müssen oder sie hoffen, dass sie überhaupt in den Club reinkommen.

Wie berechnend die Gesellschaft doch ist... Sie denken, dass sie sich so deine Freundschaft erkaufen können. Hat es bei mir geklappt?

Natürlich!

Ich habe alles dankend angenommen. Nicht nur ich war so, ganz Köln ist so. Gesehen und gesehen werden, Kontakte sind alles was du brauchst! Der Stärkste ist nicht der, der am meisten Gewichte drückt oder der jeden auf der Strasse weghaut.

Der Stärkste ist der, der am meisten Geld hat, die besten Kontakte hat und jeden Menschen so respektiert, wie er ist.

Ich habe die stärksten Männer Kölns gesehen und ich werde hier nicht einen Namen nennen, aber jeder weiss wer gemeint ist!

Diesen Menschen muss man einfach Respekt zollen, weil sie den Weg gebaut haben, auf den heute viele gehen! Auch ich habe von diesem Weg profitiert!

Ich sage euch eine Sache, egal wie schlecht die Strafverfolgungsbehörden manche Personen darstellen, die Teil der sogenannten "OK" (Organisierte Kriminalität) sind, diese Menschen haben für die Stadt sehr viel getan.

Sie haben Ärger aus dieser Stadt rausgehalten, Probleme geklärt, die die Strafverfolgungsbehörden bis heute nicht mitbekommen hätten, vor allem aber haben sie für Ruhe und Fairness gesorgt.

Meiner persönlichen Meinung nach, all das, was die Polizei und die Staatsanwaltschaften nicht schaffen!!!

Wer glaubt, dass man einfach so an einer Tür in einer Großstadt arbeiten kann, ohne die richtigen Leute zu kennen, der lebt in einer Traumwelt und glaubt an Einhörner und NEIN, hier geht es nicht um Schutzgeld oder ähnliches, hier geht es nur um Kontakte und den nötigen Respekt den man voreinander hat!

Mein Hauptjob war jetzt, neben der Türsteherei, Kaufhausdetektiv in einer der größten Kaufhäuser in Köln auf der Schildergasse.

Mein Chef in der Detektei und ich hatten gemeinsame Freunde, was mir durchaus half, dass das Eis zwischen uns sehr schnell brach. Er war echt ein guter Mann und hatte auch im Nachtleben einen sehr guten Ruf. Er kam auch aus dem Milieu, aber wen wundert es?

Die Arbeit war richtig chillig, wir machten gefühlt 3 Stunden am Tag Mittagspause. Wir gingen dann zum Kraftsport und anschließend beim Chinesen oder beim Italiener was essen.

Wir waren nie auf der "Jagd" um Diebe oder so zu erwischen, im Gegenteil, wir waren sogar genervt wenn die Kassiererinnen uns mal anriefen, weil sie jemanden dabei erwischt hatte, wie man ein Etikett getauscht hatten.

Wir haben nie eine Anzeige rausgeschickt oder ähnliches, uns war es scheissegal, aber einer musste ja den Job machen.

Ich musste den Job dann kündigen… Als zukünftiger Hells Angel ist der Job eher unpraktisch!

6

Der erste Kontakt zum Hells Angles MC

Mittlerweile weiss jeder, dass der Hells Angels MC 1948 in den USA gegründet wurde, deswegen verschone ich euch mit den ganzen Daten, die ihr eh schon in diversen Büchern von so manchen "Kronzeugen" gelesen habt und falls nicht, hilft da auch Wikipedia.

Ich denke jeder der dieses Buch liest, weiss was ein Charter oder Chapter ist, weiss was ein Hangaround, Prospect und Voll-

Member ist und weiss was eine Harley-Davidson ist…

Ich kannte den Club damals nicht, wir reden vom Jahr 2007 und ich war gerade 24 Jahre alt, als ich zum ersten Mal von ihm hörte! Mein damals bester Freund Sam (Name geändert) wurde Mitglied im Charter Bonn, was ich auch nicht sofort erfuhr, sondern erst kurz bevor er Vollmember wurde.

Ich war fast täglich mit ihm unterwegs und habe auf der Rückbank nur einmal eine Prospect-Kutte gesehen, aber nachgefragt, was das für eine Kutte ist, habe ich nie.

Erst als er Member war, wurde der Club ein Thema. Er erzählte mir etwas von der Geschichte des Hells Angels MC und ich fand es sofort interessant!

Er wusste, dass ich seit meinem 15. Lebensjahr auf mich alleine gestellt bin und bot mir deswegen mal an, auf einen offenen Abend des Clubs zu kommen. Ich nahm dieses Angebot natürlich dankend an und so kam es, dass ich an einem Tag das Clubhaus des Hells Angels MC Bonn besuchte.

Das Clubhaus lag in der Nähe vom Westerwald, Neustadt-Wied!

Es lag wirklich mitten im Wald, dort hattest du keinen Balken Empfang, nur wer D1 (wer kennt es noch) hatte, konnte gelegentlich ne SMS schreiben.

Trotzdem eins der schönsten Clubhäuser, die ich je sehen durfte!

Eine Festung!

Ich war einfach nur beeindruckt, man musste durch das Tor, was mit einem Code gesichert war, und dann über eine Brücke, um auf das Clubhaus Gelände zu kommen.

Die Brücke war ein Container, der von beiden Seiten einfach geöffnet war! Auf dem Gelände gab es einen Pool, ein 3-stöckiges Haus, in dem ein Member des Charters lebte. Das oberste Stockwerk war für Brüder gedacht, die mal zu Besuch kamen, um dort schlafen zu können und im untersten Stockwerk gab es Schlangen sowie Clubklamotten, die auf Partys verkauft wurden! Dann gab es ein offizielles Clubhaus, mit Bar, Küche, Tabledance Stange und einem Member Raum. Dort hingen auch Bilder von allen verstorbenen Brüdern und auch Geschenke von Chartern aus der ganzen Welt.

Hinter diesem Haus gab es dann so einen Art "Tipi" (Indianerzelt) aus Holz und auch nicht gerade klein und dahinter war dann ein Hundefriedhof.

Ja, ihr habt richtig gelesen…

Jeder richtiger Rocker ist ein Tierfreund und verachtet Tierquäler genauso wie er Vergewaltiger und Kinderficker verachtet. Deswegen gehen wir mit unseren Tieren auch ihren letzten Weg gemeinsam!

Nachdem sich viele Member vorgestellt haben und mir das Clubhaus gezeigt wurde, gab es was zu essen. Fast jeder Member hätte vom Alter her mein Vater sein können, trotzdem passte die Chemie auf Anhieb. Die Aura dieser Männer war überwältigend und respekteinflößend, aber nicht im negativen Sinne, absolut nicht!

Keiner fragte mich, was ich hier wollte oder Ähnliches, sie sahen mich einfach als Gast und genauso fühlte ich mich auch! Sehr willkommen!!!

Ich kam also öfters und so wurde ich, ohne zu wissen was es ist, ein Supporter!

Ich lernte die Männer des Charters, aber auch andere Männer aus anderen Chartern kennen. Ich lernte die Geschichte des Hells Angels MC kennen und es packte mich.

Damals wurde eine Doku gedreht, die erst viel später veröffentlicht wurde, aber für uns (die mit dem Charter eng befreundet waren) schon zu sehen war.

"81 the other World", als ich die sah, war es vorbei und ich wollte ein Hells Angel werden. Um jeden Preis wollte ich Teil dieser

Geschichte werden, vor allem war das große "Patchover" vom "Bones MC" zum Hells Angels MC gerade mal 8 Jahre her.

Es gab damals viel weniger Hells Angels als es heute der Fall ist und genau das fand ich so interessant. Du bist Teil von einer Minderheit, aber diese Minderheit hält zusammen, koste es, was es wolle!

7

Der Einstieg beim Hells Angels MC

Wer sich mit der MC-Szene auskennt, weiß, dass der Hells Angels MC der Motorradclub Nummer 1 auf der Welt!

Teil dieser Familie und Geschichte zu werden, war mit 24 Jahren mein größter Wunsch. Ich war jedes Wochenende im Clubhaus, um die Menschen in dem Charter Bonn besser kennenzulernen.

Damals war es so, dass du ohne eine Empfehlung eines Members des Charters gar nicht die Möglichkeit hattest, dort vorzusprechen. Mein damals bester Freund Sam war Member und so hatte ich die Chance, mich den Leuten zu zeigen, damit sie sich ein Bild von mir als Person machen konnten, was sie auch wirklich alle taten.

Nach knapp 6 Wochen als Supporter wurde ich dann nach einem Meeting in den Member Raum gerufen und wurde von meinem besten Freund Sam vorgestellt. Fast jeder Member stellte mir eine Frage, Fragen, die sie dir beim Kennenlernen bewusst nicht stellen, weil sie dich als Mensch erstmal kennenlernen wollen.

Die wichtigste Frage damals kam vom Präsident…

Warum willst du Hells Angel werden???

Glaubt mir, ich habe mich so sehr gefreut, als er mir diese Frage gestellt hat! Ich habe ihm erklärt, aus welchen familiären

Verhältnissen ich komme, was ich über den Hells Angel MC erfahren habe, dass die Art und Weise, wie man hier zusammenhält, mich beeindruckt hat und dass ich das in der heutigen Gesellschaft nicht mehr sehe.

Es gibt 2 Familien in deinem Leben, in die eine wirst du hineingeboren und die andere kannst du irgendwann wählen und für mich war der Hells Angels MC meine Wahl!

Ich wollte Teil dieser Familie werden und das machte ich allen in diesem Raum auch klar!

Sie waren beeindruckt und gaben mir dann mein Hangaround "Patch". Ich war so stolz, auch wenn es vorerst nur dieser kleine Streifen war, den ich mir vorne auf meine Kutte nähen durfte, war ich nun Teil des Hells Angels MC Charter Bonn!

Ein Gefühl, als wäre man neugeboren, ehrlich! Von da an beschäftigte ich mich nur noch mit dem Club. Nicht weil ich es musste, sondern weil ich es wollte!

Kleine Anmerkung für alle Politiker, Kriminalpsychologen und Experten der Organisierten Kriminalität, die sagen, dass man als Krimineller in einem solchen Club gut aufgehoben ist… Ich war weder kriminell noch vorbestraft und NEIN, ich musste auch keine Mutprobe oder Straftat ausüben, um Teil des Hells Angels MC zu werden.

Sorry für die Zerstörung eures Weltbildes was die Rockerszene betrifft!

Die Zeit mit meinen neuen Brüdern war unglaublich schön und so langsam musste auch eine Harley Davidson her, weil ohne die wird man nunmal in einem Motorradclub auch kein Prospect.

Zu meiner Zeit war dies damals zu 100% so!!!

Ich hatte durch einen Member meines Charters einen Kontakt nach Hannover bekommen, der dort ein paar Harleys zum Verkauf stehen hatte. Ich fuhr also hoch und hatte keine Schwierigkeiten, die richtige Wahl zu treffen.

Da stand diese Harley Davidson Street Bob, schwarz lackiert und auf dem Tank waren schon rot-weiße Streifen, weil die Maschine vorher einem Hells Angels aus Hannover gehörte. 102 PS, 35 PS mehr als üblich und optisch war sie auch echt schön gemacht. 15000 Euro war der Preis und den konnte ich in Raten zahlen und das ohne einen Cent an Zinsen! Soll einer sagen, der Club ist keine Familie und er ist nur auf Profit aus!

Sie wurde mir nach Bonn geliefert, ins Clubhaus und genau an diesem Tag war auch ein Meeting (war immer 1 mal die Woche). Also war das ganze Charter da und bis auf 2 Männer aus dem Charter wusste keiner, dass ich heute meine erste Harley bekomme.

Das ganze Charter stand um die Maschine rum, begutachtete sie, klopften mir auf die Schulter und gratulierten mir.

Ein Member rief mir dann zu, dass ich ihm den Schlüssel geben solle, weil er eine Runde fahren wollte.

Da gibt es keine zwei Meinungen, natürlich bekommt mein Bruder den Schlüssel, weil auch dies in einer Familie so üblich ist.

"Schau auf deinen Bruder neben dir und frage dich, ob du bereit bist alles was du hast, mit ihm zu teilen. Wenn du es kannst, dann ist er auch dein Bruder und du bist bereit, Teil dieser Gesellschaft zu werden."

Er fuhr vom Hof und nach 20 Minuten kam er wieder, stellte meine Maschine ab, nahm mich in den Arm und gratulierte mir zu dieser tollen Harley.

Gänsehaut Moment!!!

8

Endlich Prospect

2 Wochen nach dem Kauf meiner Harley, wurde ich wieder, nach dem Meeting, in den Memberraum gerufen.

Ich hatte diesmal im Gefühl, was passiert, aber man will sich nicht darauf einstellen, weil es tatsächlich viele Gründe geben kann, warum du als Hangaround ins Meeting gerufen wirst.

Auch nicht so schöne Gründe…

Es kam aber genau so, wie ich es mir gedacht habe…

Ich wurde Prospect!!! GEIL!!!

Jetzt hast du schon ein paar Dinger mehr auf deiner Kutte, damit steigt auch dein Status, aber auch dein Ego, jeder, der was anderes sagt, lügt!

Ich fuhr am nächsten Tag direkt zum Schneider und ließ mir meine Patches auf die Kutte drauf hämmern.

Das Gefühl, dieses Patch tragen zu dürfen, kannst du mit nichts auf der Welt vergleichen. Ich rede immer noch von 2007…

Es gab mich nicht mehr ohne Sachen vom Club, jeder sollte wissen, dass ich zu 100 % hinter meinem Club stehe, dem Hells Angels MC!

Jetzt wird es Leute geben, die sagen, dass ich nur angeben wollte und mich damit brüsten wollte…

Liebe Leute, zum damaligen Zeitpunkt war die MC-Szene nicht so stark besiedelt wie sie es heute ist. Damals war es sehr selten, einen Hells Angel oder einen Bandido mal auf der Straße anzutreffen.

Ich habe keinen Gedanken daran verschwendet, mich mit der Kutte zu profilieren oder zu denken, dass ich jetzt etwas Besseres bin. Ganz im Gegenteil, wenn du meinst, dass die Jacke dich vor etwas schützt, dann bist du nämlich schief gewickelt!

Die Jacke gibt dir eine Verantwortung, die schwerer wiegt als du tatsächlich tragen kannst! Dein Handeln jetzt, egal ob Positiv oder Negativ, wirkt sich auf jeden einzelnen Hells Angel auf der Welt aus und davon gab es damals schon ein paar auf der Welt!

Baust du Scheisse, heißt es nämlich nicht mehr, Fernando hat Mist gebaut, sondern ein Hells Angel und das ist eine riesige Verantwortung!

Meiner persönlichen Meinung nach, haben schon zur damaligen Zeit die Politik, die Strafverfolgungs- und ermittlungsbehörden und auch die Medien mit Adleraugen auf die Szenen geguckt, um jeden Fehler der von einem Hells Angel, oder allgemein von einem Rocker, gemacht wird, direkt in die Öffentlichkeit zu tragen, um so das Bild des "Staatsfeindes Nummer 1" aufrecht zu erhalten.

Dazu später mehr… will euch ja nicht durcheinander bringen…:)

Ich trug das Patch gerne und auch mit Stolz, immer mit dem Bewusstsein, welche Verantwortung ich mit mir rum trage.

9

Das Clubleben und der Euro Run 2009

Ich liebte mein neues Leben. Jedes Wochenende fuhren wir in eine andere Stadt und besuchten andere Charter. Es war aufregend zu sehen, wie sehr die Familie zusammenhielt und auch wie sie wuchs.

Mein bester Freund Sinan, der mich in den Club holte und ich waren nicht mehr so oft unterwegs wie früher, aber nicht weil es Streit oder Meinungsverschiedenheiten gab, sondern weil ich auch viel mit meinen anderen Clubbrüdern unternahm.

Mike (Name geändert) war neu in unserem Charter. Am Anfang mochten wir uns nicht, aber wie es meistens dann so ist, entstehen daraus die engsten Freundschaften und so kam es auch bei uns.

Wir verbrachten jeden Tag zusammen, er war auch Prospect, was wahrscheinlich auch den Unterschied ausmachte zu meinem damals besten Freund Sinan, der ja Member war!

Mike war eine Erscheinung, knapp 2 Meter groß. 117 kg schwer, ehemaliger Profiboxer und seine Aggressionstoleranz lag bei "schwer zu finden", also sehr niedrig!

Warum ich ihn hier erwähne? Er wurde mein bester Freund und wird uns lange durch dieses Buch begleiten und spielt eine große Rolle in vielen Geschichten meines Lebens, die ich euch hier erzählen werde.

Durch ihn habe ich viel für das Leben gelernt und wenn ich euch sage, man kannte uns nachher nur noch zu zweit, dann könnt ihr euch denken wie stark diese Bindung war!

Es ging 2009, so glaube ich, zum "Euro Run" nach Italien. Mein erster "Euro Run", da ich 2008 leider aus persönlichen Gründen verhindert war. Nicht alle Member und Prospects sind mit nach Italien gefahren.

Wenn das Charter auf Reise ist, muss ja auch jemand auf das Clubhaus aufpassen. Manchmal ist das der angenehmste Teil für einen Prospect!

Mal kurz ein paar Worte zum Thema Prospect…

Wie oft höre ich von Menschen, die noch nie Teil eines Motorradclubs waren, "das sind doch Hunde, die für die Member alles machen müssen". Aschenbecher leeren, Getränke holen, Wache stehen, die Member durch die Gegend fahren und das Clubhaus putzen müssen.

Ich habe bestimmt noch einige Dinge vergessen.

Dann fügen diese Personen noch hinzu, dass sie so etwas nie tun könnten! Genau das trennt die Spreu vom Weizen meine lieben Freunde, genau weil ihr das nicht könnt und die anderen Dinge auch nicht versteht warum sie getan werden müssen, werdet ihr hoffentlich nie Teil eines Motorradclubs!

Ich habe all diese Arbeiten, die ich oben aufgezählt habe und noch viel mehr, selber gemacht und war mir nicht zu schade dafür, weil es für die Familie ist.

Erinnert ihr euch noch an meinen ersten Tür Job, wo ich am Notausgang vergessen wurde? Genau deswegen habe ich euch diese Geschichte erzählt, damit ihr merkt, dass ihr im Leben nichts geschenkt bekommt und sollte dir doch was geschenkt werden, so schaut lieber nach, ob es kein Trojanisches Pferd ist!

Nichts im Leben bekommst du geschenkt, erst Recht nicht den "Death Head", das Abzeichen der Hells Angels, den kannst du dir nur verdienen!

Wir waren also auf dem Weg nach Italien, Mike und ich teilten uns ein Zimmer.

Es gibt angenehmere Mitbewohner, aber das hatte absolut nichts mit Hygiene oder was ähnlichem zu tun gehabt, im Gegenteil, er war so maximal auf Sauberkeit bedacht, dass sogar Monk neben ihm normal war und ich war eher der Typ, der seine Sachen durch das Zimmer schmeißt!

Trotzdem war der Euro Run geil, aber als Prospect musst du aufpassen, weil auf solchen Veranstaltungen kannst du da schnell unter die Räder kommen, was bedeutet, jeder Hells Angel Member kann dir einfach so ne Aufgabe geben und dann ist der Euro Run direkt mal gelaufen, weil Arbeit für Prospects, Hangarounds und Supporter gibt es da genug.

Mike und ich blieben also die ganze Zeit bei den Membern unseres Charters und wir hatten Glück, unser Präsident war selber mit dabei und er war so bekannt, dass die Leute sich nicht mal gewagt haben zu fragen, ob er ein oder zwei Prospects ausgeliehen haben darf.

Wir selber hatten einen eigenen Stand dabei, wo wir Clubsachen für Member und Support Sachen verkauft hatten. Da war dann unsere hauptsächliche Arbeitszeit als Prospects.

Wir haben natürlich nicht nur gearbeitet, wir hatten auch ne Menge Spaß. Einmal haben wir mit einem befreundeten Charter aus Frankfurt "Rafting" gemacht.

Wir haben uns tot gelacht und auch kein Member des anderen Charters hat uns als Prospect jemals respektlos behandelt.

Sie haben uns alle als Brüder gesehen und auch so behandelt, ich muss dazu auch noch sagen, dass genau dieses Frankfurter Charter für mich persönlich das familiärste Charter ist, was ich kenne! Heute noch!!!

Die Zeit in Italien hat mir auch nochmal gezeigt, dass ich auf dem richtigen Weg war. **Angels Forever**!

Es gibt nichts Schöneres als ein Clubleben mit Brüdern, die sich alle verstehen und gemeinsame Hobbys haben. Wir waren täglich mit mehreren Brüdern zusammen, wir trainierten, gingen einkaufen, feierten oder gingen auch Go-Kart fahren… macht auch richtig Bock, es sei denn du hast da so einen "Browser" auf Testo von "Mario Kart"dabei!

Wer das war, bleibt ein Geheimnis!

Das macht ein gutes Clubleben aus, das man gemeinsam viel unternimmt und auch , dass die Leute merken , dass der Zusammenhalt zwischen uns Brüdern nicht zu brechen ist!

10

Medien, Verräter und Kronzeugen

Viele stellen sich ein Clubleben absolut falsch vor.

Ich nehme es den Menschen nicht mal übel, bei den Medienberichten und den damit verbundenen Kronzeugen und Verrätern.

Ich habe mir echt viele Interviews angeguckt von solchen Personen.

Meiner persönlichen Meinung nach sind diese Menschen alle Abschaum.

Es sind Personen, die bei kriminellen Handlungen erwischt worden sind und aus Angst vor einer Haftstrafe oder einer zu hohen Haftstrafe, dann alte Freunde verraten.

Mit welchem Gesicht setzen sich diese Menschen ins Internet und rechtfertigen ihre Handlungen und reden dann noch über Personen, die sie noch nie in ihrem Leben gesehen haben!

Sie wollen nur ihren völlig irrelevanten Senf dazu geben, um Klicks und Aufrufe zu generieren.

Alle sitzen sie jetzt da, vor ihrer Kamera mit einem Heiligen Schein, der den Kölner Dom beleuchten könnte und erzählen, warum sie zu einem Verräter oder Kronzeugen geworden sind.

Meistens sind es immer die anderen Schuld, falls aber nicht, dann ist gespielte Reue die neue Medizin, die jeder schlucken soll…

Meiner persönlichen Meinung nach ist das pure Heuchelei, weil ihr so reden müsst und das nur weil sonst die öffentlich rechtlichen Sender euch sonst kein Gesicht geben würden und dann wärt ihr ganz schön aufgeschmissen, weil ihr dann nur noch mit euch selber reden könnt!

Meiner persönlichen Meinung nach, seid ihr nur ein Instrument für die Medien und für die Strafverfolgungsbehörden, nicht mehr und nicht weniger und das Traurige in einem Rechtsstaat ist, dass es egal ist, ob ihr die Wahrheit erzählt oder Lügen verbreitet!

Hauptsache die Verurteilung geht durch!!! Für alle, die denken, dass dies nur eine Meinung von mir ist, ich kann euch beruhigen…
Mir und meinen damaligen Brüdern ist dies 2012 tatsächlich passiert.

Die Medien… Meiner persönlichen Meinung nach, geht es nur darum, so viele Auflagen wie möglich zu verkaufen, es ist ein Geschäftsmodell, welches aber Existenzen zerstören kann, aber die ist bei einem solchen Unternehmen nur zweitrangig!
Teilweise wurden schon eine Menge Existenzen zerstört, selbst wenn danach die Wahrheit rauskommt und man weiß, dass die Schlagzeile damals doch nicht der Wahrheit entspricht, wird es nie revidiert!

Genau wie in meinem Fall!!!

Man spielt mit dem Ruf eines Menschen nur um Auflagen zu verkaufen! Ist das Sinn und Zweck in einem Rechtsstaat?
Ich kenne Personen, die ihr Leben nie wieder richtig auf die Reihe bekommen haben, nur weil eine Schlagzeile über sie geschrieben wurde, die sich später aber als falsch herausstellte.
Keine Entschuldigung, keine Richtigstellung… Warum?
Weil es sich nicht verkauft! Es muss dramatisch sein und wenn man dann noch "Rocker" und "Clans" dazu schreibt, dann schießen die Auflagen in die Höhe!
Für mich seid ihr Abschaum und jeder einzelne sollte sich schämen, vor allem ein Klatschblatt ganz besonders…

Der Verräter…
Verrat ist genauso alt wie die Menschheit und wurde schon von Tag 1 an verachtet!

Man liebt den Verrat, aber hasst den Verräter!

Ein Spruch den viele von euch schon mal gehört haben, aber er trifft voll und ganz zu! Jeder hört sich gerne den Verrat an, will aber keinen Verräter in seinem Freundeskreis, weil man einfach weiß, dass er bei der nächsten Gelegenheit, wo er dich verraten könnte oder muss, dies auch tut!

Ich höre oft, dass viele einen Verrat begangen haben, um vielleicht aus einer gewissen Szene oder aus gewissen Kreisen rauszukommen!

Völliger Schwachsinn...

Man begeht den Verrat, weil man zu schwach ist, die Konsequenzen für sein eigenes Handeln zu tragen, so einfach ist das.
Viele spielen draußen den "Harten", aber wenn dann einmal die Zellentür zu fällt und man dann auf 8 Quadratmeter mit sich alleine ist, zeigt sich erst aus welchem Holz du geschnitzt bist!
Willst du deinen alten Freundeskreis verlassen, dich von einer gewissen Szene distanzieren oder dich von der Kriminalität lossagen... so ist das doch völlig in Ordnung!
Akzeptiere deine Strafe, die du für dein "altes Ich" bekommen hast, sitze sie ab und arbeite an deiner Resozialisierung, aber verrate nicht deine damaligen Freunde, weil zum Zeitpunkt als du die Entscheidung getroffen hast mit ihnen Straftaten zu begehen, hat dir das Geld und der Ruhm auch geschmeckt.

Ich verwette alles darauf, wären die meisten "Verräter" nicht erwischt worden, würden sie heute noch in der ersten Reihe stehen und weiter den "Harten" machen!
Ich persönlich bin doch der lebende Beweis!
Ich bin seit 2017 nicht mehr Teil der MC-Szene und war 2011 bis 2012 sogar unschuldig im Knast, aber ein Verrat an meinen

Brüdern oder an anderen Personen wäre mir niemals in den Sinn gekommen!

2018 bin ich verhaftet worden und ich hatte seit über einem Jahr mit der MC-Szene und meinen alten Brüdern nichts mehr zu tun. Die Straftaten, die mir dort vorgeworfen worden sind, waren genau aus meiner Zeit als Bandido "V-Präsident"!

Ich habe mich von vielen Menschen aus der Vergangenheit distanziert, habe an meiner Resozialisierung gearbeitet, in meiner Haftzeit eine Ausbildung zum Industrieelektriker gemacht und distanziere mich heute ganz klar von meinen Straftaten und meinem Verhalten aus der Vergangenheit!

Es geht auch ohne Verrat!!!

Der Kronzeuge... Er ist nichts anderes als ein Verräter, nur dass er teilweise noch mehr ausholt und Straftaten hilft aufzuklären, mit denen er nie etwas zu tun hatte, sondern die er selber nur vom "Hörensagen" kennt!

Es gibt so einen bekannten Fall in Berlin, als 13 Mann in ein Cafe gingen und nachher ein Mann erschossen wurde.

Aus diesem Verfahren kam ja nachher auch ein bekannter "Kronzeuge", der heute sehr viel in den Medien unterwegs ist, geschützt vom LKA! Verrückt...

Man wird vom Staat beschützt, während man über Leute herzieht, die einem nie etwas getan haben!

Sein Grund, Kronzeuge zu werden, war, dass er nie wollte, dass an diesem Tag ein Mann stirbt und dass er es nicht mehr mit seinem Gewissen vereinbaren konnte, als er die Mutter des getöteten Jungen im TV gesehen hat.

Verständlich ehrlich, kann ich wirklich verstehen!

Was aber hat er gedacht, als er an diesem Tag mit den anderen Männer dort reingegangen ist, was dort passieren wird?

Eine Einladung zum Kaffee sollte ihm wohl nicht mitgeteilt werden!

Er war immer einer der "lautesten" im Club, stand immer in der ersten Reihe und war kein Kind von Traurigkeit, so berichtet er ja selbst. Genau solche Menschen meine ich, wenn sie nicht erwischt worden wären, würden sie heute noch ihr "altes" Leben führen und immer noch den "Lauten" machen, meiner Meinung nach!
Er entscheidet sich also, aufgrund seines Gewissens auszupacken....
Er will mit seinem alten Leben abschließen und wählt den Weg des Kronzeugen und des Zeugenschutzprogrammes!
Hat er denn auch all **seine** alten Taten aus **seiner** Vergangenheit aufgedeckt und aufgeklärt, wenn es doch eine Gewissensentscheidung gewesen ist?
Ich habe davon nichts gehört bis heute, weil es meiner Meinung nach keine Gewissensentscheidung war!
Er wusste, dass das ganze Ding jetzt in die Luft fliegt und der Kreis, in dem er sich befand, jetzt von den Ermittlungsbehörden gesprengt wird und bekanntlich verlassen die Ratten immer zuerst das "sinkende Schiff"!
Es ging meiner Meinung nach nur um Strafrabatt, um nichts anderes und wenn er das heute so sagen würde, wäre er für mich immer noch Abschaum, aber hätte wenigstens etwas Geradlinigkeit gezeigt!

Für mich persönlich heißt Verrat, seine Konsequenzen für sein eigenes Handeln nicht tragen zu wollen oder können und deswegen entscheidet man sich dann lieber dafür, andere Menschen in den Abgrund zu schubsen, bevor man dort selber herunterfällt!

11

Ein SEK-Polizist stirbt und alles ändert sich

2010 war ein Jahr, welches die komplette MC-Szene auf den Kopf stellte und vor allem ist das passiert, was meiner Meinung nach die Politik und die Medien sich hinter vorgehaltener Hand lange gewünscht haben.

Ich rede nicht davon, dass sie sich gewünscht haben, dass ein Polizist stirbt, aber sie wollten einen gravierenden Vorfall, bei dem ein Rocker mit involviert war und bekamen ihn dann auch.

Es passierte ein tragischer Unfall, bei dem leider ein SEK-Polizist durch eine Kugel eines Hells Angels ums Leben kam. Dieser Unfall veränderte einfach alles, vor allem aber das Verhältnis zwischen Polizei und der MC-Szene!

Woher ich weiss, dass es ein Unfall war?

Der Schütze Kai (Name geändert) war damals ein Hells Angel aus meinem Charter, er war sogar mein "Sgt at arms"! Daher weiss ich, dass es ein Unfall war und der Grund dafür war auch, meiner Meinung nach, die fehlerhafte Vorgehensweise der SEK-Polizisten.

Anhausen/Koblenz

Hells Angel erschießt SEK-Polizisten in Neuwied

Quelle: Rhein-Zeitung 09.03.2016

Warum ich über dieses Thema reden möchte, weil ich es alles selbst direkt mitbekommen habe, schließlich war ich Mitglied in dem Charter.

Ich kann mit 100 %-iger Sicherheit sagen, dass wenn er gewusst hätte, dass die Polizei vor der Tür steht, er niemals geschossen hätte.

Bei Kai wurde in den Wochen davor mehrmals eingebrochen und er war fest davon überzeugt, dass er wieder Opfer eines Einbruchs wird! Er hat aus Notwehr gehandelt, um sich und seine damalige Lebensgefährtin zu schützen, noch dazu war er berechtigt, eine Waffe zu Hause zu halten, da er einen Waffenschein hatte!

Mehrfach hat er geschrien, dass sie von der Tür weg gehen sollen, die Polizei gab sich aber nicht zu erkennen und irgendwann schoss er dann durch die verschlossene Tür.

Er konnte nicht ahnen, dass es das SEK war!

Wir alle, das ganze Charter und auch andere Charter in Deutschland, wussten, dass nun nichts mehr so bleibt, wie es vorher war.

Die Polizei und die MC-Szene hatten noch nie das beste Verhältnis, was jetzt keinen hier überrascht, aber es war früher auch nicht so schlecht wie es heute ist.

Auf Partys kam, wenn überhaupt, ab und an mal ein Polizist und natürlich auch ab und zu mal eine Hundertschaft, aber was nun folgen würde, sprengte jegliche Vorstellungskraft!

Nach diesem Vorfall kam alles, was verfügbar war: BKA, LKA, Hundertschaften, THW, TÜV-Gutachter, Ordnungsamt…

Feierabend!!!

Die Behörden und die Politik wollten mit aller Macht zeigen, dass es so nicht mehr weiter geht, dass aber die Polizei eine große Mitschuld am Tod ihres Kollegen hatte, hat niemanden interessiert.

Wie immer sind die gewaltbereiten Rocker schuld, dabei wurde immer verschwiegen, dass die Kollegen des verstorbenen SEK-Beamten, Kai, nach der Festnahme folterten! Aus Rache!!! Dies ist nicht meine Meinung, sondern es ist passiert, dass könnt ihr Kai fragen!

Ich kann die Wut, das Entsetzen und die Trauer der Polizisten verstehen, aber auch für sie gibt es keinen Freifahrtschein, was Selbstjustiz betrifft!
Dieser Vorfall macht in den Medien natürlich Schlagzeilen, aber immer wurde Kai als Täter gesehen.

Fehler macht jeder Mensch in seinem Leben, mehrere sogar, so auch die Polizisten und noch heute sage ich, dass es mir für die Familie und für die Kollegen des verstorbenen SEK-Polizisten sehr leid tut, auch noch 14 Jahre später!

Wann wird das SEK dazu gerufen?
Das Spezialeinsatzkommando ist für Spezialeinsätze verantwortlich.
Bei höchst gefährlichen Situationen wie zum Beispiel Geiselnahmen, Entführungen, Banküberfällen, Erpressungen oder auch Observationen von gefährlichen Zielpersonen fallen in ihren Aufgabenbereich.

Im Fall von Hells Angel Kai, gab es "nur" einen Durchsungsbefehl wegen einer mutmaßlichen versuchten Erpressung, die nicht mal der Rede wert war, weil diese Erpressung nie stattgefunden hatte.
Er war nicht vorbestraft, galt nicht als gewaltbereit und auch so hatte er nie Probleme mit der Polizei.
Das weiß ich, weil er mein "Sgt at Arms" war und wenn einer von uns mal respektlos zu einem Polizisten war, so missfiel ihm das sehr! Außerdem hatte er einen Waffenschein und wie groß die Auflagen für einen solchen Schein sind, ist bekannt!

Der Grund, warum so ein "Besteck" von Seiten der Polizei aufgefahren wurde, war meiner persönlichen Meinung nach, dass er ein Hells Angel war! Traurig aber wahr!
Aufgrund seines Amtes (Sgt at Arms) und der Mitgliedschaft in

einem solchen Motorradclub ging man also von einer gefährlichen Situation aus?

Man hätte nur bei ihm klingeln müssen, er hätte die Tür aufgemacht und der Polizei ermöglicht, den Durchsuchungsbeschluss durchzusetzen.

So einfach wäre es gewesen!

Ich würde generell mal meine persönliche Meinung und die damit verbundenen Erfahrungen was SEK-Einsätze angeht sagen!

Jeder hat schon mal was von solchen Einsätzen gehört oder gelesen.

Voll vermummte, bis oben hin bewaffnete, im Nahkampf trainierte Elitepolizisten, die Türen aufsprengen, Scheiben einschlagen, Hunde erschießen und keine Rücksicht nehmen, ob Frauen und Kinder während des Zugriffes in dem Objekt sind.

Das sind die Einsätze, die man als Mitglied eines Motorradclubs mitbekommt, dass nach fast jedem Einsatz die Zielpersonen körperliche Schäden davontragen, ist leider schon die Selbstverständlichkeit in Person.

Ich will das SEK, MEK oder die GSG 9 nicht so abstempeln, als würden wir in diesem Land diese Elitepolizisten nicht brauchen, ganz im Gegenteil!

Es ist wichtig, dass es sie gibt, aber ich persönlich finde, dass die Verhältnismässigkeit bei den Einsätzen gegen die MC-Szene oft nicht gegeben ist. Dass der Einsatz von Elitepolizisten bei gewissen Personen aus der MC- Szene notwendig war, streite ich gar nicht ab, aber bei Kai und bei vielen anderen wäre es nicht nötig gewesen!

Natürlich wurde gegen Kai sofort ein Haftbefehl erlassen und er kam in U-Haft (Untersuchungshaft).

Wir trafen uns nach diesem Vorfall alle im Clubhaus und man konnte sofort spüren, dass jeder in diesem Charter immer noch geschockt war.

Der Clubanwalt des Charters war schon längst bei Kai und wir warteten darauf, dass er uns anrief, damit wir uns mit ihm treffen können und neue Informationen aus erster Hand bekommen.

Es dauerte ein paar Stunden, bis der Anwalt anrief und wir ihn ins Clubhaus baten. Nur die Member des Charters sprachen mit ihm und gingen dafür in den Memberraum.

Nach 2 Stunden kamen sie aus dem Member Raum raus und jedes Gesicht war wie versteinert, keiner war wirklich ansprechbar und von uns Prospect hat sich keiner getraut zu fragen, was nun mit Kai ist!

Ein Elitepolizist starb, weil ein Hells Angel durch die Tür schoss… was soll also jetzt mit Kai sein? Er ist schon so gut wie verurteilt!

Bei Rockern gibt es, meiner Meinung nach, keine Unschuldsvermutung.

Natürlich blieb er in U-Haft und jedem von uns war klar, dass er eine Haftstrafe bekommen wird, die Frage war nur, wie hoch die wird!

Von 12 Jahren bis lebenslänglich war alles möglich…

Der Prozess ging los und es war ein Auftakt, wie man es sich bei so einem "Rockerprozess" vorstellen kann.

Viele Medienvertreter und natürlich überall Polizei. Ich war leider nicht dabei, da ich 2 Wochen nach dem Vorfall mich selbst im Offenen Vollzug stellen musste, aufgrund einer alten Strafe.

Deswegen kann ich euch über den Prozess nicht wirklich viel erzählen, sondern nur das, was ich von meinen damaligen Clubbrüdern gehört habe.

Der Prozess wurde von Seiten der Staatsanwaltschaft natürlich nicht sauber geführt. Sie wollten auf Biegen und Brechen eine Verurteilung und dafür zogen sie sogar sein Privatleben durch den Dreck, um so seine damalige Lebensgefährtin bloßzustellen.

Ich werde dieses Thema hier natürlich nicht aufmachen, aus Respekt zu Kai.

Es gab sehr viele Zeugen, die für Kai ausgesagt haben, sogar eine Nachbarin von ihm, die den Einsatz damals aus ihrem Fenster beobachtet hatte. Sie rief selber die Polizei, weil sie viele vermummte in schwarz gekleidete Personen vor dem Haus von Kai sah und sie vermutete, dass dort gerade ein Einbruch passiert.

Das SEK war nicht mal als "Polizei" gekennzeichnet, also konnte man sie auch optisch nicht von einer Einbrecherbande unterscheiden und sich als Polizisten zu erkennen gegeben haben sie auch nicht.

Diese Aussage war ein wichtiger Bestandteil des Prozesses.

Geholfen hat es Kai vor Gericht leider auch nicht, er bekam eine hohe Haftstrafe. Vorerst…

Das Urteil lautete 9 Jahre Haft wegen Totschlags und Nötigung. Ein eigentliches mildes Urteil, wenn man jetzt nur hören würde "Hells Angel erschießt SEK-Polizist durch die Tür" und die ganzen anderen Umstände nicht kennen würde.

Natürlich zog Kai mit seinem Anwalt in Revision und dann passierte das, was keiner je für möglich gehalten hatte!!!

Kai wurde tatsächlich für die Schüsse auf den Polizisten vom BGH (Bundesgerichtshof) in Karlsruhe freigesprochen! Dieses Urteil grenzte fast an eine Sensation, weil keiner mit der Objektivität eines Gerichts bei einem solchen Verfahren gerechnet hatte. Der BGH entschied, dass Kai in "irrtümlich angenommener Notwehr" gehandelt habe.

BGH hebt Schuldspruch gegen Hells Angel auf

Er schoss durch seine geschlossene Haustür und traf einen SEK-Beamten tödlich: Für diese Tat verurteilte das Landgericht Koblenz einen Hells Angel wegen Totschlags. Der BGH hob den Schuldspruch nun auf. Der Rocker habe in irrtümlicher Notwehr gehandelt.

Quelle: Spiegel Panorama 03.11.2011

Er kam sofort raus, weil er die Strafe für die Nötigung, die nicht aufgehoben wurde, schon abgesessen hatte.

Das Urteil ging durch alle Mediensender, die Zeitungen waren voll und auch die komplette MC-Szene konnte es vorerst nicht glauben! Der Anwalt hat einfach verdammt gute Arbeit geleistet und als Dank dafür, hängt noch bis heute in seiner Kanzlei ein Geschenk des Charters.

Der Einsatzleiter des SEK, der damals für den Einsatz verantwortlich war, trat sofort zurück.

Noch einmal, das alles hätte nicht passieren müssen, hätte man bei Kai einfach nur geklingelt.

12

"Bad Talking" und eine große Ratte zeigt sein Gesicht

Bei dem Verfahren, in dem es um Kai und ein paar andere Brüder im Charter Bonn ging, war der Grund nicht der tragische Tod des Polizisten, es ging um was ganz anderes!

Fast das ganze Charter wurde über einen sehr langen Zeitraum abgehört und es gab über 15000 Seiten abgehörte Telefonate.

Der Grund dafür war, dass man natürlich wieder versucht hatte, irgendwie das Hells Angels Charter Bonn als "Bildung einer kriminellen Organisation" zu verbieten. So etwas kommt alle Jahre in jedem Charter mal vor, als Rocker sieht man das schon sportlich, aber es ist auch verdammt nervig!

Mit diesen abgehörten Telefonaten konnte die Justiz mal wieder kein Verbot erwirken, nur ein paar Ermittlungsverfahren eröffnen, wovon die meisten nachher zum größten Teil wieder eingestellt worden sind.

Diesmal aber brauchten die Ermittlungsbehörden tatsächlich gar nicht viel machen, weil mit den abgehörten Telefonaten hat sich das Charter Bonn am Ende selber zerstört!!!

"Bad Talking" bedeutet, über einen Club Bruder oder den Club schlecht zu reden und führt selbstverständlich zum direkten Ausschluss aus dem Club.

In den abgehörten Telefonaten ging es drunter und drüber. Ich selbst war schockiert, als ich davon hörte, weil ich niemals damit gerechnet hätte, dass sowas in einer Bruderschaft vorkommt. Ich spreche hier nur vom damaligen Charter Bonn und kann euch sagen, dass es sehr selten ist, dass im Club so etwas vorkommt!

Der Grund, warum ich mich einem solchen MC angeschlossen habe, war ja, dass ich genau so etwas nicht mehr in meinem Umfeld erleben wollte. Intrigen, Lügen und schlecht übereinander reden, für mich sind das Dinge, die nicht in einen solchen Club gehören.

Wir waren doch eine Familie und wenn man jemandem etwas zu sagen hat, dann persönlich unter vier Augen.

Das Charter zerfiel Stück für Stück, weil das Vertrauen innerhalb des Chartes natürlich zerstört war. Ich selber war noch im offenen Vollzug und bekam das alles nur so am Rande mit, weil auch ich in dieser Zeit so schwer enttäuscht wurde, wie noch nie zuvor!!!

Mein Mentor, mein damals bester Freund Sam, der mich in den Club holte, war es, der sich nachher als die größte Ratte und Enttäuschung in meinem Leben herausstellte!

An dem Tag an dem ich mich im offenen Vollzug stellen musste, traf ich mich nochmal mit ihm, um ein paar Dinge zu besprechen, mit dabei war auch meine neue Freundin, die als Prostituierte in der Schweiz gearbeitet hatte.

Er sagte mir, ich solle mir keine Sorgen machen und meine Zeit dort locker absitzen, draußen wird sich um alles gekümmert... ja und wie er sich gekümmert hat!!!

Anmerkung: 1. Verurteilung

Am 31. März 2010, 2 Wochen nachdem Kai den Polizisten erschossen hatte, musste ich mich in der JVA Euskirchen stellen.

Ich wurde im Januar 2009 zu 2,9 Jahren wegen schwerem Raub verurteilt. Ich habe einem guten Freund damals aus der Klemme geholfen und das war die Quittung, die ich dafür bekam, das war 2007, kurz bevor ich den Hells Angels beigetreten bin.

Eine Geschichte, die ich gerne vergessen würde, eine Straftat, die ich zutiefst bereue.

Es war ein Überfall auf eine Spielhalle, es gab einen Tipp und da mein Freund extreme Schulden hatte, bat er mich um Hilfe.

Das war schon immer mein Schwachpunkt, meine Gutmütigkeit verbunden mit meiner Hilfsbereitschaft!

Im Endeffekt war es ein einmaliger Fehler, aber weil er dachte, dass es einmal gut ging, machte er es immer wieder und so flog er auch irgendwann auf.

Die Polizei erwischte ihn mit einem ganz einfachen Trick.

Sie bekamen einen Tipp von einem Informanten, dass mein Freund hinter den Überfällen auf die Spielhallen steckte und da sie keine Beweise hatten, mussten sie sich was einfallen lassen.

Sie beantragten bei einem Richter, sein Telefon abhören zu dürfen und bekamen dafür auch direkt den Beschluss. Danach warfen sie eine Visitenkarte in seinen Briefkasten, wo draufstand, dass die Polizei Köln sich gerne mit ihm unterhalten will, bezüglich der Überfälle. Er fiel natürlich drauf rein und rief alle an, mit denen er einen Überfall gemacht hatte, darunter war leider auch ich.

Wir hatten zu diesem Zeitpunkt schon so gut wie keinen Kontakt mehr.

Er redete also am Telefon über die eingeworfene Visitenkarte und dass wir uns dringend treffen müssten, um uns was einfallen zu lassen oder das wir uns gegebenenfalls absprechen, falls es zu einer Verhaftung kommen sollte.

Die hatten einfach nichts und durch die Telefonate hatten sie dann alles, was sie brauchten, um uns zu verhaften. Die anderen Mittäter von meinem Freund kannte ich alle nicht.

Alle verzinkten ihn vor Gericht, ich aber nicht! Ich nahm die komplette Strafe auf mich.

Vor Gericht sagte ich, dass ich das ganze Geld bekommen hätte und er mich sogar von dieser Tat abhalten wollte. Ich hätte Probleme gehabt und deswegen habe ich diese Straftat begangen.

Alles was auf ihn eigentlich zutraf, habe ich auf meine Person beschrieben.

Dank mir bekam er statt 9,6 Jahre, 6,9 Jahre also 2,9 Jahre weniger, weil die anderen ihn alle als Kopf der Bande darstellten!

Die 2,9 Jahre, die er weniger bekommen hatte, habe ich dann bekommen! Am Anfang erzählte er überall rum, dass auch ich ihn verzinkt hätte, aber vor Gericht hat er gesehen, dass es nicht so war.

Ich musste damals nicht in U-Haft, weil ich meine Tat zugab, einen festen Job hatte und es meine erste Straftat war.

Nachher wurden wir wieder Freunde und als er abgeschoben wurde, waren wir ständig in Kontakt und ich bot ihm oft meine Hilfe an. Er kam wenig später zurück nach Deutschland, wir trafen uns ab und zu, aber wie früher wurde es nie wieder!

<u>Weiter geht's mit Kapitel 12…</u>

Ich stellte mich also am 31. März 2010 in der JVA Euskirchen mit dem Wissen, ich bin Prospect im Hells Angels MC und meine Brüder, vor allem aber mein damals bester Freund Sam kümmerte sich um alles.

Mein anderer Freund Mike war selber aufgrund des Verfahrens (Erpressung), welches auch gegen Kai lief, in U-Haft.

Um kurz vor 15 Uhr kam ich an der JVA an. Ich habe natürlich ein paar Ratschläge von Brüdern und Freunden bekommen, die diesen Weg schon einmal gehen mussten, aber wenn man das alles selber durchlebt, wirkt es immer anders als einem erzählt wird.

Ich nahm meine 3 Taschen aus dem Auto, verabschiedete mich von meiner damaligen Freundin und ging Richtung Pforte.

Da stand ich nun mit dem Brief, wo der Termin für meinen Haftantritt drauf stand. Der Beamte kam aus der Pforte und brachte mich zum Zugangshaus, da muss jeder, zuerst einmal für ein paar Wochen rein, der sich im Offenen Vollzug stellen muss.

Dann ging die Prozedur los… Urin abgeben, besser gesagt Drogentest, damit die JVA weiß, ob du unter Drogeneinfluss stehst oder ob du vielleicht sogar eine Drogenproblematik hast. Wäre der Test positiv gewesen, dann wäre ich sofort in den geschlossenen Vollzug gebracht worden.

Da ich aber noch nie in meinem Leben Drogen genommen habe, hatte ich bei so einem Test keinerlei Befürchtung!

Dann kommt der Arzt und checkt deine gesundheitliche Verfassung.

Keine Ahnung woher die Justizvollzugsanstalten diese Ärzte bekommen, aber meiner persönlichen Meinung nach, dürfte keiner von ihnen diesen Beruf ausüben!

Ich habe in keiner Justizvollzugsanstalt jemals einen fähigen Arzt getroffen. Standardbehandlung in einer JVA ist immer Ibuprofen… Erkältung - Ibos, Verstauchung- Ibos, Corona - Ibos, Arm oder Bein ab - Ibos… Immer und immer wieder Ibos und ab und an eine Voltarensalbe!

Nachdem ich nun auch die ärztliche Untersuchung überstanden habe, macht der Justizvollzugsbeamte mit dir ein "Aufnahmegespräch" und ein Foto. Dann bekommst du deine Buchnummer und schon bist du offiziell ein Inhaftierter. Ich bekam einen Schlüssel für meine Stube, die ich mir mit drei anderen Personen teilen musste.

Ihr glaubt nicht, was für widerliche unhygienische Menschen man im Knast kennenlernt. Ich dachte mir nur, die paar Wochen steh ich locker durch, es gab ja ne Telefonzelle und so konnte ich wenigstens jeden Abend meine Freundin anrufen.

Die Zeit ging eigentlich relativ gut um, wenn man draußen keine Sorgen hat, ist die Zeit im Knast auf jeden Fall erträglicher und geht schneller um.

Ich spielte Karten, Backgammon, machte Sport so gut es ging und abends telefonierte ich dann mit meiner Freundin, bis dieser eine Tag kam…

Sie ging nicht mehr dran!

Natürlich machte ich mir sofort Sorgen, aber ich ließ 3-4 Tage verstreichen, bis ich meinen damals besten Freund Sam anrief und ihn darum bat, mal nach ihr zu schauen.

Was ich dann zu hören bekam, hörte sich an wie ein schlechter Film…

Mein sogenannter "bester" Freund, teilte mir am Telefon mit, dass er mit ihr geredet hat und sie erfahren hat, dass ich parallel noch ein paar andere "Freundinnen" hatte und sie nun mit mir keinen Kontakt mehr haben will. Dann machte er mir noch einen Vorwurf diesbezüglich, dass er auch nicht verstehen konnte, warum ich so etwas getan habe.

Willst du mich verarschen, dachte ich mir. Du fickst durch die halbe Weltgeschichte, kommst selber aus dem Milieu und jetzt hältst du mir eine Predigt als wärst du Mutter Theresa.

Ich habe das alles nicht verstanden, aber das Ganze ergab natürlich, mit der Zeit, einen Sinn. Er erklärte mir auch, dass er versucht hat mit ihr zu reden, sie aber nicht mit sich reden lassen wollte.

Ok, dann ist es so, wie es ist. Was sollte ich auch machen? Ich saß ja schließlich im Knast und da kannst du nicht mal eben raus, weil deine Freundin dich verlassen hat.

Teilweise lässt die Justiz die Inhaftierten nicht mal zu der Beerdigung eines Elternteils…

Nach 7 Wochen kam ich dann aus dem Zugangshaus in den "normalen" offenen Vollzug und das ist natürlich eine andere Welt. Da hast du direkt ein Handy, unerlaubter Weise natürlich und kannst deine Sachen direkt klären.

Ich telefonierte mit ein paar Freunden aus Köln und schon traf mich direkt der nächste Hammer. Mein sogenannter "bester" Freund Sam hat sich meine Freundin geklärt, diese Freundin, die mich verlassen hat, weil ich angeblich mehrere Freundinnen hatte.

Er selbst hat doch Frau und Kind, ich habe die Welt nicht mehr verstanden.

Am Anfang hielt ich es für ein Gerücht, aber als ich dann mit meinem langjährigen Freund Werner A. telefoniert hatte und er mir diese Geschichte bestätigte, wusste ich, dass mein bester Freund eine Ratte ist.

Die Größte, die ich je kennengelernt habe. Mein Freund Werner kannte Sam schon sehr lange und Sam sah zu Werner auf, weil Werner in einer sehr brenzligen Situation mal Sam seinen Arsch gerettet hatte.

Werner A. ist der Typ Freund, den man sich nur wünschen kann! An erster Stelle steht für ihn Loyalität, Fairness und Gerechtigkeit und ihn kannst du mit Geld nicht kaufen!

Ein Prototyp Hells Angel!!!

Es passte einfach alles wie die Faust aufs Auge, alles ergab auf einmal einen Sinn und ich war am Boden zerstört.

Nicht wegen der Frau, sondern wegen dem Verrat von demjenigen, der sehr lange mein bester Freund war und mich zu den Hells Angels geholt hatte!

Mein Weltbild von Loyalität unter Brüdern hatte erste Risse bekommen und die Geschichte wurde dann für Sinan auch etwas zu heiß... denn obwohl ich nur Prospect war, setzten sich andere Charter, die von dieser Geschichte gehört hatten, sich für mich ein und brachten eine Art Rundmail in den Umlauf, wo genau diese Geschichte erzählt wurde.

Sam, der mittlerweile das Amt des "Sgt at Arms" im Charter Bonn übernommen hatte (Kai war noch in Haft), musste diese Geschichte irgendwie im Keim ersticken, weil er natürlich Angst davor hatte, sein Patch und seinen "Ruf" zu verlieren.

Wer will schon so einen Bruder im Club haben, der einem anderen Bruder die Frau ausspannt, so einen willst du ja nicht mal als Nachbar haben.

Er kontaktierte mich, weil er seit Wochen nichts mehr von mir gehört hatte und lud mich zum Essen ein. Wir müssten was Wichtiges besprechen, meinte er, also entschied ich, mir seine Geschichte mal anzuhören.

Er holte mich vom Knast ab und wir fuhren in Euskirchen was Essen. Er sprach dann genau dieses Thema an und verneinte es sofort. Niemals würde er so etwas tun, mein Gott war ich dämlich und naiv, für eine kurze Zeit glaubte ich ihm das sogar.

Er meinte zu mir, dass wenn ich gefragt werde, dies auch so erzählen solle, damit die Gerüchte über ihn aufhören. Ich sagte dazu gar nichts und er fuhr mich wieder zurück zur JVA, gab mir noch 150 Euro und das war dann unser letztes Treffen!

Mittlerweile wurde es immer klarer das er einen solchen "Bitchmove" abgezogen hat, aber die Beweise fehlten und ohne Beweise kannst du als Prospect einen solchen Vorwurf einem "Sgt at Arms" gegenüber natürlich nicht einfach bei einem Meeting an den Kopf schmeissen.

Das war auch der Grund, warum ich bei unserem gemeinsamen Essen keine Namen gesagt habe, woher ich das weiss und das ich es glaube, sagte ich ihm auch nicht.

Ich wollte schließlich beim Hells Angels MC bleiben und da ist das nicht so eine gute Idee, wenn du dich mit einer der wichtigsten Positionen aus dem Club anlegst.

Mein Plan war ein anderer, ich wechsel das Charter, werde Vollmember und dann "fick" ich den, in dem ich das Ding dann offiziell mache, sobald ich alle Beweise habe.

Der Plan war gut und ich war mir sicher, dass ein Wechsel ins Charter Cologne kein Problem sein würde, da ich mir ja nichts zu schulden kommen lassen habe und mein Wohnsitz sowieso in Köln war.

Ich erzählte niemandem von meinem Vorhaben, weil mein Vertrauen eh ein Stück weit zerstört war und ich nicht wirklich mehr wusste, wem ich noch vertrauen kann.

Meine einzige Vertrauensperson im Club war nur noch Mike, aber der saß ja leider noch in U-Haft!

Monate vergingen und immer wieder riefen mich meine Brüder vom Charter Bonn an und fragten, wann ich denn endlich wieder zum Meeting kommen werde.

Meine Zeit Vollmember zu werden, war schon längst gekommen, ich aber wollte nicht einen Tag mehr in diesem Charter bleiben, solange die Ratte Sam noch da ist.

Ich schob es immer wieder auf und als Ausrede habe ich den offenen Vollzug und die damit verbundenen Ausgänge genommen. Ich hätte bei jedem Meeting dabei sein können, weil ich genug Ausgänge hatte, aber solange die Sache nicht geklärt war, fahre ich auch nicht dahin, dachte ich mir.

Irgendwann kam dann ein Anruf aus meinem Charter und da wurde mir dann gesagt, dass ich seit 6 Monaten nicht mehr beim Meeting war und dass es so nicht mehr weiter geht. Entweder ich komme zum Meeting oder ich muss den Club verlassen und das wollte ich keinesfalls!

Also fuhr ich hoch und genau an diesem Tag war Sam komischerweise gar nicht da. Als alle anderen Clubbrüder da waren, bat ich um ein Gespräch im Memberraum.

Nach einiger Zeit rief mich dann ein Member in den Raum und ich bat um eine Freigabe, das Charter zu wechseln.

Vorher hatte ich schon mit dem Präsidenten von Köln gesprochen und er hat mir zugesagt, dass er mich sofort in seinem Charter aufnehmen würde.

Da man aber für so einen Wechsel auch die Freigabe von deinem Charter braucht, musste ich mir die zuerst einmal holen.

Ich wurde gefragt, warum ich das Charter wechseln wollte und ich gab viele Gründe an, wie zum Beispiel, dass ich in Köln wohne, lebe und dort auch meine Freizeit verbringe, aber diesen einen Grund, wo es um Sam ging, gab ich natürlich nicht an.

Ich bin ja nicht dumm.

Ich hätte so die Freigabe für den Wechsel nie bekommen, weil ich dann ja was gegen einen Member aus dem Charter Bonn in der Hand hätte und wenn das sich nachher als richtig herausstellt, sieht das für das ganze Charter nicht gut aus.

Deswegen habe ich die "normalsten" und "einfachsten" Gründe genommen, die man eigentlich als Mensch mit normalem Verstand nachvollziehen kann.

Leider waren die Gründe anscheinend nicht ausreichend und so bekam ich die Freigabe nicht! Ich wusste genau warum ich die Freigabe nicht bekommen habe, genauso wie das Charter Bonn wusste, warum ich wirklich wechseln wollte.

Also verließ ich den Club im Guten (Left), gab meine Kutte ab und fuhr vom Hof.

Mein Herz zerbrach in tausend Teile, weil es für mich ein Leben ohne den Hells Angels MC gar nicht mehr geben konnte!

Ich war von Tag 1 an Feuer und Flamme und habe alles für den Club gegeben oder auch stehen gelassen, wenn ich gebraucht wurde.

Ich bin viel gereist und habe Member aus der ganzen Welt kennengelernt, auch aus den USA und aus Kanada! Jetzt war ich einfach nicht mehr im Club, ich fühlte mich leer, einsam, innerlich tot und nichts hätte mich zu diesem Zeitpunkt aufbauen können.

Ich habe die Jacke abgegeben, weil ich mit der Ratte Sam nichts mehr zu tun haben wollte und das Patch zu tragen, um dafür seinen Charakter verkaufen zu müssen, ist nicht Sinn und Zweck des Clubs.

Ich hätte die Geschichte mit Sam auch einfach schlucken und so stehen lassen können, aber was wäre ich dann für ein Mann gewesen?

Dann wäre ich heute vielleicht immer noch Hells Angel, aber mein Gesicht wäre so dreckig wie der Freistundenhof in der JVA Hagen!

Das war es mir nicht wert und jeder Hells Angel den ich kenne, sieht es genauso wie ich, da bin ich mir sicher!

13

Kuttenlos - Ein Neuanfang wird geplant

Da stand ich nun, 3 Jahre Teil des Hells Angels MC gewesen und jetzt wusste ich nichts mit mir anzufangen.

Genau in diesem Zeitraum ging das sogenannte Wettrüsten der Clubs los und es wurden, von beiden Seiten (Hells Angels und Bandidos), zahlreiche Leute aufgenommen.

Viele Freunde von mir traten dem Hells Angels MC bei, Freunde mit denen ich teilweise sogar lange gemeinsam an der Tür gearbeitet habe.

Viele von denen fragten mich damals, warum ich so einem Motorradclub überhaupt beitrete, heute sind sie selber Member eines Charters.

Für mich persönlich war es die schwerste Zeit, weil ich mich immer als Hells Angel gesehen habe und noch dazu war ich einer der Wenigen zum Zeitpunkt meines Eintritts und jetzt sehe ich um mich herum nur noch Hells Angels und Supporter.

Innerlich hat es mich zerfressen, weil ich der Meinung war, dass ich vor allen anderen die jetzt neu dazu gekommen sind, dazu gehören sollte und ich bin nicht mehr im Club, weil ein Clubbruder meine Freundin "wegpusiert" hat und ich keine Freigabe bekommen habe, um in ein neues Charter zu gehen, damit ich dem nachher keine Probleme machen kann. Was für eine beschissene Situation.

Schlimm ist es aber wirklich erst, wenn dich Leute fragen, ob es stimmt, dass du nicht mehr im Club bist.

Diese Frage hat mir damals immer ein Messer ins Herz gerammt! Alle denken dann, dass du nicht gut genug für den Club warst, aber so war es ja absolut nicht!

Wenn man sein altes Charter im Guten (Left) verlassen hat, dann musst du 1 Jahr pausieren und kannst dann in einem anderen oder auch im gleichen Charter wieder anfangen, natürlich von 0 an.

So dachte ich, aber auch da wurde ich natürlich wieder eines Besseren belehrt…

Selbst wenn du 1 Jahr pausiert hast, brauchst du, wenn du wieder einem Charter beitreten willst, die Freigabe deines alten Charters. Ich dachte, das wäre ein schlechter Witz, aber es war tatsächlich die Wahrheit.

Mein bester Freund Mike, der mittlerweile aus der U-Haft entlassen wurde, hatte mit unserem alten Charter auch das ein oder andere Problem und wie bei mir, gab es für ihn auch keine Freigabe und das obwohl er schon Member war und noch viele stärkere Gründe hatte, zum Charter "Cologne" zu gehen.

Wir beide hatten immer Kontakt und es hat uns richtig angekotzt, dass man uns zu Unrecht Steine in den Weg legt.

Dafür war das Charter Bonn damals aber bekannt und deswegen ist der Präsident von damals auch heute kein Mitglied mehr im Hells Angels MC.

Wisst ihr, was wirklich ein Phänomen beim Hells Angels MC ist? Es gehen natürlich auch gute Leute, aber im Großen und Ganzen säubert sich der Club immer von ganz alleine.

Ich war immer noch im offenen Vollzug und meine Zeit dort flog sehr schnell. Ich hatte draußen Arbeit, eine neue Freundin und ohne Ende Freizeit. Teilweise ging ich dort nur zum Schlafen hin.

Ich hatte immer noch im Kopf, dass ich bald wieder Teil des Hells Angels MC werde. Ich habe auch noch so gelebt, als wäre ich noch im Club.

Ich trug immer noch Clubsachen "Support 81" und traf mich auch immer noch mit Membern oder Prospects von anderen Chartern, nur nicht mehr mit den Leuten vom Charter Bonn.

Jeder von denen war auch fest davon überzeugt, dass ich bald wieder dem Hells Angels MC beitreten werde, nur dieses eine Jahr muss noch irgendwie rumgehen.

Liebe Freunde, merkt euch eine Sache: 1. Es kommt immer anders und 2. Als man denkt!

14

Das Bandidos MC Chapter Düren entsteht

Wie schon erwähnt, habe ich durch meinen Freund Mike, 8 Monate nachdem ich beim Hells Angels MC ausgetreten war, erfahren, dass man auch nach 1 Jahr Abstinenz vom Club immer noch die Freigabe von seinem alten Charter braucht.

Ich hätte sie nicht bekommen, weil diese Ratte Sam ja immer noch Bestandteil dieses Charters war und so wie ich es mitbekommen hatte, wollte das Charter Bonn meinem besten Freund Mike ebenfalls die Freigabe nicht geben.

Natürlich wollten sie ihm die nicht geben, der hätte das Charter, wenn er gewollt hätte, alleine auf den Kopf gestellt und da er für sie ein zu starker Charakter war, wollten sie ihn lieber außerhalb statt innerhalb des Clubs lassen.

Sie hatten Panik, dass er zu mächtig wird und ihnen aufgrund der Problematik, die er mit ihnen hatte, Kopfschmerzen machen könnte und die hätte er ihnen auch gemacht, keine Frage!

Für mich gab es also vorerst keinen Weg mehr zurück und für Mike anscheinend auch nicht. Irgendwann klingelte mein Handy, Mike war am Telefon und er fragte mich, ob ich morgen Zeit hätte, um mal kurz nach Düren zu kommen.

Er hätte da etwas, was mich vielleicht interessieren könnte. Mein Interesse war geweckt, also fuhr ich am anderen Tag dorthin. Mir gingen ne Menge Dinge durch den Kopf. Was genau könnte mich denn interessieren? Vielleicht hat er doch ne Möglichkeit gefunden, die Freigabe zu umgehen oder Ähnliches.

Dort angekommen empfing er mich, wir hatten uns auch schon etwas länger nicht gesehen, was die Freude natürlich größer machte.

Wir gingen was essen und wir redeten erstmal über viele Dinge, wie zum Beispiel den Vollzug, wie es sonst so läuft und so weiter.

Dann irgendwann wurde das Gespräch etwas ernster. Ich merkte sofort, dass es keine kleine Sache ist, die er mir da erzählen will. Er sah mich mit ernstem Gesicht an und sagte zu mir..." "Komm wir machen Bandidos." Ich hatte das Gefühl, ein 40 Tonnen schwerer LKW fährt mich an.

Ich wartete und hoffte, dass er gleich anfängt zu lachen und er sagt, dass es nur Spaß war. Ich bekam keinen Ton raus und auch das Lachen von ihm blieb aus, da wusste ich, dass er es wirklich ernst meinte.

Ich hätte bei dem Gespräch mit allem gerechnet, aber nicht damit, dass er mir vorschlägt, Teil des Bandidos MC zu werden. Immerhin waren die über Jahre nicht unsere "Freunde" und hätten wir zu unserer aktiven Hells Angels Zeit einen gesehen, wären wir bestimmt keinen Kaffee mit ihnen trinken gegangen.

Immerhin haben genau diese zwei Motorradclubs eine ganz bewegte Vergangenheit!!!

Ich habe in seinen Augen eine Entschlossenheit gesehen wie selten zuvor und ich kannte ihn schon sehr gut, schließlich ist er für mich, in unserer gemeinsamen Zeit beim Hells Angels Charter Bonn, wie ein Bruder geworden.

Er erzählte mir, dass wir ein eigenes Chapter bekommen würden und unser Ding ganz alleine groß machen können, ohne dass wir uns abhängig machen müssen von einem Chapter. Die Idee an sich war natürlich traumhaft, wäre der Name Hells Angels MC und nicht Bandidos MC, dachte ich mir.

Seine Argumente waren aber alle schlüssig und machten auch Sinn, warum wir diesen Weg gehen sollten. Ich wollte ihm keine Zusage machen, schließlich wohnte ich zu dem Zeitpunkt noch in Köln, war noch im offenen Vollzug und hatte eine schwangere Freundin zu Hause sitzen.

Die Voraussetzungen waren alles andere als gut und dazu kommt noch, dass ich eigentlich so gar kein Bock hatte, dem Bandidos MC beizutreten. Das hatte gar nichts mit dem Club an sich zu tun, denn auch dieser ist ein international angesehener Club und gehört zu den größten und bekanntesten Motorradclubs der Welt! Der Grund, dem Bandidos MC nicht beitreten zu wollen, war, dass in meinem Herzen einfach der "Death Head" schlug. Außerdem waren zu dem Zeitpunkt so viele Freunde dem Hells Angels MC beigetreten, dass ich so gesehen alle Freundschaften und Brücken abbrechen musste.

Die Entscheidung war einfach schwer!

Nach langen Gesprächen und vielen Argumente, die dagegen sprachen, gab es aber auch Argumente, die dafür sprachen. Ich war nicht schuld an meinem Austritt, im Gegenteil, ich habe für den Hells Angels MC alles getan. Mein Ziel war es immer, Teil einer Bruderschaft zu werden, Teil einer Familie zu sein, um alles mit meinen Brüdern zu teilen. Nun aber sitzt da in Bonn ein Hells Angel Präsident, der einen Mann schützt, der von Brüdern die Frauen klarmacht und dafür nicht belangt wird. Aus Respekt vor dem Club bat ich "nur" um einen Charterwechsel und selbst der wurde mir, ohne einen einzigen Grund zu nennen, verwehrt! Trotzdem, auch ohne Kutte und Patch, hielt ich immer noch zum Club und trug deren Farben öffentlich und mit Stolz. Nach 8 Monaten erfahre ich dann, dass es für mich keine Zukunft mehr im Hells Angels MC gibt, weil auch nach einem Jahr werde ich die Freigabe von meinem alten Charter nicht bekommen.

Du willst diesen Lifestyle leben und da sitzt einer auf seinem Stuhl und entscheidet einfach, dass du es nicht darfst und das, obwohl ich keinen Fehler gemacht habe! Ich dachte mir, du willst diesen Lifestyle leben und du lässt es dir nicht von Menschen nehmen, die keinen Charakter haben, also sagte ich Mike zu, dass ich den Weg gemeinsam mit ihm gehe. Ich war zu dem Zeitpunkt noch etwas naiv und dachte mir, dass die meisten, die wissen, warum ich nicht mehr im Hells Angels MC bin, diese Entscheidung verstehen werden, aber da habe ich mich getäuscht.

Ich wurde beschimpft, schlecht geredet und über meine Person wurde hergezogen.

Es hat mich getroffen, weil ich damals sehr viel Wert darauf gelegt habe, mit welchen Augen die Leute mich draußen sehen, heute aber ist es mir scheissegal!!!

Wo waren all diese Personen, als ich nicht mehr im Club war?

Ist einer zum Bonner Clubhaus gefahren und hat Partei für mich ergriffen? Hat einer dem Präsidenten oder noch besser dem Sgt at Arms gesagt, dass das, was die da machen ungerecht ist? Ich habe davon nichts gehört, aber als ich dann dem Bandidos MC beigetreten bin, wurde ich gehasst und verflucht! Jeder hatte auf einmal eine Meinung und das hat meine Entscheidung damals bestätigt!

Denkt ihr, es war eine Entscheidung, die ich innerhalb von einer Stunde getroffen habe, bestimmt nicht.

Es vergingen Wochen, in denen ich mit mir gekämpft habe, aber den Grund, warum ich diesen Schritt gegangen bin, hat niemanden interessiert, nur dass ich ihn gemacht habe und er aus ihrer Sicht ein Verrat war.

Meine Freunde, Verrat fängt auch schon da an, wenn man Ungerechtigkeit sieht und dann wegschaut, von daher bin und war ich nie ein Verräter. Ich war ein Hells Angel, dem das Recht genommen wurde, einer für immer bleiben zu dürfen!

Der wahre Grund für den Einstieg beim Bandidos MC war, nicht den Hells Angels MC zu ärgern oder zu provozieren, sondern nur dem damaligen Charter Bonn zu zeigen, wenn ihr es so wollt, dann bekommt ihr es auch so.

Ich kann nur für mich in diesem Buch sprechen, deswegen sage ich euch, mit diesem Schritt wollte ich die Freigabe vom Charter Bonn erzwingen und ihnen auf diese Weise zeigen, dass sie einen großen Fehler gemacht haben.

Ich wollte mit diesem Schritt zeigen, dass die Leute, die in Bonn damals das "Sagen" hatten, alles verlogene Ratten sind!

Sie heißen Lorenzo (Name geändert), der Präsident und Sam der "Ersatz-Sgt. at Arms"!!!

Der Rest des Charters waren gute Männer, mit denen ich teilweise heute noch Kontakt habe. Ich wünsche Ihnen nur das Beste!

Im April 2011 wurde ich dann Hangaround beim Bandidos MC, 8 Monate nach dem Austritt aus dem Hells Angels MC, der im September 2010 war. Ich bin nicht gewechselt, wie viele immer behaupten, mir wurde keine Wahl gelassen.

Ich zog nach Düren und ließ alles hinter mir, Freundschaften, meine Heimat und auch eine schwangere Frau, die sich vehement weigerte, mit nach Düren zu ziehen und die von Anfang an gegen den Eintritt in den Bandidos MC war.

Mich interessierte nichts mehr, nur die Rache an die 2 Personen, die Grund dafür waren, dass ich kein Hells Angel mehr war und werden konnte!

Zuerst wurde ich mit anderen Personen im Chapter Eupen (Belgien) "geparkt", weil aufgrund des damaligen "Friedensabkommens" zwischen Hells Angels und Bandidos von 2010, konnte der Bandidos MC keine Ex- Mitglieder vom Hells Angels MC innerhalb von Deutschland aufnehmen, weil sie sonst gegen einer der Punkte dieses Abkommens verstoßen hätten!

Das Abkommen galt ja nur für Deutschland!

Also umging der Bandidos MC so das "Friedensabkommen", in dem sie einfach für mich und andere Ex-Mitglieder vom Hells Angels MC, das Chapter Eupen in Belgien eröffneten.

Friedensabkommen / Rockerkrieg

Für mich persönlich gab es in Deutschland **nie** einen Rockerkrieg zwischen den Bandidos MC und dem Hells Angels MC!!!
Ich war in beiden Clubs aktiv und berichte da aus erster Hand!

KRIEG? Liebe Politik, liebe Medien, liebe Polizeigewerkschaft…
Wisst ihr eigentlich, was Krieg bedeutet? Ein längerer, mit Waffengewalt ausgetragener Konflikt, größere Auseinandersetzungen zwischen Völkern mit militärischen Mitteln!!!
Jeden Tag ist Krieg auf dieser Welt und die Politik macht, meiner persönlichen Meinung nach, nichts dagegen, aber wenn es um Stimmen sammeln im eigenen Land geht, dann kann man aus gelegentlichen Auseinandersetzungen zwischen 2 Motorradclubs auch einen Rockerkrieg machen.
Für die Medien perfekt, so verkauft man mal wieder Auflagen und gibt der ganzen Sache noch eine bestimmte Würze!
Wir haben das damals "Stimmung machen" genannt.

Nun also war ich Mitglied beim Bandidos MC.
Mein Patch wurde mir im Clubhaus des Chapters Aachen übergeben, sehr viele Bandidos aus verschiedenen Städten waren dort und wollten sehen, wie die Ex Hells Angels Mitglieder Teil ihrer Familie wurden.
Es war mehr so eine Art Show laufen um zu zeigen, was das Chapter Aachen geschafft hat, weil der Präsident von diesem Chapter maßgeblichen Anteil daran hatte, dass wir nun beim Bandidos MC sind.
Das Bandido Chapter Aachen wurde auch unser "Motherchapter", was so viel heißt, dass sie die Verantwortung dafür tragen, uns alle Regeln des Clubs beizubringen und uns durch unsere Prospect Zeit führen müssen.

Die ersten Wochen fiel es mir sehr schwer, mich mit dem Club zu identifizieren.

Mike merkte dies auch sehr schnell und meinte dann zu mir, dass wenn ich nicht dahinter stehe, er mir das Patch auch wieder wegnehmen würde. Er meinte es nicht mal böse, er war so, was er anfängt, zieht er dann auch durch!

Was soll er auch mit jemandem an seiner Seite im Club, der gar nicht an die Sache glaubt. Er hatte viele Freunde um sich herum, die er mit in den Club nahm, Freunde, die er schon über viele Jahre kannte und denen er vertraute.

Ich war der Einzige aus der Truppe, der nicht aus Düren kam, aber trotzdem super von allen aufgenommen wurde.

Mein Vorteil war es, dass Mike und ich bei den Hells Angels eine gemeinsame Zeit hatten und ich mit ihm die meiste Cluberfahrung mitgebracht hatte, was für eine Chapter Neugründung extrem wichtig war! Keiner von den anderen hat jemals Erfahrungen in der MC-Szene gesammelt!

Nach ein paar Wochen überschlugen sich die Ereignisse mal wieder.

Unser Eintritt in den Bandidos MC schlug natürlich Wellen und ein Bandido, der vorher selber mal Hells Angels Präsident war und dann Bandido wurde, ging wieder zurück zum Hells Angels MC.

Der Typ, der uns von Tag 1 an mit überredet hat, dem Bandidos MC beizutreten und selber im Chapter Eupen geparkt war. Ich mochte den noch nie, weil er einfach nur ein arroganter Penner war.

Mit ihm ging auch noch einer, der gerade erst Prospect bei den Bandidos wurde und vorher auch Prospect bei den Hells Angels war. Ihn mochte ich eigentlich sehr, ein sehr guter Mann! Ich glaube, er ist heute noch Hells Angel.

Genau das war eigentlich auch mein Plan, so einen Druck aufzubauen, dass das Hells Angels Charter Bonn mir die Freigabe gibt, aber es kam nichts.

Nachdem diese Leute wieder zurück zum Hells Angels MC gegangen sind, reichte es der Bandidos Führung und sie gaben uns das "Ok", das Prospect Chapter Düren zu eröffnen.

Im Mai 2011 eröffneten wir dann unser eigenes Chapter und von da machte mir die Sache dann auch Spass. Wir lernten in kürzester Zeit sehr viele Brüder aus verschiedenen Städten kennen, alle waren neugierig und wollten uns kennenlernen.

Die erste Zeit war schön, weil wir täglich,alle aus dem Chapter, viel gemeinsam unternommen haben.

Nach über einem Jahr hatte ich endlich wieder das Leben, was ich leben wollte. Die letzten 8 Monate war ich ja gar nicht mehr im Club und davor bin ich meinem alten Charter Bonn wegen der Sache mit Sam, ja fast 6 Monate aus dem Weg gegangen.

Leider sollte dieses gemeinsame Leben nur von kurzer Dauer sein… Jemand "Großes" hatte uns auf dem Radar!!!

15

Sieben Bandidos in U-Haft

Mittlerweile waren wir gerade 5 Monate im Club und das Prospect Chapter Düren gab es jetzt seit 4 Monaten. Wir alle waren glücklich, wie sich das alles so mit der Zeit entwickelt hatte.

Ich bekam von allen am wenigsten mit, weil ich ja noch im offenen Vollzug war, aber ich hatte trotzdem genügend Freizeit, um mit meinen Brüdern Zeit zu verbringen.

Eines Tages, an einem Wochenende, saßen wir mit dem Chapter Aachen in deren Clubhaus und grillten. Wir wollten auf eine Party von einem befreundeten Club fahren, der uns an diesem Wochenende zu ihrer Party eingeladen hatte.

Der Präsident von Aachen Rick (Name geändert) und unser Präsident Mike sagten uns, dass wir, bevor wir zur Party fahren, noch kurz bei einer Diskothek vorbeischauen müssen.

Es hörte sich völlig normal an, also weder dass es Ärger gegeben hat oder dass es Ärger geben könnte. Sie mussten sich nur kurz dort mit einem Türsteher unterhalten, den unser Präsident Mike selber auch persönlich kannte.

Wir fragten auch nicht groß nach und fuhren dann los. Meine Freundin, die schwanger war, saß auch im Clubhaus, das war immer so ein Hin und Her mit ihr. Sie wartete natürlich, wie alle anderen Frauen im Clubhaus.

Wir fuhren dann zur Disco, die in einer Nachbarstadt von Aachen lag, stiegen aus, zogen unsere Kutten an und gingen zum Eingang.

Wir waren ungefähr 22 Mann, was vielleicht etwas bedrohlich aussah, aber in keinster Weise so wirken sollte.

Man wollte Einigkeit, Zusammenhalt und natürlich den Bandidos MC repräsentieren.

Mein Präsident bat einen der Türsteher, wirklich freundlich, ihn ein paar Meter zu begleiten. Man merkte sofort, dass sie sich kannten.

Erst jetzt wussten wir, worum es wirklich geht!

Der Türsteher war ein Supporter des Hells Angels MC und hatte in Aachen T-Shirts mit dem Aufdruck "Support 81" verteilt.

Da es in Aachen zum damaligen Zeitpunkt keine Hells Angels Charter gab, war das natürlich in der Szene ein "NoGo", noch dazu gab es ja immer noch das "Friedensabkommen", welches ein solches Handeln natürlich komplett untersagt.

Trotz dieser Respektlosigkeit blieb Mike voll entspannt, weil er ihn ja auch kannte und machte ihn darauf aufmerksam, dass so etwas nicht geduldet werden kann und er dies unterlassen solle.

Eigentlich hätte Rick, der Präsident des Chapters Aachen, das Gespräch führen müssen, da es ja seine Region war, aber da Mike ihn kannte, fanden beide es für die bessere Idee, wenn er mit ihm spricht.

Das Gespräch dauerte vielleicht 5 Minuten und es standen nur eine Handvoll Leute mit Mike beim Türsteher, der Rest stand gelangweilt vor der Tür der Diskothek.

Sie kamen dann gemeinsam zurück, gaben sich die Hand, verabschiedeten sich per Handschlag von allen anderen Türstehern und wir gingen wieder zu den Autos.

Ab ging es nun zur Party…

Es ist nichts passiert, es war ein normales Gespräch unter Männern, wo weder geschrien, jemand bedroht oder beleidigt wurde.

Was aus diesem kurzen Besuch bei der Discothek dann entstand, war unglaublich!!!

Nach knapp 2 Wochen, wir hatten diesen Besuch an der Diskothek schon fast vergessen, wurden beide Präsidenten, also Rick und Mike, zu einer "Gefährderansprache" auf das Polizeipräsidium Aachen gebeten.

Eine **"Gefährderansprache"** ist eine Maßnahme, die zur Verhütung oder vorbeugenden Bekämpfung von Straftaten dienen soll.

Keiner von den Beiden konnte sich erklären, was die Polizei Aachen von ihnen wollte.

Tatsächlich ging es um den Abend an der Diskothek!

Die Polizei mahnte die beiden zur Vorsicht, dass sie sich der Diskothek nicht mehr nähern dürfen, da im Moment der Verdacht besteht, dass dort eine Straftat passiert sein soll.

Beide dachten an einen schlechten Scherz und guckten die Ermittlungsbeamten ungläubig an. Natürlich fragten sie, welche Straftat denn bitte da im Raum stehen soll und der Beamte meinte dann, "versuchte schwere räuberische Erpressung", es wurde von unserer Seite aus versucht, die Tür der Diskothek zu übernehmen.

Was bitte ist das für ein schwachsinniger Vorwurf???

Die Beiden teilten den Ermittlungsbeamten mit, dass dies völliger Müll ist und dass so etwas dort nie passiert ist. Ich war live dabei und kann euch sicher sagen, nichts der Gleichen oder was Ähnliches ist dort passiert!
Alle dachten, dass mit dem Besuch beim Polizeipräsidium die Sache vom Tisch war.
Da hatten wir uns alle aber schwer getäuscht! Ihr glaubt nicht, was für eine abenteuerliche Geschichte die Staatsanwaltschaft Aachen sich da ausgedacht hat!
Das Bandido Chapter Düren lernte nun seinen schlimmsten Alptraum kennen.
Eine Staatsanwältin, die, das ist meine persönliche Meinung, dank uns den Sprung an die Spitze ihrer Behörde schaffte und keine Gelegenheit ausließ, uns zu terrorisieren.
Im August gab es die ersten 4 Haftbefehle gegen uns! 3 Männer aus dem Chapter Aachen und mein bester Freund, der Präsident, wurden festgenommen. 3 Wochen später kamen die nächsten 3 Haftbefehle, wo auch ich darunter war.
7 Haftbefehle und der Tatvorwurf war eine "versuchte schwere räuberische Erpressung", wir sollen versucht haben an diesem besagten Abend, wo mit dem Türsteher wegen den T-Shirts in Aachen gesprochen wurde, die Tür der Diskothek zu übernehmen.

Dieses Verfahren, das ist meine persönliche Meinung, gegen uns, war von langer Hand geplant!

Am Anfang wurde nur eine Anzeige wegen "Bedrohung" angefertigt, dann bekam diese Staatsanwältin aus Aachen davon Wind und machte daraus eine "versuchte schwere räuberische

Erpressung"!

Mich hat die Polizei an einem Freitag in der JVA Euskirchen festgenommen.

Es war für deren Verhältnisse eine sehr entspannte Verhaftung, Tür auf, guten Morgen, sie sind festgenommen, hier der Haftbefehl, auf wiedersehen… nur eine Sache fand ich komisch, die haben mich direkt nach meiner Kutte gefragt, wo die sich denn gerade befindet und soweit ich weiß, wurde das jeder der festgenommen wurde, auch gefragt.
Natürlich gab es, wie immer, keine Antwort!

Ich bin also im Knast verhaftet worden, voll witzig irgendwie. Dann ging es in die JVA Remscheid und zum ersten Mal in den geschlossenen Vollzug.
Ich war nun in Überhaft, was so viel bedeutet wie: Strafhaft mit U-Haft Bedingungen. Die schlechteste Ausgangssituation für einen Inhaftierten, weil du alle Nachteile, aber keinen einzigen Vorteil (wie z.B. mehr Einkauf) hast.
Dazu kam noch, dass die JVA Remscheid mit der Untersuchungshaft absolut nichts zu tun hat. Keiner dort wusste was mit mir anzufangen, weil diese JVA eigentlich ein B- Vollzug (Behandlungs) ist, also ein eher lockerer Vollzug.
Vorerst aber nicht für mich.

Da war ich nun in meiner Zelle, frisch von der Kammer eingekleidet und hoffte, dass das wirklich nur ein schlimmer Traum ist. Ich saß auf dem noch nicht gemachten Bett und mir schossen tausend Gedanken durch den Kopf, als plötzlich die Tür aufging und 6 Beamte, 2 davon in Zivil, mich 10 Sekunden lang anschauten und nichts sagten.
Ich fragte, ob wir hier im Zoo sind, daraufhin schlossen sie wieder die Tür. Ich habe das erst nicht verstanden, aber mit der Zeit

bekam ich mit, dass unser Verfahren nicht nur von der Staatsanwaltschaft gesteuert wurde.

Da waren, meiner Meinung nach, noch viel mächtigere Hände im Spiel, wie ich später erfuhr.

Die Zeit dort ging nicht rum, ich hatte die ersten 2 Wochen keinen Fernseher, durfte keinen Sport machen und sonstige Freizeitaktivitäten ausüben. Wortwörtlich 23 Stunden Zelle!!!

Ich war der Einzige in dieser JVA, der in U-Haft war und die meisten Beamten schauten mich auch an, als ob ich ein Fabelwesen bin.

Grund dafür waren der Haftbefehl und die damit verbundenen Beschränkungen. So einen Inhaftierten wie mich sahen die Beamten in dieser JVA höchstens mal in irgendwelchen Dokus.

Ich hatte aber richtig Glück, es brauchte seine Zeit, damit man mich dort kennenlernte, aber dann merkten auch die Beamten, dass ich kein Inhaftierter bin, der gefährlich ist oder Probleme macht.

Im Gegenteil, ich war immer höflich und respektvoll und konnte auch ohne Probleme und Diskussionen ein "Nein" der Beamten akzeptieren.

Dann kam der Bereichsleiter, der für mich zuständig war, auf mich zu und holte mich in sein Büro. Der Mann war echt ein kerniger, stabiler Typ, eine richtige deutsche Eiche.

In seinem Büro sah ich dann, dass der Mann ein Fan von Harley Davidson war. Kalender, Tassen und Fotos von Motorrädern…

Er meinte zu mir, dass er mir normalerweise nichts ermöglichen darf, weil sie Auflagen von Seiten der Justiz bekommen haben, uns in keinster Weise Freizeit gewähren zu lassen.

Auch ihm kam das etwas zu übertrieben vor und so gab er mir die Möglichkeit, den Job als Hausarbeiter auf seiner Abteilung zu machen. Das war krass.

Dieser Job ist im geschlossenen Vollzug ein Vertrauensjob, weil man sich frei bewegen kann. Der Mann hatte Eier, aber auch gute Menschenkenntnis, er wusste, ich hätte sein Vertrauen niemals

77

missbraucht. Von da an war es ein sehr angenehmer Vollzug!!!

Dann nach 3 Wochen wurde mir mitgeteilt, dass ich nach Aachen zur Polizei fahren muss und anschließend zum Gericht.

Meine Anwälte warteten schon bei Gericht. Ich hatte voll vergessen, dass ich ja noch gar nicht beim Haftrichter bezüglich der Haftbefehlsverkündung war.

Der Witz ist, eigentlich muss der Beschuldigte sofort, spätestens aber nach einem Tag, nachdem er festgenommen wurde, dem Haftrichter vorgeführt werden. Bei mir war es ja nicht so schlimm, ich war ja in Überhaft…

Angekommen bei der Polizei wurden an mir Hand und Fußfesseln befestigt und weil die Ermittlungsbeamten in unserem Verfahren sowieso richtige B******* waren, sagten sie den JVA Beamten, dass vor dem Präsidium kein Platz ist und sie normal auf dem Parkplatz parken müssten, nur damit ich mit den Fußfesseln über den ganzen Parkplatz laufen sollte.

Diese Fußfesseln schmerzen so an den Knöcheln, wenn man auch nur einen Schritt zu weit macht!

Sie wollten aber weiter witzig sein und meinten dann, dass wir in den 2.Stock müssen, die Fahrstühle aber kaputt sind…

Ja, ist klar, was dachte der, wer ich bin? Irgendein Otto?

"Na dann viel Spaß beim Tragen!", meinte ich und setzte mich auf einen Stuhl, der unten vor den Fahrstühlen stand. Natürlich funktionierte der Aufzug dann wieder, was für ein Zufall. Danach gab es noch den ein oder anderen Spruch, den ich aber dann ignoriert habe..

Die Beamten von diesem KK (Kommissariat) sind meiner persönlichen Meinung nach die korruptesten, die ich je gesehen habe. Sie protokollieren TKÜ's, also abgehörte Telefonate, falsch, unterschlagen Akten, beeinflussen Zeugen und ermitteln nur einseitig und zwar immer zum Nachteil des Beschuldigten.

Dies ist nicht nur meine Meinung, sondern meine Erfahrung, weil mir genau das passiert ist!

Dann ging es zur Haftrichterin und eins kann ich euch sagen, da wusste ich erst, welche Ausmaße unser Verfahren hat…

Ich saß in der Wartezelle im Gerichtsbunker und wartete auf meine Anwälte, 2 der besten Anwälte aus Köln. Sie kamen rein und meinten dann zu mir, dass wir uns gar keine Hoffnungen machen müssen, dass wir heute hier irgendwas Positives erreichen werden, aber wir schauen mal wie weit wir kommen.

Dann ging es zur Haftrichterin, eine richtig ekelige Eule kann ich euch sagen. Meine Anwälte brachten gute Argumente vor, dass das, was uns dort vorgeworfen wurde, nicht der Wahrheit entsprechen könne.

Erst da erfuhr ich, dass der Türsteher, mit dem mein Freund Mike geredet hat, gegen uns ausgesagt haben soll, aber wie kann das sein???

Er bezeichnet sich doch selber als "Rocker" und noch dazu war es ja eine Lüge, weil ich ja gesehen habe, wie das Gespräch ablief.

Ich habe nichts verstanden, ich dachte, ich bin im falschen Film.

Auf jeden Fall hat er tatsächlich eine solche Aussage getätigt, aber meine Anwälte hatten natürlich dafür das passende Gegenargument.

"Das Motiv der Falschaussage ist gegeben, da der Zeuge Supporter eines konkurrierenden Motorradclubs ist", so meine Anwälte.

Was dann die Haftrichterin antwortete, hat sich für immer in mein Gedächtnis gebrannt:

"Das haben wir auch schon gehört, aber im Moment können wir ganz gut damit leben, dass die Bandidos in Haft sind"!!!

Wie bitte? Ich dachte, meine Ohren spielen mir einen Streich.

Ich guckte meine Anwälte ungläubig an, die daraufhin sofort aufstanden und das Gespräch beendeten.

Eine Haftrichterin in Deutschland, in einem funktionierenden Rechtsstaat, trifft eine solche Aussage, aber mit der Politik im

Rücken, kannst du dir eine solche Aussage erlauben.

Danach ging es zur JVA Remscheid zurück. Ich konnte immer noch nicht fassen, was da eben passiert ist. Ich erzählte, dass ein paar Inhaftierten mit denen ich Kontakt hatte und keiner von denen glaubte mir auch nur ein Wort! Ich hätte es wahrscheinlich selber nicht geglaubt, hätte mir jemand so etwas erzählt!

Irgendwann kam meine Anwältin mich besuchen und hatte die komplette Akte dabei, ich war so gespannt. Hat dieser Typ echt eine Aussage gemacht, ich konnte es immer noch nicht fassen, bis ich es auf einmal schwarz auf weiß vor mir hatte.

Diese eierlose Ratte!

Macht auf Gewichtheber, stellt sich ins Internet und macht auf Gangster und dann erzählt er auch noch Lügen. Eine richtige Fotze!!!

So kam es zu seiner Aussage...

Die Staatsanwältin ließ den Türsteher als Zeugen vorladen, nicht etwa ins Polizeipräsidium, sondern direkt bei der Staatsanwältin persönlich. Zuerst wollte der Türsteher keine Aussage machen.

"Was soll er aussagen, ist doch nichts passiert", meinte er. Sie machte dem Türsteher Druck, dass er jetzt eine Aussage machen müsse, ansonsten würde er heute noch in Beugehaft gehen **(alles aktenkundig)**! Eine sehr bekannte Vorgehensweise von dieser Staatsanwältin und von den zuständigen Ermittlungsbeamten.

Er rief schwitzend und voller Panik seinen Anwalt an, der dann meinte, "sag einfach wie es war". Hätte er aber gesagt, wie es war, würden jetzt nicht 7 Bandidos in U-Haft sitzen.

Meine persönliche Meinung ist, dass die Wahrheit der Staatsanwältin nicht reichte und deswegen bohrte sie weiter und machte noch mehr Druck, bis sie ihm die Worte in den Mund gelegt hatte, die sie brauchte, um ein solches Verfahren auf die Beine zu stellen.

Insgesamt machte der Türsteher 3 Aussagen, also änderte sie 2 mal. In einer Aussage meinte er sogar, dass er sich bedroht fühlt. Auf die Nachfrage der Ermittlungsbeamten, von wem er sich denn bedroht fühle, sagte er: "Nicht von den Bandidos, sondern von euch!" **(aktenkundig).**

Er fühlte sich tatsächlich von den Ermittlungsbeamten bedroht und unter Druck gesetzt.

So ermittelt man heute gegen Rocker, die Zeugen bedrohen und unter Druck setzen, bis sie das sagen,was die Beamten gebrauchen können, um dann ein Ermittlungsverfahren auf die Beine zu stellen.

Toller Rechtsstaat!!!

Meiner persönlichen Meinung nach standen die Ermittlungsbeamten und auch die Staatsanwältin wohl mächtig unter Druck, aber ich konnte mir darauf noch keinen Reim machen.

Meine Anwältin meinte, als sie mir die Akte brachte, dass ich nichts zu befürchten habe, da ich vom Gespräch etwas weg stand. Die 2 Wortführer Rick (er hat wohl auch ein paar Worte zum Türsteher gesagt) und Mike bekommen im schlimmsten Fall eine Verurteilung wegen Nötigung!

Na das waren doch mal gute Nachrichten, also zurücklehnen und auf den Prozess warten…

Es wurde der größte Rockerprozess den es zu diesem Zeitpunkt in Aachen je gab!!!

16

Der größte "Rockerprozess" vor dem Landgericht Aachen

Meine Freunde, ich nehme euch jetzt mit in unseren Prozess, der wirklich alle Dimensionen gesprengt hat. Nichts davon ist erfunden oder übertrieben dargestellt, alles hat sich genauso zugetragen.

Ende Februar 2012 ging der Prozess dann endlich los. Ich wurde von der JVA Remscheid aus direkt zum Gericht gefahren.

Am Gericht angekommen, sah ich vor dem Gerichtsgebäude mehr Polizisten als bei einer Demo! Die ganze Straße war voll und ich meinte noch zu den Beamten, die mich gefahren haben: "Was ist denn hier los?" Die meinten voll trocken, dass es nur wegen unserem Prozess hier so voll ist.

Ich war geschockt, was geht denn jetzt ab, dachte ich mir.

Quelle: Aachener Zeitung

Wir wurden in den Gerichtssaal geführt und der war voll bis unter die Decke.

Bewaffnete Polizisten der Hundertschaft, Medienvertreter,

Zuschauer, die Familien und Freunde von uns waren vor Ort.
Der Gerichtssaal glich einer Festung!

Nach 2 Minuten, war der 1. Prozesstag auch schon wieder vorbei, weil sie vergessen hatten, dass ein Mitangeklagter von uns noch im Justizkrankenhaus war und nicht abgeholt wurde! Wie kann man einen Mitangeklagten einfach vergessen???

Kurz vor dem 2. Verhandlungstag wurde ich dann, solange der Prozess dauerte, in die JVA Aachen verlegt!

Die Staatsanwältin ist mittlerweile zur Oberstaatsanwältin aufgestiegen, der Vorsitzende Richter in unserem Fall war der härteste Richter in Aachen und seine Urteile waren oft sehr fragwürdig!

So langsam ergab das alles einen Sinn... erst diese Haftrichterin, der es, meiner Meinung nach, scheissegal war ob der Zeuge eine Falschaussage gemacht hat, dann wurde die Staatsanwältin kurz vor dem Prozessbeginn Oberstaatsanwältin und dann landet unser Fall, noch bei einem Richter der so harte Urteile fällt, dass teilweise sogar Staatsanwälte schlucken müssen.

Wir wussten, dass wir unschuldig waren und sind uns eigentlich sehr sicher gewesen, dass bei diesem Prozess eigentlich die Wahrheit ans Licht kommen wird!

Trotzdem stimmte irgendwas nicht und wenig später wurde uns dann auch klar, worum es hier eigentlich ging...

Es machte mal wieder stark den Anschein, dass es mal wieder um Stimmenjagd in der Politik ging! Der damalige Innenminister von NRW musste meiner Meinung nach anscheinend mal wieder was vorweisen und nur deswegen sitzen wir jetzt hier vor Gericht!

Es ging um eine Verbotsverfügung!!

NRW verbietet Bandidos-Klub in Aachen

Das Verbot für die Gruppierung sowie fünf Unterstützerklubs trat am Donnerstag in Kraft. Ein Großaufgebot an Polizei suchte am gleichen Tag nach weiteren Beweismitteln.

Quelle: WELT DPA/Marius Becker

Das Bandidos Chapter Aachen und ihre Teilorganisation wurde am 26.04.2012 verboten!!!

Der Witz an der ganzen Geschichte war aber, dass unser Verfahren der Hauptbestandteil war, um ein solches Verbot überhaupt durch zu bekommen.

Natürlich gab es auch andere Vorwürfe, aber unser Verfahren war jetzt der Motor für dieses Verbot! Der Prozess startete Ende Februar, sollte 12 Verhandlungstage dauern, also bis zum 12.

April 2012. Tja, aber die Justiz hat leider die Rechnung ohne uns gemacht…

Wir wollten das bestimmt nicht einfach so hinnehmen, also kämpften unsere Anwälte vor Gericht mit Anträgen und erzwangen 17 neue Verhandlungstage (Folgetermine) bis zum 17.10.2012.
Wie kann man eine Verbotsverfügung durchsetzen, wo doch unser Verfahren der Grundbaustein für dieses Verbot war, wir aber immer noch vor Gericht saßen und es noch kein bzw. erst recht kein rechtskräftiges Urteil gab???
Zählt in Deutschland nicht die Unschuldsvermutung???
Meiner persönlichen Meinung nach, nicht wenn du Mitglied in einem Motorradclub bist, dann werden dir alle Rechte aberkannt.
Also mit anderen Worten… Unsere Urteile lagen schon alle fertig in der Schublade, wir waren schon vorverurteilt und jeder der was anderes sagt, ist nicht mehr bei klarem Verstand!

Genau das zeigte sich auch im Prozess wieder, Verhandlungstag für Verhandlungstag! Teilweise konnten wir alle nicht glauben, was da in unserem Prozess los war.
Die Ermittlungsbeamten in unserem Fall wurden von unseren Anwälten befragt, gaben dann freche Antworten und guckten uns und unsere Anwälte nicht einmal an!
Kein Spaß, sie guckten einfach stur geradeaus zum Richter.
Dann fiel am 4. Verhandlungstag auf, dass Teile der Akten fehlten, wo sie waren, wusste natürlich niemand und tauchte dann irgendwann mal auf.
Natürlich wurde auch das Video vom "Tatabend" auf einer großen Leinwand im Gerichtssaal vorgespielt. Es dauerte knapp 8-9 Minuten, als es ausging und die Leinwand wieder hoch fuhr, hörte man aus den Reihen der Medien, die hinter uns saßen, "Wann kommt denn jetzt die Erpressung?"!

Unser Clubanwalt meinte dann noch: "Wenn das eine räuberische Erpressung gewesen sein soll, dann war es die erste in der Kriminalgeschichte, die mit einem Handschlag endete".

Man konnte auf dem Video die Unterredung von Mike mit dem Türsteher klar erkennen und ebenfalls konnte man sehen, wie wir anschließend alle Türsteher mit einem Handschlag verabschiedeten. Rick kannte sogar noch einen anderen Türsteher, mit dem er sich auch noch ein paar Minuten unterhielt.

An diesem Abend ist einfach nichts passiert außer eine Unterredung zwischen zwei Personen!

Natürlich wurden auch viele Zeugen gehört!

Fangen wir mal mit dem Chef der Sicherheitsfirma an, weil er für uns ja einer der wichtigsten Zeugen war.

Wenn man die Sache mal logisch betrachtet, hätten wir tatsächlich vorgehabt, die "Tür zu übernehmen", müssten wir natürlich auch an den Chef der zuständigen Sicherheitsfirma herantreten, weil er ja den Auftrag von der Discothek bekommen hatte.

Wie sonst sollte man eine Tür übernehmen?

Laut Aussage des Zeugen, wurde ja auch nur ihm gesagt, du wirst hier morgen nicht mehr stehen. Was macht dann der Chef der Sicherheitsfirma? Stellt einen neuen Mitarbeiter seiner Firma dahin, ganz einfach.

Na das war ja dann mal ne ganz professionelle "Türübernahme" und da die Politik, die Medien und die Strafverfolgungsbehörden uns als Organisierte Kriminalität (OK) einstufen, hätten die sich ja denken können, dass das also auf jeden Fall nicht so abgelaufen ist!

Wäre etwas "unorganisiert"!

Der Chef der Sicherheitsfirma bestätigte auch vor Gericht, dass **niemand** der Bandidos jemals an ihn herangetreten ist und ihn gezwungen, überredet oder gebeten hat, die "Tür" an die Bandidos abzugeben!

Dann kam der Türsteher, der mit Rick, dem Präsidenten vom Chapter Aachen, befreundet war.
Er wurde gefragt, wie er die Situation empfand, als 22 Bandidos auf die Diskothek zu gingen?

Er hatte ein komisches Gefühl, aber mit der Zeit hat er gemerkt, dass es keine bedrohliche Situation war, auch weil er direkt Rick gesehen hatte und er ihn kannte. Auch er hat nichts von einer Erpressung mitbekommen.

Es ging immer so weiter und keiner von den Zeugen konnte sagen, dass sie an diesem Abend eine Erpressung mitbekommen haben.
Wir warteten eigentlich nur auf den "Kronzeugen", den "Hauptbelastungszeugen" in unserem Prozess. Der Türsteher, der aussah wie ein Gorilla, aber Eier hatte, die so groß waren wie Rosinen, der Typ, der seine Aussage 2 mal veränderte!

Wir dachten wirklich, wir sind mit allen Wassern gewaschen… aber die Oberstaatsanwältin aus Aachen, das ist meine persönliche Meinung, ist echt eine andere Hausnummer!
Sie wusste genau, dass wenn der Hauptbelastungszeuge ins Kreuzverhör genommen wird, nehmen unsere Anwälte den auseinander, deswegen gab sie ihm, meiner Meinung nach, einen Ausweg… **§ 55!!! (aktenkundig)**

Strafprozessordnung (StPO) § 55 Auskunftsverweigerungsrecht
Jeder Zeuge kann die Auskunft auf solche Fragen verweigern, deren Beantwortung ihm selbst oder einem der in § 52 Abs. 1 bezeichneten Angehörigen die Gefahr zuziehen würde, wegen einer Straftat oder einer Ordnungswidrigkeit verfolgt zu werden.

Die Oberstaatsanwältin bat ihm genau diesen Paragraphen an, um ihn und besonders den Prozess, der sonst geplatzt wäre, zu schützen, davon sind die Anwälte und auch ich heute noch überzeugt und es wird immer auch meine persönliche Meinung und Überzeugung bleiben!

Warum aber wurde ihm dieser Paragraph angeboten? Hier ist kein Angehöriger von ihm und es war für uns und die Anwälte auch keine Straftat ersichtlich.

Am Abend des Vorfalls, hätte er dort nicht arbeiten dürfen, weil er wohl Sozialleistungen bezogen hatte und diese Arbeit nicht angemeldet war.

Unglaublich!

Hier stehen über 20 Jahre Haft im Raum und der "Hauptbelastungszeuge", der die ganze Sache ins Rollen gebracht hat, will sich jetzt mit so einem "Kinderkram" aus der Affäre ziehen?

Unsere Anwälte waren außer sich vor Wut, weil diese Oberstaatsanwältin so etwas überhaupt vorgeschlagen hatte.

Im Endeffekt entscheidet ja immer noch der Richter, aber wie soll es auch anders gewesen sein, er gab ihm den **§ 55**!!!

Dies bedeutet nun, dass einfach die glaubwürdigste Aussage von dem Zeugen genommen wird und für die Richter richtungsweisend ist.

Jeder kann sich denken, welche Aussage genommen wurde, natürlich die erste, diese Aussage war ja auch die Grundlage für unsere Haftbefehle und diesen Prozess!

Bis dahin habe ich immer daran geglaubt, dass wir in einem Rechtsstaat leben. Seit diesem Prozess bin ich fest davon überzeugt, dass es nicht so ist.

Zeugen werden bedroht, manipuliert und beeinflusst, Akten verschwinden und die Wahrheit interessiert niemanden.

Meine persönliche Meinung ist, dass in diesem Prozess Schuld oder Unschuld niemanden interessiert hat!!!

Es ging in unserem Prozess nur darum, egal mit welchen Mitteln, eine Verurteilung zu bekommen, so hatte es den Anschein und so haben wir es auch wahrgenommen!

Wären wir freigesprochen worden, hätte man die Verbotsverfügung gegen das Bandidos Chapter Aachen auch nicht durchsetzen können, dies ist meine persönliche Meinung!

Innerhalb von 2 Wochen, wurde das Bandidos Chapter Aachen, das Hells Angels Charter Cologne und die Kameradschaft Aachener Land verboten!!!

Meiner Meinung nach waren wir Opfer der Politik, weil sie mit uns auf Stimmenjagd gegangen sind! Wie sonst erklärt sich, dass die Staatsanwältin plötzlich Oberstaatsanwältin wurde und heute die Abteilung "Organisierte Kriminalität" leitet?

Für mich persönlich war das alles kein Zufall!!!

Der Prozess nahm und nahm kein Ende. Die Folgetermine wurden meistens auf 17 Uhr terminiert, weil das Gericht in Aachen einfach viel zu viel zu tun hatte.

Es gab Tage, da saßen wir um 23 Uhr noch im Gerichtssaal! Tatsache!!!

Die Justizbeamten hatten teilweise so ein schlechtes Gewissen, dass sie uns nachts, als wir im Gerichtsbunker auf unseren Gefangenentransport warteten, essen brachten.

Es gab Tage, da sind wir schon um 11 Uhr zum Gericht gefahren, obwohl der Prozess erst um 17 Uhr losging.

Das hatte zur Folge, dass wir teilweise kein Mittagessen mehr in der JVA bekamen und als Verpflegung für den Prozesstag, gab es ein Brot mit Käse, ein Tetrapack mit stillem Wasser und ein Apfel der so groß wie ein Tischtennisball war.

Wenn man dann überlegt, dass manche Prozesstage erst um 23 Uhr endeten und wir erst gegen 0 Uhr oder später zurück in der JVA waren, dann grenzt das schon fast an Körperverletzung.

Menschenunwürdig war es auf jeden Fall!!!

Irgendwann wurde es dann auch dem Richter zu bunt und er versuchte mit allen Mitteln die Anwälte dazu zu drängen, ihre Plädoyers abzuhalten und das obwohl noch unzählige Anträge im Raum standen.

Die Anwälte weigerten sich, es gab sogar einen Anwalt, der nach dem 15. Verhandlungstag nicht mehr aufstand, wenn die Richter den Saal betraten.

Auf Nachfrage des Vorsitzenden Richters, warum er nicht mehr aufsteht, antwortete er: "Für diese Kammer stehe ich nicht mehr auf!"

Er empfand es genauso wie wir, in diesem Prozess gab es keine Fairness und erst recht keine Gerechtigkeit! Unsere Anwälte haben sehr gute Arbeit geleistet, aber in diesem Prozess hätte, meiner Meinung nach, niemand etwas ausrichten können!!!

17

Dieses Urteil war ein Skandal

Am 17.10.2012 war es dann soweit. Der Tag des Urteils war gekommen und unsere Anwälte bereiteten uns schon seelisch darauf vor, dass die Haftstrafen den Rahmen auf jeden Fall sprengen werden.

Eigentlich unvorstellbar, wenn man sich die 29 Verhandlungstage mal rückblickend anschaut. Es gab eigentlich nichts, was uns wirklich belastet hat. Es wurde von Seiten der Staatsanwaltschaft von einem sogenannten "Tatplan" geredet und den gab es meines Wissens definitiv nicht.

Hätte ich gewusst, dass wir zu einer Diskothek fahren und es dort "knallen" könnte, wäre ich mit hundertprozentiger Sicherheit nicht mitgefahren, weil ich noch im offenen Vollzug war und eine schwangere Freundin hatte. Noch dazu hätte Mike, wie uns dort vorgeworfen wurde, so etwas vorgehabt, mich niemals mitgenommen, da er mich nicht in eine solche Gefahr bringen würde, solange ich im offenen Vollzug bin.

Das alles spricht gegen einen sogenannten "Tatplan"!

Der Gerichtssaal war wie fast jeden Tag voll, alle waren gespannt, was für ein Urteil gesprochen wird.

Vor allem aber die Medien waren sehr interessiert, weil sie nach der Hälfte der Verhandlungstage einen Bericht veröffentlichten, in dem stand:

"Keine Beweise gegen die Bandidos?" " Wann kommen die Bandidos frei?"

Meiner persönlichen Meinung nach aber hatte die Politik am meisten Angst vor diesem Urteil. Von diesem Urteil hing einfach ne Menge ab, nämlich die Verbotsverfügung!

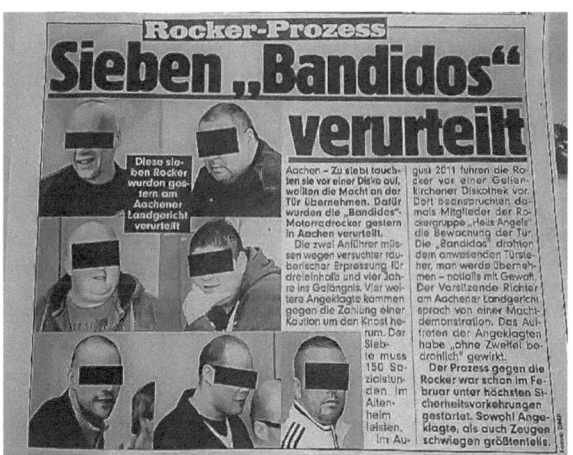

Quelle: BILD-Zeitung

Im Namen des Volkes ergeht folgendes Urteil:

7 Bandidos werden wegen versuchter räuberischer Erpressung zu…

>   *4 Jahren (bleibt in U-Haft)*

>   *3,6 Jahren (bleibt in U-Haft)*

>   *3 Jahren (Kaution von 3000 Euro)*

>   *2,9 Jahren(Kaution von 3000 Euro)*

>   *2,6 Jahren (meine Haftstrafe, Kaution von 3000 Euro)*

>   *2,6 Jahren (Haftbefehl wurde aufgehoben)*

>   *1 Jahr und 9 Monate* (war nur 3 Wochen in U-Haft, verließ den Club, damit er aus der U-Haft kommt) auf Bewährung plus 150 Sozialstunden

…verurteilt!!!

Er gibt genau 20 Jahre Haftstrafe und das für eine Sache, die so nicht passiert ist!

Die **"schwere"** fiel weg, weil uns keine **"Waffe"** nachgewiesen werden konnte!

Mir ist es egal, wie viele Menschen sagen, dass so etwas in Deutschland nicht möglich ist und dass sie mir das nicht glauben.
Ich war dabei und habe es am eigenen Leib gespürt! Natürlich will man nicht den Glauben an einen funktionierenden Rechtsstaat verlieren, aber in diesem Fall hat er meiner Meinung nach ganz

klar versagt!

Der Bandido, der 3,6 Jahre an Haftstrafe bekommen hat, saß bis zu seinem ⅔ Termin in Untersuchungshaft und wurde dann erst vom Oberlandesgericht Köln rausgelassen!

Der damalige Bandido, der die höchste Strafe bekommen hat, hatte noch einen Bewährungswiderruf und hat seine Strafe von 6 Jahren und 4 Monaten bis zum letzten Tag abgesessen.

Wenn ihr denkt, dass mit dem Urteil die Ungerechtigkeit auch endet, liegt ihr leider falsch! Immer wieder werden einem, auch im Vollzug, sehr viele Steine in den Weg gelegt und das meiner persönlichen Meinung nach nur weil man Mitglied in einem Motorradclub ist.

Vor dem Gericht sind wir nicht alle gleich, auch wenn das nach außen hin gerne so repräsentiert wird, dies ist aufgrund meiner Erfahrung meine Meinung!

Es kann ja mal passieren, dass der Justiz oder auch den Ermittlungsbehörden Fehler unterlaufen, davon kann sich ja kein Mensch freisprechen.

In unserem Fall aber wurde vorsätzlich gehandelt!!! Dies ist ganz klar meine persönliche Meinung und davon bin ich fest überzeugt!

Genau so etwas darf in einem Rechtsstaat nicht geduldet werden, dass Personen, die eine solche Funktion wie Staatsanwälte, Kriminalhauptkommissar/in oder Richter/in, ihre Macht missbrauchen, um wissentlich Menschen Schaden zuzufügen!

Natürlich legten wir eine Revision beim Bundesgerichtshof in Karlsruhe ein, aber große Hoffnungen machten wir uns da nicht!

18

Kaution und Entlassung

Ich bin am 2. Verhandlungstag nach Aachen verlegt worden, dies sollte aber nur für 6 Wochen sein, solange der Prozess ging.

Es hat ja keiner damit gerechnet, dass er sich einfach um 6 Monate verlängert, auch die JVA Aachen und die JVA Remscheid nicht.

Ich war die ersten Wochen in der JVA Aachen im Haus 4.1, das sogenannte Zugangshaus, untergebracht.

Hier kommen normalerweise Inhaftierte hin, die aus anderen Knästen, hier in die JVA Aachen verlegt werden und hier auch bleiben müssen. Sie werden von hier aus nach knapp 2 Wochen in ein "normales" Haus verlegt.

Im Zugangshaus ist man echt aufgeschmissen, man kann nicht kochen, nicht zum Sport und auch so gibt es da keinen geregelten Haftalltag.

Ich musste hier 6 Wochen bleiben, was ich vorerst nicht so schlimm fand. Ich hatte einen Fernseher und auch so kam ich dort ganz gut klar, auch ohne Einkauf. Meine ganzen Sachen und auch mein "Knastkonto" waren ja noch in der JVA Remscheid, weil ich ja nur kurzzeitig hier bleiben sollte.

Wie ihr wisst, kam natürlich alles anders.

Als die Folgetermine kamen (17 neue Verhandlungstage) und ich gesehen habe, dass der Prozess noch 6 Monate dauern sollte, war mir klar, dass ich aus diesem Haus 4.1 auf jeden Fall raus muss!

Also ließ ich den Leiter für Sicherheit und Ordnung (S. & O.) kommen und erklärte ihm, dass der Prozess von uns verlängert wurde und ich unter diesen Umständen auf keinen Fall weitere 6 Monate in diesem Haus bleiben werde.

Er war so ein arroganter, schmieriger Typ, der wahrscheinlich zu Hause nichts zu sagen hat und im Knast dann auf "Dicken Max" macht, um sein Ego zu steigern.

Na ja, auf jeden Fall meinte er dann, dass es keine andere Möglichkeit gibt.

2 Bandidos waren in der JVA Köln untergebracht und mit mir 4 Bandidos in Aachen.

Da bei uns ja eine sogenannte "Tätertrennung" (damit man sich untereinander nicht absprechen kann) angeordnet war, war angeblich die Möglichkeit nicht gegeben, mich in ein anderes Haus zu verlegen.

Ich bin eigentlich immer sehr respektvoll und höflich, aber an diesem Tag brannten in meinem Kopf alle Leitungen durch.

Es war eine Mischung aus dem Prozess, dem damit verbundenen Druck und dieser arroganten Art von diesem S. & O.-Leiter, die mich platzen ließ.

Ich sagte ihm, dass er die Wahl hat, entweder er verlegt mich noch heute und meine Sachen (eigener Fernseher, Essen, Klamotten, Knastkonto für Einkauf) kommen aus der JVA Remscheid nach Aachen oder ich schmiere die ganze Zelle voller Scheisse und das mache ich immer und immer wieder.

Für sowas kommst du normalerweise in den Bunker, aber da hätten die mich dann rein prügeln müssen. Mit ein paar Blessuren dann vor dem Richter zu sitzen, sieht nachher für die JVA auch nicht so gut aus...

Eine Stunde später war es dann soweit, ich wurde ins Haus 2 verlegt.

Geht doch!

Die Zeit in Aachen war locker, für mich persönlich auch der beste Knast, in dem man seine Zeit "abmachen" kann.

Nach 8 Monaten Prozessdauer kam dann das Urteil. Geplant war, dass die JVA Remscheid alle meine Sachen in die JVA Aachen schickt, also mich komplett überstellt und ich dann von Aachen aus entlassen werde.

Ich war ja noch in Überhaft und da meine Endstrafe am 31.12.2012 war (in 8 Wochen knapp) und die Kaution direkt von meinen Brüdern bezahlt wurde, fand man es für sinnvoll, eine Woche vor Prozessende meine Zelle in der JVA Remscheid aufzulösen und alle meine Sachen nach Aachen zu schicken.

Ich fand es auch ok, obwohl ich mich noch gerne von dem Bereichsleiter in Remscheid verabschiedet hätte. Er hat mir wirklich viel geholfen!

Am Tag meines Urteils bekam ich dann den zweiten Schlag… erst die völlig übertriebene Haftstrafe und dann wurde mir mitgeteilt, dass ich mit dem nächsten Knasttransporter wieder zurück nach Remscheid fahre! Was für eine Scheisse!!!

Ihr erinnert euch noch an den Leiter S. & O.? Das war seine Retourkutsche…

Er ließ meine Zelle räumen und wenn ich jetzt wieder zurück gehe, muss ich wieder über die Kammer, neu einkleiden, neue Buchnummer, neue Zelle.

Man muss das sportlich sehen, der hat das gut gemacht und im Endeffekt war ich einfach nur froh, dass der Prozess vorbei ist und ich in 8 Wochen vorerst alles hinter mir lassen kann. Sie hätten mich auch für diese Zeit in eine Besenkammer einsperren können, denn ich sah wieder Licht am Ende des Tunnels.

Viele Freunde und auch Beamte der JVA Remscheid hatten sich gefreut, mich wiederzusehen. Ich bekam für die letzten Wochen noch den Job als "Duschreiniger", ein sehr guter Job.

Die letzten Wochen waren echt entspannt und es macht echt einen Unterschied, wenn diese Ungewissheit nicht mehr da ist!

Meine schwangere Freundin war schon vor dem Prozess nicht mehr an meiner Seite. 2 Wochen nach der Geburt meiner Tochter, kam sie mich besuchen und meinte, dass sie einen Neuen hat.

Auch ich habe das Angebot erhalten, wenn ich meine Kutte abgebe und den Club verlasse, dass die Strafverfolgungsbehörden mir entgegenkommen würden, was ich natürlich direkt ablehnte!

Das brachte meine damalige Freundin natürlich auf die Palme und sie setzte mir die Pistole auf die Brust.

Sie oder der Club… also sie war nicht mehr da und ich saß meine Strafe bis zum letzten Tag ab!

19

Endlich in Freiheit, aber ein zerbrochenes Chapter

Am 19.12.2012 wurde ich dann, 12 Tage früher, entlassen und Aldo (Name geändert) kam mich abholen.

Er war zum damaligen Zeitpunkt der V-Präsident von unserem Chapter in Düren.

Wir gingen zum Friseur, kauften ein neues Handy, eine neue Sim-Karte und gingen dann anschließend was essen. Das ganze Chapter von uns war da, also was davon noch übrig war.

Mein Clubbruder Ole (Name geändert) gab mir die Schlüssel für meine neue Wohnung, die er organisiert hatte! Danke Ole!!!

Ich kam nach 16 Monaten aus der Haft und ich merkte schnell, nichts war mehr so wie es vor der Inhaftierung war. Einige Brüder hatten das Chapter und auch den Club verlassen.

Darunter waren leider auch sehr enge Freunde von Mike und mir. Es gab keine Einigkeit mehr, was ich relativ schnell merkte.

Wir hatten sogar Brüder aus anderen Chaptern bei uns "geparkt", damit wir überhaupt die Mindestanzahl an Membern hatten, die ein Chapter braucht, um überhaupt ein Chapter sein zu können.

Bei den Bandidos braucht man genau 5 Mann, damit alle Ämter besetzt werden können.

Alle, die mit mir im Chapter angefangen haben und noch da waren, sind mittlerweile Member geworden, ich hingegen bin ja als Prospect verhaftet worden und im Knast kann man kein Member werden.

Ich war also immer noch Prospect, aber allen war klar, dass das nur auf der Jacke steht. Von Anfang an war ich in allen Meetings von uns dabei und innerhalb von 2 Wochen bekam ich dann auch meinen Mexikaner und das "Probationary" Patch, was so viel heißt wie "Member auf Probe".

Man gab mir sofort das Amt "Sec-Treas", bedeutet, du führst die Ämter "Secretary" und "Treasurer" gemeinsam aus.

Wir waren nun genau 5 Member und das obwohl wir mit 8 Mann angefangen hatten und es sogar noch ein Chicanos Chapter (Supporter) von uns gab. Dieses war auch nicht mehr existent.

Man merkte schnell, wie wichtig ein Mann wie Mike in der Führung eines solchen Clubs ist, wäre er oder ich nicht verhaftet worden, wäre es nie so weit gekommen wie es jetzt ist.

Es mussten einige Veränderungen her, aber ich war gerade erst ein paar Tage draußen und musste die Situation erstmal verdauen. Unser Chapter war täglich gemeinsam unterwegs und viele Clubbrüder aus anderen Städten kamen uns besuchen, auch um mich wiederzusehen!

Die Chemie zwischen Aldo (V-Präsident) und Erik (Sgt at Arms, Name geändert) stimmte absolut nicht.

Erik war der Meinung, dass Aldo für das Amt des V-Präsidenten nicht geeignet war. Immer wieder, wenn ich mit Erik alleine unterwegs war, kotzte er sich über Aldo aus.

Ich persönlich finde es zum kotzen, wenn man so übereinander herzieht und ich weiß auch, dass Mike unser Präsident so etwas nie geduldet hätte.

Ich bremste ihn sehr oft und meinte auch, wenn es bei euch nicht passt, dann lasst uns mal zu dritt sprechen und alles, was euch stört, auf den Tisch legen, vielleicht kriegt man dann wieder eine bessere Stimmung hin. Es kam aber vorerst nicht zu so einem Treffen.

Ich berichtete Mike, mit dem ich natürlich immer wieder Kontakt hatte, von dieser ganzen Problematik. Er saß ja immer noch in Haft und eigentlich hatte er keinen Kopf dafür, sich um so einen Mist zu kümmern, aber er gab mir immer gute Ratschläge und zu diesem Zeitpunkt war dies extrem wichtig!

Er vertraute mir, ich war für ihn wie ein kleiner Bruder und er wusste, dass ich "Club Technisch" genauso handeln würde wie er es tun würde.

Aldo hatte durch sein Amt eine etwas arrogante und überhebliche Art bekommen, was vielen Leuten in unserer Stadt gar nicht gefiel.

Er vergaß, dass keiner was gegen uns machen würde, nicht weil wir Bandidos sind, sondern weil wir Brüder von Mike sind.

Dann kam es an einem Abend fast zu einer Eskalation mit sehr starken Männern aus unserer Stadt, die teilweise sogar Familie von Mike waren. Diese Männer hatten keine Angst vor irgendeinem Patch oder anderen Männern, diese Männer waren alles Krieger!

Aldo rief mich an und fragte mich, ob er mich abholen könne, da er sich mit ein paar Leuten treffen müsse, um was mit ihnen zu klären. Ich sagte natürlich zu und fuhr mit ihm in die Dürener

Innenstadt. Wir stiegen aus und da standen auf einmal genau die Männer, von denen ich euch gerade berichtet habe.

Es waren die Bantus!!!

Viele kannten mich noch aus meiner Zeit vor der Inhaftierung und freuten sich, mich wiederzusehen. Ich sah alle das erste Mal nach meiner Entlassung wieder und dann ausgerechnet in so einer Situation!

Was für ein blödes Gefühl, aber Aldo konnte von Glück reden, dass ich mit dabei war und dass die Freude mich wiederzusehen von den Jungs so groß war, dass sie die Wut auf Aldo erstmal vergaßen.

Ich fragte die Jungs, was hier eigentlich los sei, sie erklärten es mir und sie waren im Recht. Noch dazu war es teilweise die Familie von Mike, also wie zum Teufel kann Aldo in so einen Konflikt kommen?

Dank mir ging das Gespräch dann ohne Komplikationen von der Bühne, nicht weil ich so stark war, sondern weil sie mir gegenüber eine große Sympathie hegten und ich gut mit ihnen reden konnte.

Wenn sie gewollt hätten, wären wir an diesem Abend nirgendwo mehr hingefahren. Mit diesen Männern willst du keinen Streit!

Ich erklärte Aldo, dass so etwas nicht geht und dass man in der Stadt, in der man lebt, seine Kontakte und auch seine Freundschaften pflegen muss.

Ich glaube, er verstand es nicht wirklich…

Dann kam es zu 2 Auseinandersetzungen mit ein paar Personen, wo für uns eigentlich alles gut verlief. Leider verursachten diese 2 Auseinandersetzungen Unstimmigkeiten bei uns.

Es ging darum, wer sich welches Patch drauf machen darf und wer nicht.

Die Leute denken, dass umso mehr Patches man auf der Kutte hat, umso interessanter ist der Mann.

Der Mann macht die Kutte und nicht die Kutte den Mann!!!

Es war echt nervig und ich erzählte Mike dann von dem Treffen mit den Bantus und auch die Geschichte mit dem Patch. Bei dem Telefonat stand Erik auch mit dabei und bestätigte die Geschichten.

Mike reichte es und er sagte mir, dass ich mit Aldo reden und ihm sagen sollte, dass er das Amt des V-Präsidenten an mich abgeben soll und das eine Patch, weswegen die sich gestritten haben, dass er dieses auch nicht bekommen sollte.

An mich? Ich war total überrascht und wusste nicht, ob ich der Situation gewachsen war. Er überzeugte mich, dass dies die richtige Entscheidung ist, weil auch die meisten Bandidos und vor allem die Führung im Ruhrgebiet mich kennen und wissen, dass ich über die meiste Cluberfahrung verfüge.

Na dann erklären wir das jetzt mal Aldo…

20

"V-Präsident" und Chapter "Borderside"

Das Gespräch mit Aldo wurde noch am gleichen Tag geführt.

Aldo, Erik und ich trafen uns in einem Cafe bei uns in der Stadt. Ich erklärte ihm, dass ich mit Mike geredet habe und er der Meinung ist, dass er das eine Patch nicht bekommen dürfe und dass er auch das Amt des "V-Präsidenten" an mich übergeben soll.

Aldo war alles andere als begeistert und meinte direkt, dass wenn er kein V-Präsident mehr ist, er auch den Club verlassen werde.

Ich ging ein paar Meter mit ihm alleine und erklärte ihm, dass es doch nur eine Funktion, ein Amt ist und es nicht heißt, dass er ein schlechterer Member ist.

Manchmal müssen Veränderungen her und das ist nichts schlimmes. Immerhin hatte er 16 Monate Zeit, etwas auf die Beine zu stellen und er hat es nicht geschafft, im Gegenteil…

Sehr gute Freunde haben das Chapter verlassen und jetzt weiss ich auch warum!

Ego darf in einem Motorradclub keine Rolle spielen, das werdet ihr im Laufe meiner Geschichte noch bei mir selbst sehen.

Aldo verließ tatsächlich den Club, obwohl ich ihn versucht hatte zu überreden, dies nicht zu tun, aber betteln wollte ich auch nicht. Reisende sollte man halt nicht aufhalten!

Nun war ich neuer "V-Präsident" des Chapters Düren, welches nicht mehr lange Düren heißen sollte.

Nach Absprache mit Malte und allen anderen Clubbrüdern von uns, entschieden wir unser Chapter von "Düren" in "Bordeside" um zu taufen. Dies musste aber natürlich erst mit der Bandidoführung abgeklärt werden, die aber sofort ihr "OK" dafür gaben. Es gab ja auch mehrere Gründe dafür.

Zum Einen war Aachen verboten und damit die anderen Motorradclubs nicht denken, uns gibt es in Aachen nicht mehr, deckten wir mit unserem Chapternamen beide Städte (Aachen und Düren) ab und zum anderen hatten wir auch die Befürchtung, dass uns auch noch eine Verbotsverfügung erwischen könnte und so beugten wir dem vor.

So entstand also das Bandido Chapter **"Borderside"**.

Ich, als Vizepräsident vom Bandidos MC Borderside

21

Die Bantus und die Westfront

Die Bantus hatte ich eben schon erwähnt, ein verrückter (im positiven Sinne) Haufen an Männern, die sich von nichts und niemandem was sagen ließen! Geile Typen mit dem Herz am richtigen Fleck.

Nachdem Aldo das Chapter verlassen hatte, wurde der Kontakt zu vielen guten Jungs immer stärker, vor allem aber zu den Bantus Jungs. Wir waren oft gemeinsam unterwegs und man merkte, dass das Interesse der Männer am Clubleben groß war!

Irgendwann kam einer der Jungs auf die Idee, dass sie sich

"Patches" machen wollten und ihren eigenen Club gründen wollten.

Der Club sollte Bantus heißen!

Die Männer waren zum größten Teil alle Afrikaner aus dem Kongo, Ghana und Angola. Im Freundeskreis von ihnen gab es aber auch Deutsche, Albaner, Kurden und viele andere Nationen.

Der Name des Clubs hatte für die Jungs eine sehr große Bedeutung und ich fand die Sache von Anfang an geil! Ich habe sie von Tag 1 an gefeiert und mit ein paar von ihnen entstand damals auch eine sehr enge Freundschaft.

Eines Tages kam einer von ihnen auf mich zu und erzählte mir ihr Vorhaben, einen eigenen Club zu gründen, er fragte mich, ob ich jemanden kennen würde, der solche Patches herstellen könnte.

Ich rief einen Clubbruder aus Essen an, weil ich wusste, dass er eine Menge "Supporter Clubs" hatte und auch für die, alle Patches selber herstellen ließ. Er sagte mir zu, dass er mir diesen Gefallen tun könnte, woraufhin ich den Jungs direkt Bescheid gab.

Die Jungs waren begeistert und top vorbereitet.

Sie gaben mir direkt alle Logos, die Anzahl der Patches, die gemacht werden sollten und 2000 Euro. Das Backpatch war ein Löwenkopf, nichts hätte besser zu diesen Jungs gepasst!

Die Farben des Clubs waren goldene Schrift mit rotem Innenleben, so gesehen, die gleichen Farben, die wir hatten, nur anders herum.

Das war der Grund, warum am Anfang die Leute dachten, dass die Bantus ein Supporterclub von den Bandidos gewesen wären, was aber absolut nicht zutraf.

Diese Jungs waren von Tag 1 an ein selbständiger Club. Sie waren Brüder auf Augenhöhe und wir haben uns immer mit Respekt behandelt.

Wir waren für sie da und sie waren für uns da, genau das machte uns auch so stark in unserer Region! Wenn sie nicht gewesen wären, wären wir auch nie so stark gewesen!

Die Westfront war eine Gruppe von Fußball begeisterten, sportlich sehr aktiven Männern, wo sich die meisten schon seit Kindheit her kennen. Eine unglaublich starke Truppe und unser Glück war, dass derjenige, der auch an der Gründung der Westfront beteiligt war, der jüngere Bruder von Mike war.
Er war, genau wie Mike, ein hervorragender Boxer und Athlet! Ich glaube, es sind tatsächlich die stärksten Brüder, die ich kenne!
Oft wurde der Westfront nachgesagt, dass sie politisch rechts unterwegs sind, was absoluter Schwachsinn war. Viele hatten ausländische Lebenspartnerinnen und außerdem trainierten die Bandidos, die Westfront und die Bantus teilweise sogar zusammen, was eine solche Behauptung schon direkt in den Schatten stellt!

Es entstand eine sehr enge Freundschaft zwischen den Bandidos, den Bantus und der Westfront. Eine Freundschaft, gegen die keiner in der Region eine Chance hatte, was sich mit der Zeit auch zeigen sollte…

22

Die ersten "Gespräche" mit anderen Clubs in Aachen

Nachdem das Bandido Chapter Aachen im Jahr 2012 verboten wurde und auch verboten blieb, versuchten immer mehr "Clubs" in Aachen Fuß zu fassen.
Die erste "Diskussion" kam 2013 mit den "Black Jackets", eine Gruppe, die im südlichen Teil Deutschlands sehr stark vertreten

war und auch wirklich gute Männer hatte.

Trotzdem weigere ich mich persönlich, den Club als einen "Onepercenter" Club zu sehen.

Hells Angels MC, Bandidos MC, Outlaws MC, Gremium MC, Mongols MC, Sons of Silence MC, Pagans MC, Vagos MC, Satudarah MC…

Das sind für mich "Onepercenter" Clubs. Ich weiß, dass die Black Jackets in vielen Städten mit sehr starken Leuten gut vertreten waren, aber in Aachen war das auf jeden Fall nicht so! Ein frecher Haufen von Kleinkindern, die wirklich mit der Zeit echt nervig wurden, weil ihnen einfach der nötige Respekt fehlte.

Als wir hörten, dass die Black Jackets in Aachen ein "Chapter" gründeten, waren wir etwas abgefuckt, weil wir sowieso schon sehr viel Ärger mit der Polizei und der zuständigen Staatsanwaltschaft hatten und dazu kam noch, dass durch das Verbot des Bandidos MC Aachen, ein besonderer Augenmerk auf dieser Stadt lag was die Rockerszene betrifft.

Noch mehr Kutten, die durch diese Stadt laufen würden, konnten wir in dieser Region echt nicht gebrauchen.

Ich verstehe sowieso nicht, warum eine "Streetgang" unbedingt Kutten haben muss.

In dieser Zeit war es sowieso modern "rockerähnliche Clubs" zu gründen, damit meine ich nicht die Black Jackets, die gab es ja schon seit 1985, soweit ich weiß.

Wir nahmen zu den Black Jackets Kontakt auf und baten die "Führung" von ihnen um ein Gespräch. Mein "Sgt. at Arms", Erik und ich gingen zum Treffen und trafen den Präsidenten und V-Präsidenten.

Üblich wäre es gewesen, dass bei so einem Treffen zumindest auch der "Sgt. at Arms" von ihnen dabei ist, dies war aber nicht der Fall.

Ich hatte schon sehr viele solcher "Gespräche" in meiner Zeit als

Rocker geführt, aber dieses Gespräch konnte ich so gar nicht ernst nehmen.

Wir erzählten ihnen von der Problematik, die diese Stadt mit sich bringt und dass es absolut kontraproduktiv ist, wenn sich hier ein neuer Club bildet und mit Kutten herumläuft. Die Region sollte ruhig gehalten werden, es hatte nichts mit Konkurrenzdenken oder Ähnlichem zu tun.

Die Politik und die Strafverfolgungsbehörden machen bei Kutten nicht so wirklich große Unterschiede, es kotzt sie einfach an, dass es sie gibt und deswegen wollen sie, am besten, alle Clubs verbieten.

Die Black Jackets Jungs verstanden es und stimmten unseren Bedingungen auch zu, was hieß, keine Kutten zu tragen! T-Shirts oder andere Sachen waren uns vorerst egal, aber für noch mehr Kutten in dieser Stadt war kein Platz.

Ich kannte auch einen Black Jacket aus Köln, der ein sehr starker Mann war und aus der gleichen Stadt wie ich kam. Vor diesem Mann hatte ich wirklich Respekt, ein guter Typ.

Er kontaktierte mich nach dem Treffen in Aachen und bat mich um ein Gespräch, also trafen wir uns ganz alleine bei Mc Donalds in Düren.

Wir respektieren uns gegenseitig sehr und genauso wurde auch das Gespräch geführt, ein Gespräch auf Augenhöhe. Er sagte mir, dass das Gespräch mit den Aachenern für ihn nicht so in Ordnung war, er aber auch unsere Ansichten verstand. Ich fand es auch nicht in Ordnung, dass man einen "rockerähnlichen" Club in einer Region aufmacht, ohne mit dem Nummer 1 Motorradclub dort zu reden.

Immerhin gab es auch in der "Clubszene" ein paar ungeschriebene Gesetze und wir hatten nicht den Ruf, dass man mit uns nicht reden kann. Auch das verstand er, aber er wollte von seinem Standpunkt nicht runter, dass die Aachener Black Jackets trotzdem mit Kutten durch die Stadt gehen können.

Im Endeffekt sagte ich ihm dann, dass sie doch den Bedingungen zugestimmt haben und es jetzt durch unser Treffen sich dies nicht einfach so ändern könnte, weil auch ich eine Verantwortung meinen Brüdern gegenüber habe und ich hier nicht für mich, sondern für das ganze Chapter spreche.

Wir kamen nicht wirklich auf einen Nenner, weil keiner von seinem Standpunkt abweichen wollte, aber der Respekt den wir voreinander hatten, ließ es auch nicht zu, dass wir uns streiten und so ging jeder seinen Weg.

Frei nach dem Kölsche Grundgesetz:

§ 1 - Et es wie et is = Es ist wie es ist
§ 2 - Et kütt wie et kütt = Es kommt wie es kommt
§ 3 - Et hätt noch immer jot jejange = Es ist noch immer gut gegangen

Ich rief meine Clubbrüder zusammen und erzählte ihnen von diesem Treffen.

Irgendwie wusste ich da schon, dass die Black Jackets uns bald auf die Nerven gehen werden und so kam es dann auch…

Mit der Zeit wurden sie immer mutiger und frecher. Sie fingen an, sich in größeren Gruppen mit Kutten in Aachens Hotspots zu zeigen.

Anfangs haben sie es schlau gemacht, immer wenn wir außerhalb auf einer Party waren, nutzten sie dies aus, um "Präsenz" zu zeigen und oft bekamen wir es dann erst viel später mit.

Es vergingen Wochen, als sie dann anfingen, sich fast jeden Tag zu zeigen.

Wir haben es freundlich versucht, haben Respekt gezeigt, aber auf der Nase rumtanzen lassen wir uns bestimmt nicht. Mittlerweile hatten sich auch eine Menge Leute den Black Jackets angeschlossen, was sie natürlich mutiger machte, aber unsere Gruppe bestand ja nicht nur aus den Bandidos, sondern auch aus den Bantus und der Westfront.

Ich denke, jeder in Aachen weiss, wie das Ding am Ende ausging. Einzelheiten kann und werde ich natürlich in diesem Buch nicht veröffentlichen, aber uns gab es dort noch sehr lange im Gegensatz zu so manch anderen!

Zu der damaligen Zeit war der Bandidos MC in der Region Aachen unantastbar. Einige Bantusmitglieder wurden schließlich sogar selbst Bandidos.

Unsere Familie war groß und wurde mit der Zeit immer größer. Wir hatten eine verdammt schöne Zeit…

23

Der Satudarah MC kommt nach Aachen

Zum damaligen Zeitpunkt wusste ich noch nicht, dass genau dieses Kapitel mich 10 Jahre meines Lebens begleiten wird!

Wir hatten mittlerweile, mehr oder weniger, Ruhe in unserer Region. Die Anzahl der Mitglieder bei uns wurde immer größer, was auch daran lag, dass die Jungs, die von den Bantus zu uns gekommen sind, einen sehr guten Ruf hatten und immer wieder gute Jungs mitgezogen haben.

Die starke Freundschaft zwischen den Bandidos, den Bantus und der Westfront hatte sich mittlerweile auch schon rumgesprochen und das nicht nur in unserer Region.

Wir verbrachten wirklich alle viel Zeit gemeinsam und sogar unser erstes richtiges Clubhaus entstand 2013 in Düren. Es war ein richtiges Clubleben, so wie ich es mir immer gewünscht habe. Es war aber die Ruhe vor dem Sturm…

Eines Tages hatten wir wie jede Woche ein Meeting, bei dem

immer Anwesenheitspflicht war, aber keiner hat es wirklich als Pflicht gesehen, weil wir gerne zusammen waren.

Ein Prospect störte das Meeting, was eigentlich nur im äußersten Notfall passieren darf und hatte wohl einen "wichtigen" Besucher vor der Tür stehen. Wir dachten, es wäre die Polizei so aufgeregt war er, tatsächlich aber war es ein Freund vom Club, der uns was Interessantes erzählen wollte.

Normalerweise hätte ich ihn bis nach dem Meeting draußen warten lassen und wenn wir fertig gewesen wären, dann hätte er uns sein Anliegen mitteilen dürfen, aber da ich das Gefühl hatte, dass es doch sehr wichtig war, erteilte ich ihm das Wort.

"Der Satudarah MC will in Aachen ein Chapter eröffnen", stotterte er. Ich war etwas erstaunt und fragte ihn, woher er das wissen würde. Er nannte mir dann 2 Namen, die Teil dieser Neugründung sein werden. Einen kannte ich sehr gut aus meiner Zeit in der JVA Aachen, Patrick (Name geändert) eigentlich ein guter Mann, auch optisch sehr stabil und der andere war ein Stadtbekannter Zinker (Verräter).

Ich bedankte mich für diese Information und bat ihn, den Memberraum wieder zu verlassen. Auf einmal hatten wir ein Gesprächsthema.

Ich konnte es eigentlich nicht glauben, weil der Bandidos MC und der Satudarah MC eine Freundschaft pflegten und das in vielen Städten. Warum bekomme ich eine solche Information von einer Person, die absolut nichts mit der MC-Szene zu tun hat?

Tausend Gedanken schossen mir durch den Kopf!

Viele meiner Brüder, aber auch ich dachten, dass es mal wieder ein Gerücht wäre, wie sonst auch immer. Wir hatten wöchentlich mit irgendwelchen Gerüchten zu kämpfen, aber nicht mit so einem!

Ich schlug vor, der Sache auf den Grund zu gehen, da ich ja einen von den eben zwei genannten, gut kannte.

Ich kontaktierte ihn und bat ihn um ein sofortiges Treffen in einer bekannten Shisha Bar, die einem Freund von mir gehörte, in Aachen. Meine Brüder wollten alle mitkommen, ich bat sie aber, mich zu diesem Treffen nicht zu begleiten.

In der Shisha Bar angekommen bestellte ich mir erstmal eine "Doppelapfel" und ein Red Bull. Wenig später sah ich dann Patrick die Bar betreten, mit dem Zinker… da wusste ich schon, dass an dem Gerücht was dran sein musste, weil ausgerechnet die zwei Namen mir genannt wurden.

Komischer Zufall!

Ich gab Patrick die Hand, weigerte mich aber dem Zinker die Hand zu geben und forderte ihn auf, nicht an meinem Tisch Platz zu nehmen.

Er wollte gerade etwas sagen, aber Patrick fiel ihm sofort ins Wort und sagte ihm, er solle sich ein paar Tische weiter setzen, was er dann auch tat.

Ich fragte Patrick, ob er sich vorstellen könne, warum ich unbedingt mit ihm reden wollte, aber er konnte es sich nicht erklären. So ganz glaubte ich ihm nicht, aber ich erzählte ihm von dem Gerücht und wartete auf seine Reaktion!

"Niemals Fernando!" "Gäbe es ein solches Vorhaben, hätte ich dich doch sofort kontaktiert, schließlich wissen wir doch, dass es euch hier gibt!", sagte er sofort.

Ich erklärte ihm, dass ich den Satudarah MC sehr respektiere und man solle die Freundschaft der beiden Clubs in Deutschland nicht vergessen! Es geht nicht darum, um Erlaubnis zu fragen, aber ich würde es als eine Art Respektlosigkeit empfinden, wenn so etwas hinter unserem Rücken einfach so passieren würde!

Er gab mir nochmal klar zu verstehen, dass es ein solches Vorhaben nicht geben würde.

Ich glaubte ihm… was sich später als Fehler herausstellte!!!

2 Wochen später klingelte es Sturm an meiner Tür, weil ich an

diesem Wochenende mir etwas Ruhe gönnen wollte und mein Handy auf stumm war. Ich dachte mir, "die Polizei auf einen Sonntag???"

Mein "Sgt at Arms", Erik stand vor der Tür und ich machte ihm auf…

Er kochte vor Wut und bekam erst kein Wort raus. Ich fragte ihn, was denn los sei?

"Guck mal auf die Website vom Satudarah MC!", sagte er dann.

Hat dieser Hund mich echt verarscht, dachte ich mir nur, ohne die Website gesehen zu haben.

"Welcome to Family Prospect Chapter Aachen" stand da riesig auf der Satudarah Website. Ich brannte innerlich so sehr, man hätte Spiegeleier auf meinem Bauch braten können. Meine Gedanken waren voll mit Wut und Hass und das obwohl ich eigentlich ein sehr besonnener und ruhiger Mensch bin.

Ich rief sofort Patrick an, mehrmals, bis er dran ging und auf einmal der Zinker am Telefon war und absolut frech redete. Ich beleidigte ihn bis auf die Knochen und legte dann auf!

Ich befiel Erik sofort alle Brüder, Prospects, Hangarounds und Supporter ins Clubbhaus zu bestellen und das in den nächsten 45 Minuten! Er schickte eine Mail an alle und wir fuhren ebenfalls ins Clubhaus, Erik und ich redeten kein Wort.

Mein Kopf platzte fast, wie konnten die uns so hintergehen?

Ich empfand diese Aktion als eine Beleidigung an unseren Club und als pure Respektlosigkeit!

Innerhalb von 35 Minuten waren wirklich alle da, auch Freunde des Clubs, wir waren locker 80 Mann! Ich erklärte ihnen die Situation und ein paar wussten schon, was passiert ist.

Mir war zu diesem Zeitpunkt alles scheissegal, wer so meint uns entgegen treten zu müssen, der bekommt es dann auch dementsprechend wieder zurück!

Ich teilte allen Jungs ein, wo sie in Aachen verkehren sollten und würde ihn ein Satudarah über den Weg laufen, sollte er ihn nicht zum Kaffee trinken einladen…

Auf einmal klingelte mein Handy und auf dem Display stand eine holländische Nummer!

Es war einer der führenden Mitglieder des Satudarah MC aus Holland, der mittlerweile in Holland seinen eigenen Motorradclub gegründet hat.

Ein sehr höflicher und respektvoller Mann, der mit einer so ruhigen Stimme sprach, dass sogar ich kurz meine Wut vergaß.

Er meinte, dass hier bestimmt ein großes Missverständnis entstanden ist und da wir befreundete Clubs wären, sollte man dies ruhig am Tisch klären. Ich machte ihm klar, dass wir keinem Gespräch, aber auch keinem Streit aus dem Weg gehen werden.

Man konnte immer mit uns reden, aber eine solche Aktion lassen wir uns sicherlich nicht bieten und kann auch nicht so stehen bleiben.

Wir einigten uns darauf, dass wir uns im Duisburger Satudarah Clubhaus treffen würden, um die Sache dort beizulegen und zu klären, freundschaftlich!

Ich gab ihm mein OK und mein Wort, dass ich 2 Member aus meinem Chapter mitbringen würde, aber da das Treffen in Duisburg ist, musste ich natürlich auch die Duisburger Bandidos über dieses Meeting informieren und würde auch aus diesem Chapter 3 Member mitbringen.

Noch dazu kam der Bandidomember, der Kontakt zu den Satudarahs hatte, aus Duisburg. Wir waren also 6 Member…

So wurde es abgemacht! Wir hielten unser Wort… wie immer!!!

Also fuhr ich mit Erik und einem anderen Member von uns nach Duisburg ins Clubhaus unserer Brüder, die natürlich schon wussten, dass wir kommen und worum es ging! Wir erklärten den Brüdern die komplette Sachlage und auch sie waren von der Aktion sehr überrascht und absolut nicht begeistert.

Wir besprachen uns kurz, wobei klar war, dass ich als ranghöchster Member das Wort habe und das Gespräch führen würde.

Auf dem Weg ins Clubhaus hatte ich schon ein komisches Gefühl, irgendwas sagte mir, dass die Sache irgendwie nicht sauber ist.
Eigentlich zählt ein Wort unter Männern mehr als eine Unterschrift, gerade bei Rockern, aber auch hier wurde ich mal wieder eines Besseren belehrt...
Wir fuhren vor das Clubhaus... da standen auf einmal 70-80 Satudarahs!!! Ernsthaft?
Ich dachte mir, eine "Pissaktion" am Tag reichte ihnen nicht? Wir sind hier im verfickten Ruhrgebiet, die Hochburg der Bandidos und ihr bringt hier so eine Aktion...
Ich hatte drei "Sgt. at Arms" dabei, Erik und zwei aus dem Chapter Duisburg und alle meinten, dass wir jetzt sofort wieder vom Platz fahren, weil das so nicht abgemacht war.
"Wenn die das so wollen, dann stehen wir nachher mit 500 Mann hier", sagte ein Sgt.!
In 3 Leben fahre ich hier jetzt nicht vom Platz!!! Wie würde das jetzt aussehen???
Ich stieg sofort aus und dachte mir, soll passieren, was passieren soll! Die ersten Supporter aus Aachen kamen stink freundlich auf mich zu und wollten mir die Hand geben.
Das waren alle Fans von uns und jetzt hängen sie hier ab, weil sie es bei uns nicht in den Club geschafft haben.
Ich gab keinem die Hand und wollte sofort mit jemandem sprechen, der was zu sagen hatte.
Ein Molukke, **die wichtigste Person in dieser Geschichte,** sein Name war **NOAH (Name geändert),** kam auf mich zu und begrüßte mich sehr höflich und freundlich, er fragte direkt ob wir Hunger oder Durst hätten oder ob er sonst etwas für uns tun könne...
Klar kannst du was für mich tun, erkläre mir mal diese ganze

Scheisse hier!!! Abgemacht war, dass wir mit 6 Mann kommen und ihr steht hier mit 70-80 Mann, seit wann hält man sein Wort nicht mehr?

Er erklärte mir, dass das alles nichts mit uns persönlich zu tun hat. Sie hätten gerade ein Deutschland Meeting gehabt, deswegen wären jetzt so viele Satudarahs hier.

Na welch ein Zufall, an dem Tag wo der Bandidos MC Borderside ein Meeting mit den Satudarahs hat, weil die sich nicht an die Regeln der MC-Szene halten können, halten die ein Deutschland Meeting ab! Na was für ein Zufall!!!

Wir gingen ins Meeting und wie sollte es anders sein, da kam schon die nächste Überraschung.

Im Meeting saß die Führungsebene der Satudarahs aus Holland und drei andere Chapter aus Deutschland, wer aber saß nicht am Meetingtisch? Richtig, die neuen Satudarahs aus Aachen, um die es eigentlich ging! So langsam glaubte ich, die wollen mich verarschen, aber die meinten das ernst, also ging das Gespräch los…

Mein Fehler war, ich hätte sofort aufstehen müssen, als ich gesehen habe, mit wem ich da im Meeting sitze. Ich habe einfach nicht geschaltet und dieser Fehler wurde mir ein Jahr später zum Verhängnis…

Das Gespräch war auf Augenhöhe, ich würde sogar sagen, dass ich das Meeting dominiert habe! Wenn man meine Brüder nach dem Meeting gefragt hätte, dann hätten sie es genauso gesehen. So haben sie es mir auf jeden Fall gesagt!!!

Ich habe unseren Standpunkt klar vertreten und ihnen erklärt, dass es nicht um eine Erlaubnis ging in Aachen ein Satudarah Chapter zu eröffnen, sondern dass es darum ging uns den Respekt zu erweisen, der uns auch zusteht und das man uns auf ihre Eröffnungsparty hätte einladen können. Einfach hinter unserem

Rücken ein Satudarah Chapter in einer Stadt zu eröffnen, wo es seit 14 Jahren den Bandidos MC gibt, ist eine absolute Frechheit!!!

Was wolltet ihr uns damit sagen? Kein Bock auf euch? Ihr seid uns egal? Wir nehmen euch nicht ernst??? Egal wie man es dreht oder wendet, das war eine linke Aktion, die sich unter "Freunden" nicht gehört!

Das Meeting endete friedlich! Die Aachener durften dann auch kurz ins Meeting, nachdem andere für sie sprechen mussten und wir verabschiedeten uns alle. Beim Verlassen des Meetingraums, klopfte mir ein "Sgt," von Duisburg auf die Schulter und meinte: "Starkes Meeting Fernando, du hast die auseinander genommen!"

Zu diesem Zeitpunkt wusste ich noch nicht die wahren Beweggründe für dieses Meeting und das ich in Wahrheit auseinander genommen wurde…

Dazu später mehr!!!

24

Der "runde Tisch" in Aachen

Mit der Zeit erkannte jeder "Club", der in Aachen Fuß fassen wollte, dass es keinen Weg um uns herum gab.

Nicht, dass man mich falsch versteht, das lag natürlich nicht an mir. Unser Chapter wurde immer stärker, wir hatten einen Präsidenten, der zwar noch in Haft war, aber trotzdem mehr Einfluss hatte, als ein anderer Präsident, der draußen an irgendeinem Meeting Tisch saß.

Die Jungs in unserem Chapter waren wirklich stark, klug und hatten allesamt Charakter. Die Chemie und die Stimmung bei uns passte und es fehlte natürlich nur noch unser Präsident.

Rein theoretisch war ich aktuell der Präsident des Chapters und hätte ich mir auch dieses Amt auf die Kutte nähen müssen, aber aus Respekt zu unserem Präsidenten, zu meinem besten Freund tat ich dies natürlich nicht!

Man sollte sich nur die Schuhe anziehen, die einem passen und diese waren mir auf jeden Fall zu groß.

Das Amt des V-Präsidenten war mir teilweise schon zu groß und ich konnte das Amt auch nur ausüben, weil ich sehr gute Brüder um mich herum hatte, die mich auch vor der ein oder anderen Fehlentscheidung bewahrten.

Beim Meeting mit dem Satudarah MC, war eine Bedingung von unserem Chapter, dass wir uns alle 2 Wochen treffen und so eine Art "runden Tisch" machen, um uns auszutauschen und um gewisse Missverständnisse, sollte es welche geben, direkt aus dem Weg zu räumen, aber auch da "scheisste" der Satudarah MC mal wieder rein.

Am runden Tisch saßen die Westfront, Black Jackets, Satudarah MC und wir, der Bandidos MC.

Die Bantusführung war mittlerweile Teil des Bandidos MC gewesen und saß so automatisch auch am Tisch, trotzdem gab es die Bantus natürlich immer noch.

Den ersten "runden Tisch" richtete die Westfront bei sich aus. Die Westfront war kein "Club" oder hatte Kutten, trotzdem hatten sie mehr Erfahrung und Autorität als ein erfahrener Motorradclub!

Es wurde abgemacht, dass, wenn dieser Tisch stattfindet, immer 2 Member des jeweiligen Club dabei sein müssen, nicht mehr und nicht weniger. Der Satudarah MC nahm dies aber sehr wörtlich und verstand nicht, dass die Gruppe, die das Meeting veranstaltete, natürlich mehr Leute vor Ort haben muss, da sie ja die Sicherheit und die Diskretion des Meetings gewährleisten sollten.

Deswegen hatten die Männer der Westfront 5 Mitglieder an diesem besagten Tag vor Ort. Wie schon gesagt, es war das erste Meeting in dieser Konstellation an Clubs.

Jeder, der sich in der MC-Szene etwas auskennt, weiß das dies der Normalfall ist, jeder weiß aber auch, dass ein "runder Tisch" eine freundliche Zusammenkunft von verschiedenen Clubs ist.

Bei so einem Meeting geht es nur darum, sich in der Szene auszutauschen und wie ich eben schon sagte, um Missverständnisse verbal aus dem Weg zu räumen.

Der Satudarah MC hatte wohl ne andere Auffassung oder Vorstellung von so einem Meeting und war auch dementsprechend angespannt.

Ein Offizier vom Satudarah MC aus Holland war beim ersten Meeting auch dabei, er kam mit dem Präsidenten vom Satudarah Prospectchapter Aachen.

Beim Begrüßen umarmte ich ihn und bemerkte, dass er eine schusssichere Weste trug. Keine Ahnung was er sich dachte, aber er war auf jeden Fall maximal paranoid!

Das Meeting verlief reibungslos, keiner hatte was zu beanstanden und so gingen alle wieder ihren Weg…

Zwei Wochen später stand der nächste Runde Tisch an und wurde von den Black Jackets ausgetragen. Alles war ok, bis auf einmal, kurz vor Ende des Meetings, über 100 Satudarahs vor der Location aufliefen, wo unser Meeting gerade lief.

Ich hatte nicht mal irgendwas Negatives im Kopf, trotzdem war ich doch sehr verwundert und verstand die Aktion nicht so recht.

Das Problem war, mit den 100 Satudarahs kam auch eine Hundertschaft der Polizei direkt mit, die anscheinend die Handys der Satudarahs abhörten und so von ihrem Vorhaben Bescheid wussten!

Der Grund, weswegen die 100 Satudarahs dort auftauchten, grenzte an mangelnde Erfahrung und Verfolgungswahn von dem Satudarah, der beim ersten Meeting die schusssichere Weste trug!

Er war persönlich "gekränkt", dass die Westfront nicht 2, sondern 5 Personen beim Meeting dabei hatte und ich hatte ja erklärt, warum sie 3 Männer mehr waren.

Er aber nahm an, dass sie sich nicht an die Absprache gehalten hatten und deswegen bestellte er dann 100 Satudarahs dorthin und mit dabei war die Polizei. Was für ein dummer "Move", mal ganz ehrlich.

Wofür war der "runde Tisch" nochmal gedacht, erinnert ihr euch???

Richtig, um dort vor Ort, uns wie Männer ins Gesicht zu sagen, was uns stört!

Hätte er das angesprochen, dann hätte ich ihm das innerhalb von 5 Minuten erklärt und es hätte so einen Aufriss nicht gegeben.

Na bitte sehr, jetzt war die Polizei mal wieder aktiv und wach, nur wegen so einem Kindergarten.

Für uns war das Thema "runder Tisch" von da an Geschichte!!!

Wenig später merkte aber auch der Satudarah MC was für Pfeifen aus Aachen, die sich da rein geholt hatten und schmissen die dann auch aus dem Club.

Wenn man den Satudarah MC kennt, dann weiß man, dass es in diesem Club viele gute und starke Männer gibt und die Leute aus Aachen mit dem Bus fahrenden Präsidenten haben nichts in so einem starken Club verloren!

25

Bandidos MC Prospect Chapter Bonn

Jeder, der das Buch bis jetzt aufmerksam gelesen hat, kann sich denken, warum wir ausgerechnet ein Bandidos Chapter in Bonn eröffnet haben!

Na kommt ihr drauf?

Das war die Retourkutsche an die zwei Ratten (Sam und Lorenzo), die zum damaligen Zeitpunkt noch beim Hells Angels MC Bonn waren.

Ein Bandido Chapter in einer Hells Angels Stadt zu eröffnen provoziert wirklich sehr und da sich der damalige Präsident von Bonn Lorenzo sich für unantastbar hielt, war die Ohrfeige, die wir ihm damit gaben, noch etwas härter.

Niemals hätten wir dies in einer anderen Stadt gemacht, aber das war unser Rachefeldzug. Wie schon gesagt, wir hatten nichts gegen die Hells Angels, nur gegen dieses Charter Bonn, welches mir meinen Weg verbaut hat und dies zu unrecht.

Was für eine Genugtuung, einfach ein geiles Gefühl. Ich hatte mir schon ausgemalt, wie er sich bei anderen Hells Angels aus anderen Städten rechtfertigen muss.

Das Bandido Prospect Chapter Bonn war auch voll mit guten und starken Männern, vor allem der Präsident von diesem Chapter war ein sehr starker und bekannter Mann. Er war auch ein langjähriger Freund von mir, sein Name ist Ronny (Name geändert).

Das Prospect Chapter in Bonn eröffnete an einem Freitag (Mitte 2013), wenn ich mich nicht täusche, bekamen sie ihre Patches sogar damals in Magdeburg auf einer Party!

Einen Tag nach der Party wurden mir plötzlich Videos geschickt, wie der Hells Angels MC und eine Gruppe von "Möchtegern-Rockern" mit ihren Motorrädern durch Bonn fuhren.

Mit zwei Brüdern im Kosovo

Diese Truppe nannte sich "Fist Fighter"!!!
Ich will denen hier nicht mal ansatzweise irgendeine Plattform bieten, deswegen erwähne ich sie hier auch nur, weil ich diese Geschichte erzählen muss!

Ich rief den Präsidenten dieses "Vereins" an und fragte ihn, ob er mit dieser Aktion uns was sagen wollte?
Für mich persönlich war das doch ein seltsamer Zufall, dass wir einen Tag zuvor das Prospect Chapter in Bonn eröffneten und genau einen Tag später fuhren 40 Mann dann durch Bonn.

Natürlich war es kein Zufall!!!

Wir stritten am Telefon, weil seine arrogante und überhebliche Art, wie er mit mir redete, mich zum Platzen brachte.

Wenn er es so will, dann bekommt er es auch so…

Noch am gleichen Tag gab es eine riesige Feier bei den Brüdern in Dortmund, wo auch ich mit unserem Chapter mit dem Prospect Chapter Bonn hinfuhr!
Meine Wut war immer noch auf dem höchsten Punkt und ich sprach 13 verschiedene Präsidenten auf der Feier an und bat darum, dass sie mir am Montag, also in 2 Tagen, so viele Brüder oder Supporter nach Bonn schicken sollten, wie sie können.
Da ich ein sehr beliebter Bruder zum damaligen Zeitpunkt war und auch unser Chapter sehr oft von anderen Brüdern zur Hilfe (Renovierungsarbeiten an Clubhäuser etc.) gerufen wurde, sagten mir alle 13 Präsidenten ihre Hilfe zu.
Es kamen sogar 11 Präsidenten selbst mit nach Bonn!

Geiler Zusammenhalt!!!

Ich hatte einen genialen Plan… keiner kommunizierte über Handy und nur einer aus jedem Chapter hatte die Adresse von dem Treffpunkt in Bonn. Zwar konnte man so das Risiko, dass die Polizei Wind von der Sache bekommt, nicht zu 100% ausschließen, aber man konnte es minimieren.
Wir trafen uns alle außerhalb der Innenstadt an einem abgelegenen Parkplatz in Bonn Bad Godesberg und von da aus fuhren wir dann geschlossen in ein bekanntes Parkhaus direkt in der Bonner Innenstadt. Ich habe ein Parkhaus gewählt, weil man dort blickgeschützt ist und man dort in Ruhe aussteigen konnte, um so geschlossen in die Stadt zu gehen!
Eigentlich lief alles nach Plan, bis der Präsident von Dortmund wieder seinem Ego freien Lauf ließ und nicht auf alle Brüder warten wollte.
Er ging einfach schon mal los in die Innenstadt und so durchkreuzte er meinen Plan ein wenig. Natürlich folgte ich ihm direkt und alle Brüder, die schon da waren, folgten uns dann auch.

Mit ein paar Sekunden Verzögerung waren wir dann aber alle komplett.

130 Bandidos und Supporter, die einfach so durch die Bonner Innenstadt spazierten! □ □

Bandidos marschieren durch Bonner Innenstadt und lösen Großeinsatz der P...

Quelle: youtube "Bandidos marschieren durch Bonn"

Der erste Polizist, der uns entgegenkam, dachte, der sieht ne Zombie-Apokalypse! □ Sah auch teilweise echt so aus!

Der Polizist fragte, wer denn hier das sagen hätte, worauf ich mich natürlich meldete, weil mein Plan beinhaltete ebenfalls, dass keiner der Brüder polizeilich aufgenommen wird und auch das bekam ich hin.

Ich gab dem Polizisten meinen Ausweis und der fragte mich voll ernst: *"Wo ist denn der zuständige Road Captain?"*

Ich bin fast gestorben vor Lachen...

Was zum Teufel will der bei 130 Bandidos mit dem Road Captain?

Der Road Captain ist derjenige, der Ausfahrten und Routen plant.
Ich habe auf jeden Fall nicht verstanden, warum er ausgerechnet in einer solchen Situation mit diesem Amt sprechen will, wenn der V-Präsident vor ihm steht und sagt, dass er das Sagen hat.

Seine Antwort zeigte, dass die Ermittlungsbehörden ihre Streifenpolizisten definitiv zu wenig schulen, in Bezug auf die Rockerszene!

Der Polizist wollte tatsächlich vom Road Captain erfahren, ob es zu Verkehrsverstößen oder Ähnlichem kommt... Kein Witz!!!
Genau das war seine Antwort!

Ich nahm meinen Ausweis aus seiner Hand und meinte, dass dies hier nur ein altes Klassentreffen ist und wir in ein paar Minuten wieder weg sind! Dieser Anblick, wie die Polizei neben uns herfuhr, aber nichts machen konnte, war schon seltsam, aber sie warteten auf Verstärkung aus den benachbarten Städten und das wussten wir auch.

Für 130 Bandidos brauchst du auf jeden Fall 260 Polizisten, wenn nicht sogar mehr!

Wir hatten einen Zeitplan und an denen hielten wir uns alle.

Wir gingen unsere Runde und zwischendurch rief ich noch kurz den arroganten Präsidenten vom Fist Fighter Verein an und fragte ihn, wie sein Tag so laufen würde... Meiner lief nach Plan!!!

Dann machten wir noch zum Abschluss mit ein paar Brüdern ein Abschlussfoto vor dem Parkhaus und dann mussten wir natürlich ganz schnell die Kurve kratzen, bevor die Bereitschaftspolizisten auftauchten und uns auseinandernehmen würden.

Diese Aktion fand die Staatsgewalt, mit ganz großer Wahrscheinlichkeit, nicht witzig!

Wir hingegen feierten die Aktion richtig und es zeigte einen sehr großen Zusammenhalt unter Brüdern!

Das war mein Werk... Genial, oder?

Die Bandidos Führung aus dem Ruhrgebiet fand die Aktion alles andere als genial und ich bekam, mal wieder, einen richtigen Einlauf!

Mit dieser Aktion verbot die Stadt Köln den diesjährigen "Germany Run" der Bandidos in Köln und die Vorbereitungen dafür waren schon so gut wie abgeschlossen! Na tolle Scheisse…

Ich war also schuld daran, dass die größte deutsche Bandidos Party zu platzen drohte und das obwohl es in Bonn und nicht in Köln passiert ist.

Eigentlich mögen sich die Nachbarstädte im Rheinland eher weniger, aber wenn es um Rocker geht, machen die da mal ne Ausnahme und halten zusammen…

Eigentlich hätte die Bandidos Führung mir danken sollen, dass die Party in Köln ausfällt. Köln war und ist schon immer eine Hells Angels Stadt gewesen und im Endeffekt, wäre der Ausgang der Party bestimmt 100 mal schlimmer geworden, als mein Spaziergang mit meinen Brüdern durch Bonn!

26

Bandidos Prospect Chapter Decan / Kosovo

Eines der spannendsten und wirklich interessantesten Kapitel in meiner Zeit als Bandido!

Anfang 2013 reifte schon die Idee, ein Bandido Chapter im Kosovo zu eröffnen. Mein bester Freund und ich hatten mit Albanern und Kosovaren schon immer eine sehr enge Freundschaft gepflegt! Unsere engsten Freunde kamen fast alle von dort und wir liebten und identifizierten uns voll mit ihrer Mentalität.

So lag es natürlich nahe, würden wir mal planen, ein Bandido Chapter im Ausland gründen zu wollen, dann in Albanien oder im Kosovo!

Deswegen fingen auch schon im März 2013 die ersten Gespräche, bezüglich einer solchen Gründung, an. Dafür flog ich mit meinem "Sgt." at Arms Erik und einem Bandido Nomad in den Kosovo.

Ich kann euch jetzt schon sagen, das waren ein paar Touren!

Von Dortmund aus ging es nach Pristina, der Hauptstadt von Kosovo!

Der Flug dauerte knapp 2,5 Stunden und es war mit Abstand einer der schlimmsten Flüge die ich je erlebt hatte und ich bin verdammt viel geflogen!

Wir saßen zu dritt, eingeengt, nebeneinander im Flugzeug und ich bin heute noch der festen Überzeugung, dass dieses Flugzeug nicht mehr für den Luftverkehr geeignet war!

Ich dachte bestimmt mehrere Male während des Fluges, dass ein Bandido Chapter im Kosovo meinen Tod nicht wert sei, aber was macht man nicht alles für den Club!

Endlich angekommen!!! Von Seiten der Männer aus dem Kosovo wurde schon alles organisiert und das Dank eines sehr guten Mannes, der zu diesem Zeitpunkt mit meinem besten Freund Mike ebenfalls in Haft saß! Er hatte damals alles aus der Haft heraus für uns geklärt, weil sein Bruder dort lebte.

Abholung vom Flughafen, Dolmetscher, Hotel und Verpflegung… alles war bereitgestellt! Ich fühlte mich sehr wohl dort und bis heute ist der Kosovo einer meiner Lieblingsländer!

Wir wurden zum Hotel nach Gjakova gebracht, machten uns frisch und dann ging es zu dem Bruder von meinem Freund. Wir wurden zum Essen eingeladen (welches, von der Qualität her, echte Weltklasse war), um uns besser kennenzulernen.

Es kam sogar noch Besuch aus Albanien, die uns kennenlernen wollten und ein Bruder aus Schweden war mit einem Prospect auch auf Balkanreise und wollte auch vorbei kommen!

Wer sagt, dass das Clubleben scheisse ist, der hat das alles nicht erlebt und weiß gar nicht, um was es in einem Motorradclub geht! Die verschiedensten Kulturen, verschiedene Religionen und unterschiedlichste Charaktere finden auf einmal einen gemeinsamen Nenner und zeigen der heutigen Gesellschaft, wie ein Miteinander funktionieren kann!

Wir sprachen mit den Männern, die vor hatten, das Prospect Chapter im Kosovo zu gründen. Alles wirklich gestandene Männer und man erkannte schon in ihren Augen eine Leere, die ahnen ließ, was die Männer durchlebt hatten!

Das Treffen verlief wie geplant und fand einen positiven Abschluss.
Wenn ihr denkt, jetzt wäre das Prospect Chapter im Kosovo direkt gegründet worden, dann täuscht ihr euch!
Der Weg bis dahin war steinig und das Traurige war, dass man im Club teilweise auch Querdenker hat, die einem immer wieder Steine in den Weg legen, weil sie immer was zu kacken haben!

Das Beste ist, diese Leute kriegen ihren eigenen Arsch nicht hoch, tun nichts für den Club und nur weil sie einen höheren Rang haben, geben sie zu allem ihren Senf dazu!
Wir flogen nach 3 Tagen mit der Zusage, dass die Männer im Kosovo bereit wären, ein Prospect Chapter dort zu gründen, zurück nach Deutschland.

Eins muss ich von vornherein schon mal loswerden, der Deutschland Chef der Bandidos hat mich bei diesem wie auch bei fast allen anderen Sachen immer sehr unterstützt! Er war keiner, der versucht hat, einem Steine in den Weg zu legen!
Neben dem Theater mit den Black Jackets, den Satudarahs, den Brüdern die im Knast Unterstützung brauchten, der Gründung des Prospect Chapters in Bonn und noch ein paar anderen Dingen,

kam jetzt auch noch das Projekt **"Bandidos Prospect Chapter Decan /Kosovo"** dazu!

Ihr könnt mir glauben, wenn ich euch sage, dass mein körperlicher Akku zeitweise am Limit war und ich täglich mit mir kämpfen musste, nicht ein paar Sachen liegen zu lassen oder gar aufzugeben.
Ich wusste, alles war auf seine Art wichtig und so zog ich einfach durch und erledigte alles so gut ich konnte!

Insgesamt flog ich 3 mal in den Kosovo und fuhr einmal, mit 3 Brüdern von einem sehr eng befreundeten Chapter aus dem Ruhrgebiet, im Auto dorthin!
Mit dem Auto würde ich das nie wieder machen, wir waren 24 Stunden unterwegs und hatten den Kofferraum voll mit Supporter-Klamotten vom Club, um den Brüdern die Farben schon mal zu bringen.
Es waren zwar noch nicht die Patches, aber diesem Schritt kamen wir Stück für Stück näher!

Auf der Party in Magdeburg, wo das Prospect Chapter Bonn offiziell eröffnet wurde, war dann das wichtigste Gespräch bezüglich des Prospect Chapters im Kosovo!
Ich saß mit der Bandidos Führung (3 Mann) im Member Raum, alle schauten mich an und warteten darauf, was ich zu sagen hatte.
Bis auf den Deutschland Chef wusste sonst keiner etwas von meinem Vorhaben im Kosovo. Eigentlich war alles so gut wie abgeklärt und ich war mir sicher, dass wir die Kutten mit den Patches in 2-3 Wochen dorthin fliegen können.
Aber wie oft habe ich die Rechnung ohne den Wirt gemacht...
Einer der "Wirte" kam aus dem Osten und der andere aus dem Süden! Beide stimmten dafür, dort eine Party zu veranstalten, um sich das dort auch mal alles ansehen zu können!

Ich dachte, ich höre nicht richtig, damit kommt ihr mir jetzt echt mit um die Ecke?

Ich war ein unangenehmer Member und ein noch schlimmerer V-Präsident für manche und das wollten die mir damit heimzahlen.

Der Deutschland Chef wurde also überstimmt und Lust mit denen zu diskutieren hatte der auch nicht, verständlicher Weise!

Also gut… Ich fliege also dorthin, 1 Woche bevor die Party beginnen sollte und organisiere alles!

Der Präsident vom Prospect Chapter Bonn und ein Bruder aus meinem Chapter flogen mit, um mich zu unterstützen! Finanziell gab es keine Hilfe, alles zahlte ich aus meiner Tasche, aber das war mir der Club und das Chapter in diesem Land wert!

Außerdem zählten in Deutschland 2 Männer im Knast auf mich, dass ich das hinbekomme!

Die Taschen waren leer, der Druck war hoch, aber alles bekam ich irgendwie hin. Alle 5 Männer aus dem (zu diesem Zeitpunkt noch nicht offiziell gegründeten) Prospect Chapter waren auch mit vor Ort und halfen mir bei der Planung und Organisation der Party!

Auf den allerletzten Drücker organisierten wir 5 Harleys und das war mit Abstand das Schwierigste an dieser ganzen Sache.

2 Harleys hatten keinen Motor, hätte ein Bruder damit fahren wollen, hätten wir ihn schieben müssen. Eine Harley war aus einem Autohaus, er brachte sie uns, stellte sie ab, machte das Lenkradschloss rein und ging mit dem Schlüssel wieder weg… der Typ hatte mal 0 Vertrauen in die Bandidos! ☐ ☐

Die anderen beiden Harleys fuhren, mehr schlecht als recht, aber sie fuhren!

Alles war organisiert und fertig und jetzt fehlten nur noch meine Brüder. Ich freute mich besonders auf den Querdenker aus dem Osten und auf den aus dem Süden.

Es kamen weniger Brüder als erwartet, was meiner finanziellen Lage zu Gute kam, denn was bis zum heutigen Zeitpunkt keiner wusste…

Ich habe alles aus der eigenen Tasche bezahlt. Das Hotel, in dem unsere Brüder übernachteten, kostete in Wahrheit für 2 Nächte 300 Euro, ich aber nahm von meinen Brüdern nur 150 Euro. Zum Glück kamen nur 50 Mann und nicht wie geplant 200!

Ich war froh, dass so wenig Leute kamen, aber genauso enttäuscht war ich auch! Es gab viele Brüder, die das, was wir da auf die Beine stellten, nicht zu schätzen wussten.

Aus dem Knast heraus, haben es 2 Männer geschafft in einem Land, in dem es zum damaligen Zeitpunkt noch keinen Motorradclub gab, ein Chapter zu gründen.

Sie haben den Weg geebnet und ich habe ihn dann fertiggestellt!

Sogar der Europa Präsident der Bandidos war dort, um die Patches den Männern aus dem Kosovo zu übergeben. Mit ihm habe ich dort auch viel unternommen.

Mittlerweile wurde es spät und die Party sollte so langsam anfangen, aber 2 Personen fehlten irgendwie noch… Ach ja, die 2 Querdenker.

Die Beiden, die unbedingt wollten, dass diese Party hier stattfindet, weil sie sich das hier alles mal angucken wollten!

Ausgerechnet die beiden, nicht zu gebrauchenden Menschen, mit den höchsten Ämtern beim Bandidos MC kamen nicht!

Mein Puls schlug immer höher und am liebsten hätte ich sie angerufen und beleidigt, aber dann hätte es den nächsten Einlauf vom Deutschlandchef gegeben und den hätte ich jetzt mal gar nicht gebrauchen können!

Meine Laune war auf dem Tiefpunkt und das obwohl wir es gleich geschafft haben. ..

6 Monate harte Arbeit, 3 Flüge, eine harte Reise mit dem Auto, Meetings, Gespräche und das Finanzielle nicht zu vergessen… Ich war seit langem mal wieder stolz auf mich!

Ich habe das geschafft, was wenige Member vor mir geschafft haben und zwar ein Chapter in einem Land zu eröffnen, in dem es noch keinen Motorradclub gab!

Ohne Mike und unseren Freund wäre es auch nie so weit gekommen!

Die Männer bekamen ihre Kutten, die wir vorher in Deutschland kauften und dann in den Kosovo brachten, direkt vom Europa Präsidenten.

Welcome to Family Prospect Chapter Decan / Kosovo!!

Mit dem Europa-Präsidenten der Bandidos und anderen Brüdern im Kosovo

Mein erster National Run 2013

Der National Run ist mit Abstand die schönste Veranstaltung beim Bandidos MC, Brüder aus allen Ländern kommen dorthin, um gemeinsam zu feiern. Es gibt teilweise Brüder, die sich nur einmal im Jahr sehen und das auf dem National Run!
Zu meiner Zeit war die Anreise mit dem Motorrad Pflicht, was ich für absolut richtig halte, schließlich steht das "MC" für Motorcycle Club! Die Abreise hingegen ist scheißegal, du könntest auch zu Fuß zurück gehen, interessiert niemanden, nur guck dann, wie du deinen Bock (Motorrad) nach Hause bekommst! Ich fuhr immer gerne…
2013 war der Run in Empuriabrava an der Costa Brava, einfach ein geiler Ort für so einen Run!

Dies war mein erster Run und ich freute mich sehr darauf! Gerne wäre ich schon früher zu anderen Runs gefahren, da hatte aber die Justiz was dagegen und fand, dass ich meinen eigenen Run in der Freistunde im Knast machen sollte.

Nun aber hatte ich es geschafft, in Freiheit zu bleiben, also ein Grund mehr zu feiern. Wenn ich feiern sage, dann hat das absolut nichts mit Alkoholkonsum oder Drogenkonsum zu tun!

Von beiden Dingen distanziere ich mich ganz klar und kann nur an jeden appellieren, **"Finger weg von dem Dreck"**!

Feiern bedeutet für mich, in einer guten Runde mit Brüdern was schönes Essen und ein paar witzige Geschichten auszutauschen! Man kann auf viele verschiedene Arten feiern!
Der Run ist für eine internationale Bruderschaft enorm wichtig und ich kannte nur wenige Leute, die sich nicht auf den Run

freuten und die, die sich nicht freuten, hatten meiner Meinung nach auch nichts im Club zu suchen. Genau das macht das Clubleben ja aus.

Brüder aus Dänemark, Finnland, Schweden, Norwegen, Frankreich, Russland, Ukraine und vielen anderen Ländern, auch aus Asien und Australien, kommen um ihre Brüder zu sehen. Ich finde es sogar eine Art von Respektlosigkeit, sich eine Ausrede auszudenken, um nicht auf den Run fahren zu müssen.

Es gibt gutes Essen, genug zu trinken, Klamottenstände, wo du dir die neuesten Clubsachen kaufen kannst, Tänzerinnen um die Stimmung zu lockern…

Wenn dann noch das Wetter passt und die Stadt, in der der Run stattfindet, auch noch am Strand ist, was willst du mehr?

Unser Chapter hatte auf jeden Fall immer ne Menge Spaß am National Run und für mich persönlich war es das Highlight in einem anstrengenden und nervigen Clubjahr!

Alleine schon die Anreise ist geil…

Manchmal fährst du gemeinsam mit einem Chapter los und von Rastplatz zu Rastplatz kommen immer mehr Brüder dazu und nachher fährst du in einem Konvoi von 250 Bandidos! Ein unglaubliches Gefühl, dass jeder, der Motorrad fährt, Gänsehaut kriegen lässt!

Ich hatte eine schöne Zeit und auch wenn ich nicht von Anfang an Feuer und Flamme mit dem Bandidos MC war, so kann ich jetzt sagen, dass ich diese Zeit nicht missen und vergessen will!!!

28

Ein Treffen mit den Hells Angels aus Bonn

Unser Prospect Chapter in Bonn hat auf jeden Fall Wellen geschlagen.

Die Bonner Hells Angels standen mit dem Rücken zur Wand, weil die Männer im Bandidos Prospect Chapter Bonn auch sehr starke Jungs waren, die sich durch nichts und niemanden beeindrucken ließen.

Es kam aber nie auf ein persönliches Aufeinandertreffen der beiden Clubs in dieser Stadt, auch weil die Bonner Hells Angels mehr in der Region rund um den Westerwald lebten und die Bandidos aus Bonn in der Innenstadt verkehrten.

Eines Tages klingelte mein Handy und auf dem Display stand eine Nummer, die ich nicht kannte. Es war Kai, der Hells Angel, der den SEK-Polizisten versehentlich durch die Tür erschoss.

Da wir uns aus unserer gemeinsamen Zeit beim Hells Angels Charter Bonn kannten, wurde es sehr schnell ein entspanntes und lustiges Gespräch.

Irgendwann fragte mich Kai, ob es möglich wäre, dass wir uns auf einen Kaffee treffen könnten.

Ich klärte dies natürlich erst mit unserem Präsidenten und den anderen Brüdern ab und wir einigten uns darauf, dass dieses Treffen stattfinden kann.

Danach rief ich Kai an und wir einigten uns darauf, dass wir uns in unserer Stadt Düren treffen, aber ich bat ihn darum, keine Kutten oder Hells Angels Klamotten zu tragen.

Kai verstand, warum ich ihn darum bat und gab mir sein Wort, dass er sich daran halten werde.

Einen Tag später kam Kai dann, mit seinem Bruder Sascha (Name geändert), der auch Mitglied beim Hells Angels MC Charter Bonn war und ein Freund von Ihnen, der nicht im Club war, nach Düren und wir trafen uns dort in einem Cafe.

Wir mussten echt lachen, als wir uns zum ersten Mal nach fast über 3 Jahren zum ersten Mal wieder sahen, genauso wie Sascha, der ebenfalls ein sehr guter Mann war und mit dem ich zu meiner Zeit in Bonn sehr viel Kontakt hatte.

Wir waren auch zu dritt, mein "Secretary", mein "Sgt. at Arms" und ich als "V-Präsident"!

Relativ schnell wurde das Bandidos Prospect Chapter Bonn von uns ein Thema und Kai fragte mich, warum es ausgerechnet Bonn sein musste. Ihn interessierte es auch, warum ich damals eigentlich das Charter Bonn verlassen hatte, Kai war ja zu diesem Zeitpunkt in U-Haft und ich glaubte ihm sogar, dass ihm keiner die Wahrheit bezüglich meiner Person erzählt hat.

Ich erklärte ihm, was genau alles vorgefallen ist und er konnte es kaum glauben, aber mittlerweile hatte ich auch Beweise für die Geschichte mit Sam und meiner EX!

Es gibt im Leben manchmal Zufälle, die man kaum glauben kann…

Der Beweis, dass mein damaliger bester Freund eine Ratte ist

Anfang 2013, ich war gerade ein paar Wochen entlassen, gab es eine MMA-Veranstaltung im Ruhrgebiet und wir sind mit knapp 80 Brüdern dorthin gefahren.

Ein Bandido kam auf mich zu und fragte mich, ob ich kurz Zeit für ein Gespräch hätte. Wir gingen an einen etwas ruhigen Ort und er erzählte mir dann, dass er mit meiner EX jetzt zusammen ist, genau die EX, die sich Sam, mein damals bester Freund, klar gemacht hat!

Na das ist doch mal ein erfreulicher Zufall…

Mir war es tatsächlich egal, dass er jetzt mit ihr liiert war, auch weil sich herausstellte, dass er mit ihr schon einmal zusammen war, bevor ich sie kennenlernte.

Ich wollte nur die Wahrheit über die Geschichte mit Sam wissen, die mir dann auch erzählt wurde.

Es hat sich genau so zugetragen, wie ich es in **Kapitel 12** geschrieben habe. Was für eine Ratte!

Ich hatte nun endlich die Wahrheit erfahren und konnte somit meinen Seelenfrieden machen.

Für alle Leute, die mich zu einem "Verräter" gemacht haben, weil ich zum Bandidos MC gegangen bin, hier habt ihr die Wahrheit und vielleicht kann man jetzt meinen Weg etwas besser nachvollziehen!

Kai auf jeden Fall merkte man an, dass die Geschichte für ihn schwer zu verdauen war.

Wir sprachen lange auch über die Problematik in Bonn und dass es natürlich für das Hells Angels Charter in Bonn nicht gut aussieht. Natürlich wusste ich das und genau das war ja auch unser Plan.

Ich sagte ihm, dass es in keinster Weise was mit ihm oder den anderen Männern in dem Charter Bonn zu tun hatte, es ging nur um die Ratten Lorenzo und Sam!

Es tat mir sogar teilweise etwas leid, weil die anderen Männer in Bonn echt alle cool waren, aber so etwas nennt man dann wohl Kollateralschaden.

Ich erklärte ihm, dass unser Chapter in Bonn auf jeden Fall weiter bestehen bleiben wird und dass dies die Ernte ist, die Lorenzo und Sam gesät hatten.

Am Ende machte mir Kai noch ein ganz spezielles Angebot, er schlug mir vor, wieder zurück zum Hells Angels MC zu kommen. Er würde die Sache mit Sam klären, was so viel heißen sollte wie, dass er ihn aus dem Club entfernen würde und die Tage von Lorenzo seien so oder so schon gezählt.

Ich lehnte sein Angebot dankbar und respektvoll ab und wir verabschiedeten uns.

Es gab auf jeden Fall nie Probleme zwischen beiden Clubs in Bonn!

Ich lehnte das Angebot ab, weil ich den Menschen, mit denen ich gerade war, nicht in den Rücken fallen wollte. Es hatte nichts mit dem Patch auf dem Rücken zu tun, sondern nur etwas mit meiner Loyalität gegenüber den Menschen, mit denen ich seit meiner Haftentlassung alles teilte!

Ich habe mich also nicht gegen den Hells Angels MC entschieden, sondern für die Menschen, die meine Familie waren!

Das Jahr 2013 war auf jeden Fall ein ereignisreiches Jahr, wie ihr lesen konntet. Neugründungen von Chaptern, Kopfschmerzen in der Stadt Aachen mit anderen Clubs und der Polizei, aber auch viele erfreuliche und schöne Momente!

"Aussteiger", die das Clubleben oder den Club schlecht reden, sind Menschen, die entweder noch gerne dabei wären oder nie wirklich dabei waren.

Natürlich hat alles seine Vorteile und Nachteile, aber wer sich für ein solches Leben entscheidet, sollte relativ früh erkennen, ob das Leben als Rocker etwas für ihn ist oder auch nicht, was dann auch nicht weiter schlimm ist.

29

"Rockerhochzeit" von der Polizei gesprengt

Im Jahr 2014 habe ich übrigens geheiratet. Eigentlich wollte ich dieses Kapitel in diesem Buch auslassen, aber auch da ist mal wieder was passiert, was hier erwähnt werden muss.

Merkt euch eins, Verrat kann immer nur aus den eigenen Reihen kommen! Nur Menschen, die dich kennen oder kannten können dir einen Schaden zufügen.
Was soll ein Feind, mit dem du nichts zu tun hast, verraten?

Über meine Ex-Frau will und werde ich hier nichts schreiben, Grund dafür ist, dass sie bei meinem letzten Prozess (werdet ihr im nächsten Buch lesen) gegen mich ausgesagt und sehr viel gelogen hat.
Diese Menschen finden in meinem Leben nicht mehr statt und auch wenn jetzt Leute sagen, dass diese Person schließlich mal ein Teil meines Lebens war, so kann ich euch mit Sicherheit sagen, dass ich diesen Teil meines Lebens aus meinem Kopf gelöscht habe!

2014 also wurde geheiratet und ich lud viele meiner Brüder ein, aber nicht alle, weil wir mit der Stadt Düren nicht unbedingt das beste Verhältnis hatten, ungefähr so wie ich jetzt mit meiner Ex-Frau. □ □
Ich nahm also Rücksicht, um die Behörden nicht unnötig zu provozieren und hielt den Kreis für die Hochzeit klein. Insgesamt kamen ungefähr 70 Bandidos!

Ich war damals der Member von unserem Chapter, der den Kontakt mit dem "Rockerbeauftragten" der Polizei Düren hatte.
Ein solcher Kontakt zu einer solchen Behörde muss vorher mit der

Clubführung abgesprochen sein, weil sonst die wildesten Gerüchte entstehen könnten.

Ich persönlich fand, dass der Kontakt zum "Rockerbeauftragten" der Polizei nicht unwichtig ist, weil man so ne Menge unnötigen Ärger vermeiden kann.

Bei einem Treffen mit dem "Rockerbeauftragten" der Polizei, muss dich aber immer ein Clubbruder begleiten, auch das muss eine Voraussetzung sein, damit es im Nachhinein nicht zu irgendeiner bösen Überraschung kommt. Ist alles schon passiert…

Mit böser Überraschung meinte ich, dass man dann nach gesagt bekommt, dass man sich alleine mit einem Polizisten getroffen hat und man ja nicht wissen könne, was da gesprochen wurde. Deswegen habe auch ich immer einen Clubbruder mitgenommen.

Warum hat man als Rocker überhaupt Kontakt zu einem Rockerbeauftragten der Polizei?

Es gab viele Momente in denen der Rockerbeauftragte der Polizei uns vor SEK- Einsätzen "gerettet" hatte. Keiner von uns hatte jemals Bock auf so einen Einsatz zu Hause, erst recht nicht, wenn bei dir Frau, Kinder und Tiere zu Hause sind.

Bei Hunden haben die Männer vom SEK, meiner persönlichen Meinung nach, leider einen sehr nervösen Zeigefinger.

Auf jeden Fall sind durch den Rockerbeauftragten eine Menge Verhaftungen sauber und gewaltlos über die Bühne gegangen.

Er war ein guter Mann, weil er so gut wie immer sein Wort gehalten hatte, wir aber umgekehrt genauso. Der Respekt stimmte und nein, er hat nie etwas für uns unter der Hand gemacht. Als Mitglied eines Motorradclubs darf man auch nie vergessen, mit wem man da gerade spricht, immerhin ist und bleibt er Polizist und wenn er die Möglichkeit sieht, dich zu verhaften wegen irgendwas, dann wird er es auch tun!

Er war durch und durch Polizist, wir fragten ihn nie nach Dingen, wofür er seinen Job verlieren hätte können und er bot es auch uns nie an.

Bei dem Kontakt ging es nur darum zu vermeiden, das SEK-Polizisten unnötig die Türen aufsprengen oder eintreten oder wenn es der Stadt mit uns mal wieder zuviel wurde, weil sich vielleicht 1-2 Brüder nicht benommen haben, dann kam halt der Polizist und meinte das mal wieder ruhiger werden sollte…

Am 12 April 2014 war dann die Hochzeit und schon im Vorfeld gab es sehr viele Gespräche mit dem Rockerbeauftragten der Polizei.

In der Region Aachen / Düren kam es zu einer Menge Vorfällen bezüglich unseres Chapters. Wir hatten halt auch ein paar "junge Wilde" dabei, die kann man nicht bremsen, wollten wir aber auch nicht!

Auf jeden Fall erfuhr der Polizist erst von meiner Hochzeit durch mich und das war 2 Wochen davor, könnte aber auch 3 Wochen gewesen sein.

Die erste Frage, die dann immer gestellt wurde wenn eine Party anstand, war,

"Wie viele Bandidos kommen denn in die Stadt?"

Ich sagte ihm, dass so an die 100 Bandidos kommen werden. Sein Gesicht verzog sich etwas, so als würde sich der Magen drehen und sein Kopf gleich mit. Er fragte mich, ob man das nicht noch etwas reduzieren und ob man dann wenigstens die Motorräder weglassen könnte.

Klar könnte man das, aber den Mitgliedern eines Motorradclubs zu sagen, sie sollen kein Motorrad fahren… Viel Glück dabei!

Die Fronten wurden aber relativ schnell geklärt und es gab eine Vereinbarung, mit der beide Seiten gut hätten leben können, hätte man sich daran gehalten…

Wir sagten von unserer Seite aus zu, dass wir nur in der Innenstadt in einer geschlossenen Gesellschaft feiern.

Ich hatte sogar das Standesamt außerhalb der Dürener Innenstadt gewählt, damit es nicht zu martialisch aussieht. Das Standesamt war außerhalb in einem Schloss, es war ruhiger, abgelegener und vor allem waren wir nur für uns. Auch die Anzahl der Motorräder wurde festgesetzt, was bei dem Wetter für uns jetzt eher eine Erleichterung war, mit dem Auto zu fahren.

Es gab 7 Harleys, die im Hochzeitskonvoi mitgefahren sind.

Von Seiten der Polizei wurde uns sicher zugesagt, dass es keine Kontrollen geben wird, wir freies Geleit vom Standesamt zur Location in der Innenstadt haben, wo wir dann anschließend ein paar Stunden feiern und dass wir auch dort in Ruhe gelassen werden.

Am Freitag, den 11. April, einen Tag vor der Hochzeit, klingelte mein Handy so gegen 23:55 Uhr, es war auf jeden Fall kurz vor Mitternacht und am Telefon war der Rockerbeauftragte.

Mein Gefühl sagte mir schon, dass wenn die Polizei um eine solche Uhrzeit anruft und sie weiß, dass ich in knapp 11 Stunden heirate, dass etwas nicht stimmt!

Ich war mit ein paar Brüdern in Aachen unterwegs, als dieser Anruf kam.

Er erklärte mir, dass der Einsatzleiter für den morgigen Tag gewechselt wurde. Der Alte war etwas "Pro" Rocker, der Neue wäre absolut "Contra".

Ich sagte ihm, dass es mir egal ist, wer morgen der Einsatzleiter der Polizei bei meiner Hochzeit ist, solange jeder sich an die Vereinbarungen hält, ist doch alles gut!

Ich legte auf und machte mir diesbezüglich keine Sorgen mehr, was sich natürlich als Fehler herausstellen sollte.

Angekommen am Standesamt waren die Rockerbeauftragten der Polizei Aachen und Düren schon vor Ort. Zwei bekannte Gesichter in der Szene, dass sie kommen durften, wurden im Vorhinein auch schon so abgesprochen. Sie waren stille

Beobachter, wobei sie auch nachher gerne ein Stück Kuchen abgreiften.

Die Zeremonie begann und dauerte so knapp 40 Minuten. Wir gingen raus, ließen Tauben vor dem Standesamt steigen und gingen dann alle geschlossen zu unseren Autos, die ein Stück weg auf dem Parkplatz standen.

Ich dachte, ich seh nicht richtig…

Eine Wand von Polizisten der Bereitschaftspolizei! Das konnte nur ein schlechter Scherz sein, oder das waren alle Polizisten, denen ich in meiner bisherigen Rockerzeit auf die Eier gegangen bin, die mich jetzt auch alle beglückwünschen wollten und hofften, dass ich mit dieser Hochzeit nicht mehr so anstrengend sein werde.

Ich ging sofort zu den Rockerbeauftragten und fragte, was diese scheisse hier soll, so eine Aktion am Tag meiner Hochzeit, eine Frechheit und Respektlosigkeit war das.

Dann kam der "neue" zuständige Einsatzleiter, der eine Figur wie "Goofy" hatte und erklärte mir mit einem sehr arroganten Ton, dass die Maßnahme (durchsuchen, kontrollieren, Personalien feststellen) auf jeden Fall hier und jetzt durchgezogen wird, mit Ausnahme bei mir, weil ich der Bräutigam bin.

Ach, da fängt der Respekt auf einmal an?

Ich war am Ausflippen und von niemandem mehr zu kontrollieren. Als ich sah, dass die Brüder, die mit Harleys gekommen sind, zum Urintest geholt worden waren, platzte mir der Arsch.

Ich ging auf den Einsatzleiter zu und fragte ihn, was zum Teufel ihn geritten hat, dass er so eine Aktion am Tag meiner Hochzeit hier veranstaltet.

Er meinte nur, dass ich mir genau überlegen sollte, was ich als nächstes sagen würde, ansonsten könnte es gut sein, dass ich den "schönsten Tag meines Lebens" in PG (Polizeigewahrsam) verbringe.

"Kein Problem", antwortete ich ihm, wenn du das Echo vertragen kannst…Nachdem die Kontrollen beendet waren, was knapp 2 Stunden dauerte, ging es dann zum Essen in die Stadt.

Die Bereitschaftspolizei war natürlich auch vor Ort, hielt sich aber dort zurück.

Meine Wut stieg und stieg und fiel nicht eine Sekunde ab. Diese Ratten haben sich nicht an die Abmachung gehalten und sprengen einfach meine Hochzeit.

Jeder, der mich kennt weiß, dass ich früher mir so etwas nicht gefallen ließ und dann darauf auch dementsprechend reagierte!

Also gut, dann lass ich halt ab Montag jeden Tag 200 Bandidos in die Stadt kommen. Ich liebe es, mit so vielen Brüdern essen zu gehen.

Die nächsten 2 Wochen terrorisierte ich die Stadt, auf legale Weise natürlich.

Wir gingen in sehr großen Gruppen in die Stadt, von Cafe zu Cafe, fuhren mit den Harleys herum und waren einfach sehr unangenehm anzuschauen. Genau das war der Grund, warum es einen Kontaktmann zwischen der Polizei und den Bandidos gab, damit solche Vorfälle nicht passieren und jetzt war das Vertrauen zerstört und für mich / uns gab es keine Absprachen mehr!!!!

30

Ich gebe das Amt des "V-Präsidenten" ab

Kurz vor meiner Hochzeit, bekam ich damals einen Termin zum Haftantritt (Stellungsbefehl). Ich sollte mich am 12.Mai 2014 an der JVA Euskirchen stellen, wegen dem Urteil vom 17.Oktober 2012 (räuberische Erpressung).

Genau dieses Urteil welches ich heute noch, für mich persönlich, als absoluten Justizskandal empfinde! Mittlerweile ist das Urteil tatsächlich rechtskräftig geworden, der Bundesgerichtshof in Karlsruhe bestätigte tatsächlich dieses verlogene Urteil!

Wir ahnten es eigentlich, konnten es aber trotzdem nicht glauben.

Die Konsequenz, die das rechtskräftige Urteil mit sich brachte, war, dass ich mein Amt des "V-Präsidenten" abgeben musste. Wenn man in Haft ist, kann man sein Amt einfach nicht ausüben.

Da aber auch unser "Präsident" in Haft war, hatte unser Chapter so gesehen niemanden mehr, der es hätte führen können. Wir hatten viele gute Männer aber die waren teilweise noch Prospects, deswegen übernahm Rick, ein Nomad und der ehemalige "Präsident" vom verbotenen Bandido Chapter Aachen die Führung unseres Chapters. Rick, war eh oft mit uns unterwegs und das ganze Chapter kannte und mochte ihn auch.

Es war ein komisches, aber irgendwie auch ein befreiendes Gefühl, nicht mehr "V-Präsident" zu sein. Ich hatte nicht so Probleme damit wie andere Personen, die ihr Amt abgeben sollten oder mussten. Viele denken, sie verlieren dadurch an Ansehen oder ihre Person wird nicht mehr so wahrgenommen.

Der Mann macht die Kutte und nicht die Kutte den Mann!!!

Wer also ein Ego Problem dadurch bekommt, nur weil er auf einmal kein Amt mehr ausüben kann oder darf, der hat echt ein Problem mit sich selbst!

Wie schon gesagt, ich hatte damit kein Problem und ich konnte die letzten 6 Wochen bis zum Haftantritt als ganz normaler Member genießen.

Leider wurde nach diesem Haftantritt nichts mehr wie es mal war…

Ich, ohne das Amt des Viezepräsidenten

31

Wieder mal ein "krummes Ding" der Staatsanwaltschaft

Am 12 Mai 2014 musste ich mich also an der JVA Euskirchen stellen. Wie ihr euch vorstellen könnt, hatte ich darauf mal gar keine Lust, aber wenn die Justiz ruft, dann hast du leider keine Wahl!

Am 9. Mai 2014 klingelte es auf einmal Sturm an meiner Tür und mein Gefühl sagte mir direkt, dass es die Polizei ist.

Mein Ruf in den Polizeikreisen war auf jeden Fall so positiv, dass sie nicht mit dem SEK bei mir rein marschierten. Ich war schon immer, als nicht gewaltbereit und auch nicht bewaffnet, von den Behörden eingestuft worden.

Es war tatsächlich die Polizei aus Aachen, woher auch sonst, mit einem Durchsungsbefehl. Grund war "unerlaubter Waffenbesitz" und sie suchten nach weiteren illegalen Waffen… und das obwohl ich von den Behörden als **nicht bewaffnet** eingestuft wurde.

Grund für diese Hausdurchsuchung war eine Polizeikontrolle am 6. Januar 2014.

Bei dieser "rein zufälligen" Polizeikontrolle hielt mich eine Polizeistreife in Zivil (Kripo) genau vor meiner Tür an. Sie warteten auf mich, das war glasklar, aber es interessierte mich auch nicht. Sie fanden bei mir am Mann einen Schlagring in meiner Gürteltasche, die so weiß ich sicher, verschlossen war. Die Polizisten schrieben aber in ihrem Protokoll, dass die Gürteltasche geöffnet und somit der Schlagring griffbereit war, was ganz klar gelogen war!

Sie machten Fotos von meiner Bandidokutte (mal wieder), was nur dazu dienen sollte, um dies dem LKA zu schicken, damit die kontrollieren können, welche Patches auf der Kutte dazu gekommen sind oder wieder weg waren.

Solche Kontrollen waren bei uns in der Region an der Tagesordnung!

Sie wollten uns auf den Füßen stehen und etwas an unseren Nerven spielen.

Das Innenministerium nennt es heute noch "1001 Nadelstiche".

Die Politik bezweckt damit, dass mit Hilfe einer Vielzahl von kleinen, unangenehmen Maßnahmen Druck ausgeübt wird, um so ein größeres Ziel zu erreichen.

Zum Beispiel eine **Verbotsverfügung…**

Auf jeden Fall, war ich nach dieser Polizeikontrolle richtig bedient. Dadurch, dass sie bei mir den Schlagring gefunden hatten, wusste ich, dass es mal wieder eine Anzeige gibt, aber auch hier habe ich die Rechnung mal wieder ohne die zuständige Oberstaatsanwältin gemacht.

Diese Polizeikontrolle sollte schlimmere Konsequenzen mit sich ziehen, als ich dachte…

Bei der Hausdurchsuchung stellten sie dann noch einen Schlagring sicher, der war aber allerdings ein Geschenk von Brüdern aus Dänemark und war so klein, dass meine Finger gar nicht in den Ring gepasst hatten. Außerdem war er an einem Holzblock befestigt, auf dem stand "From your Brothers from Bandidos MC Copenhagen". Man konnte also klar erkennen, dass dies keine gefährliche Waffe war, alleine schon weil dieser Ring viel zu klein war!

Natürlich interessiert das die Ermittlungsbehörden in keinster Weise und so wurde dafür natürlich auch eine Anzeige geschrieben und das 3 Tage vor meinem Haftantritt!

Irgendwann verließen die Beamten dann die Wohnung und so langsam konnte ich wieder klar denken und mir fielen auf einmal verdammt viele Ungereimtheiten auf.

Also… kontrolliert wurde ich ja in Düren, warum also übernimmt plötzlich schon wieder die Staatsanwaltschaft Aachen Abteilung IX diesen Fall?

Ausgestellt wurde der Durchsungsbefehl vom Amtsgericht Aachen schon am 12. Januar 2014, warum kommen die dann erst 4 Monate später, 3 Tage vor meinem Haftantritt, wenn sie doch bei einem Rocker gefährliche Waffen vermuteten? Will man da nicht als Ermittlungsbehörde so schnell wie möglich sichergehen, ob es wirklich welche gibt?

Außerdem wurde der Durchsungsbefehl, meiner persönlichen Meinung nach, mit einer Lüge erwirkt!!!

Im Durchsungsbefehl stand drin, dass ich zu den Beamten, die mich im Januar kontrollierten und den Schlagring fanden, gesagt haben soll, dass ich diesen nur mit mir führe, um mich vor konkurrierenden Motorradclubs zu schützen.

Also jeder, der mich kennt, weiß, dass ich einen gesunden IQ habe und dass mir dann sowas von der Polizei unterstellt wird, beleidigt tatsächlich meine Intelligenz!

Als ob ich sowas vor den Polizisten äußern würde, als ob ich überhaupt so etwas äußern würde.

Wahrscheinlich habe ich denen auch noch gesagt, dass ich "Batman" bin!

Meiner persönlichen Meinung nach, bin ich rechtlich teilweise gebildeter als so mancher Streifenpolizist und wenn man wirklich glaubt, dass ein Rocker, der schon die ein oder andere Erfahrung mit der Staatsgewalt gemacht hatte, so eine Äußerung tätigen würde, dem ist bei weitem nicht mehr zu helfen.

Dazu kommt noch, obwohl die Straftat in Düren passiert ist und das Strafverfahren eine sehr geringe Strafe in Aussicht stellt, wurde es trotzdem nach Aachen vor das Strafgericht gezogen.

Komisch, oder?

Düren hatte doch auch ein Amtsgericht und es ist doch bewundernswert, dass eine Oberstaatsanwältin sich in ein Strafverfahren rein hängt, das vor dem kleinsten Gericht in Deutschland verhandelt wurde.

Wenn das alles Zufall gewesen sein soll, dann kann ich fließend chinesisch!

Natürlich wusste ich mittlerweile, wie die zuständige Staatsanwaltschaft arbeitete, aber ich lernte mit jedem neuen Verfahren, was gegen mich lief, dazu.

Meiner persönlichen Meinung nach, war das auch mal wieder ein ganz schlau durchdachter Plan der Staatsanwaltschaft. Meine Theorie ist ganz einfach und für jeden, der etwas Erfahrung in solchen Sachen mit sich bringt, nachvollziehbar.

Das ganze Verfahren wurde so aufgebaut und in die Länge gezogen (durch die Hausdurchsuchung, die laut Beschluss schon vor 4 Monaten beantragt wurde), dass genau dieses Verfahren mir in meinem kommenden Vollzug das Genick brechen sollte.

Mit einem "offenen Verfahren" ist es möglich, aber höchst unwahrscheinlich, dass man im Offenen Vollzug bleibt!

Zeitlich war das natürlich ein perfektes Timing von der Staatsanwaltschaft und genau das war meiner Meinung nach auch ihr Plan!

Die Staatsanwaltschaft wollte mir die Haft so schwer und kompliziert wie nur möglich machen. Dies ist meine persönliche Meinung!

Ich stellte mich also am Montag, den 12. Mai 2014 und kam, wie ich es schon kannte, ins Zugangshaus. Vor genau 4 Jahren war ich ja schon einmal hier, aber diesmal sollte der Aufenthalt nicht so lange dauern!!!

Genau 3 Tage nachdem ich mich gestellt habe, wurde ich ins Beamtenbüro des Zugangshauses gerufen und dort wurde mir dann mitgeteilt, dass ich in den geschlossenen Vollzug verlegt werde und das ohne mir einen Grund mitzuteilen. Selbst der Beamte war verwundert und konnte es sich nicht erklären.

Ich hatte die besten Voraussetzungen mitgebracht für jemanden, der sich im offenen Vollzug stellt, um auch dort zu bleiben.

Ich hatte einen festen Arbeitsvertrag, keine Suchtproblematik, ich habe mich pünktlich gestellt, war verheiratet (soziale Bindungen) und auch sonst gab es nichts zu beanstanden, außer dass ich Rocker war…

Es ging also noch am gleichen Tag in die JVA Rheinbach. Dort angekommen, wurde ich von dem Kammerbeamten gefragt, was ich denn angestellt habe, dass ich jetzt hier bin?

Wenn er nur nach der Haftakte geht, versteht er auf jeden Fall nicht, warum ich hier bin!

Na da waren wir ja dann schon zu zweit…

Er machte mir auf jeden Fall Mut und meinte, dass ich in 10-12 Wochen wieder zurückverlegt werde und in den ersten Wochen sah es auch wirklich danach aus.

Ich bekam den Job als "Beifahrer", der mit der höchsten Lockerung verbunden war, die man im geschlossenen Vollzug bekommen kann. Man fährt mit einem Beamten 2 mal die Woche aus der JVA raus, um Möbel an andere Knäste, Gerichte oder Privatkunden zu liefern, die in der JVA Rheinbach hergestellt wurden.

Den Job habe ich nach 3 Wochen bekommen, es gab Inhaftierte, die warteten 3-6 Monate oder sogar noch länger auf so einen Job!

Es lief also gut, auch der Antrag auf die Rückverlegung in den offenen Vollzug wurde bereits gestellt! Es war meiner Meinung nach nur eine Frage der Zeit!

Aber ihr kennt mittlerweile ja den Spruch mit dem Wirt und der Rechnung!

Eines Tages rief mich der Abteilungsleiter (eine der höchsten Positionen im Knast) in sein Büro und teilte mir mit, dass man den Antrag bezüglich der Rückverlegung in den offenen Vollzug leider erstmal auf Eis legen muss.

Ich war geschockt und fragte ihn nach dem Grund.

Er zeigte mir ein Schreiben der Oberstaatsanwältin, in dem stand, dass man mich aufgrund des noch "offenen Verfahrens" auf keinen Fall in den offenen Vollzug verlegen soll. Ich habe dies selbst gelesen!

Der Abteilungsleiter hat es selbst nicht verstanden und zu diesem Schreiben kam es nur, weil der Abteilungsleiter bei einem "offenen Verfahren" die Staatsanwaltschaft nach einer "Unbedenklichkeitsbescheinigung" fragen muss!

Dies muss er machen, sollte es ein "offenes" Verfahren geben, um mich in den offenen Vollzug verlegen zu dürfen!

Normalerweise hätte ich den Job als "Beifahrer" auch verloren, weil bei diesem Job ja eine Art "Fluchtgefahr" gegeben ist, aber dank den Beamten mit denen ich immer rausfuhr und dem Abteilungsleiter der diese Beamten nach ihrere Einschätzung bezüglich meiner Person gefragt hat, wurde mir eine Art "Vertrauensvorschuss" gewährt! Das hat meinen Vollzug etwas gerettet.

Das Verfahren hing insgesamt 18 Monate in der Luft, ehe es zu einem Prozess gekommen war! Unglaublich!

Anfang Januar 2014 wurde das Verfahren eingeleitet und im Juni 2015 gab es dann den Prozess. Solange musste ich tatsächlich im geschlossenen Vollzug bleiben. Sogar dem Abteilungsleiter und den Beamten kam das alles "spanisch" vor!

Im Juli 2015 ging der Prozess dann los und auf einmal saß Rick auch mit mir auf der Anklagebank. Es gab mal eine Verkehrskontrolle in der Innenstadt von Aachen, wo wir beide in einem Auto saßen und von 20 Polizisten eingekreist worden sind.

Bei der Durchsuchung des Autos wurde eine "Affenfaust" (eine Eisenkugel so gebunden, dass man sie sich um den Hals hängen kann) gefunden und da keiner von uns was sagte, saßen wir nun beide da.

Ich kam mit Handschellen ins Gericht und Rick als freier Mann. Wie schon gesagt, wurde der Prozess vor dem Strafgericht verhandelt, die Höchststrafe bei einem solchen Gericht liegt bei 2 Jahren und da sitzt auf einmal die Oberstaatsanwältin, Leiterin der Abteilung "Organisierte Kriminalität".

Meiner persönlichen Meinung nach, wurde der Prozess von Anfang an nicht fair geführt, aber das sollte hier jetzt niemanden mehr wundern! An diesem Tag kam es zu keinem Urteil, aber das auch nur, weil die Oberstaatsanwältin 9 Monate ohne Bewährung forderte!!!

Ich dachte, ich falle vom Stuhl! Für 2 Schlagringe, wobei der eine ein Ausstellungsstück (Geschenk) und nicht nutzbar war!

Unglaublich!

Es ging darum, einen neuen Termin zu finden und die Richterin schlug dann einen Tag im November 2015 vor.

Ich dachte mir, nicht wieder 4 Monate im geschlossenen Vollzug auf den Prozess warten, nur dieses Verfahren blockierte mich in meinem Vollzug und die damit verbundenen Lockerungen! Mein Anwalt aber hatte einen Plan…

Er nahm den Termin für November an, fragte aber gleichzeitig die Oberstaatsanwältin vor der Richterin, warum sie denn was dagegen hätte, dass sein Mandant (also ich) in den offenen Vollzug verlegt wird.

Die Antwort wird euch alle überraschen…

Sie hätte doch gar nichts dagegen!!!!

Wie verlogen ist das denn bitte? Ich habe es doch mit meinen eigenen Augen gelesen.

Mein Anwalt bat die Oberstaatsanwältin dann um diese "Unbedenklichkeitsbescheinigung". Sie wollte diese morgen zur JVA Rheinbach faxen, aber da auch mein Anwalt wusste wie diese Staatsanwältin arbeitete, reichte ihm ihre Zusage nicht, und bat die Oberstaatsanwältin diese doch gleich zu schreiben, mein Anwalt würde diese dann mitnehmen! So passierte es dann auch!!!

Endlich hatte ich diese scheiß Bescheinigung, auf die ich seit 14 Monaten gewartet habe! Nun stand der Verlegung in den offenen Vollzug nichts mehr im Wege.

Zurück in der JVA Rheinbach gab ich dem Abteilungsleiter die Bescheinigung und selbst er war erleichtert!

Der Antrag musste nochmal neu geprüft werden, dies dauert in der Regel 4-5 Wochen und dann wird man verlegt.

Endlich war es soweit, nächste Woche sollte ich verlegt werden, aber wer so ein Glück hat wie ich, der weiß es kam mal wieder anders.

Die Verlegung wurde nur um 2 Wochen verschoben, aber der Grund war so behindert!

Im Juni / Juli 2015 gelang einem inhaftierten Mörder die Flucht aus der JVA Rheinbach (kann man in den Medien nachlesen).
Er arbeitete mit mir in der Schreinerei. Wie er das gemacht hat, war schon wieder fast zu einfach. Er bastelte sich aus Rest Teilen von Holz, welches raus gefahren werden sollte, eine Box, in die er sich dann rein setzte und sich dann raus fahren ließ!
Nach ein paar Stunden fiel den Beamten in der Schreinerei seine Abwesenheit auf und dann brach das Chaos in der JVA aus. Alle mussten auf ihre Zellen, alle Insassen der JVA, weil es eine Zwischenzählung gab. Als sie dann die Gewissheit hatten, dass er wirklich nicht mehr da war, war Feierabend!

Es gab Ermittlungen und alle aus der Schreinerei wurden befragt oder besser gesagt verhört, sogar die Beamten! Sogar die Konten der Beamten wurden geprüft, ob sie vielleicht Geld von dem Inhaftierten bekommen haben, für die Hilfe bei dem Ausbruch!
Ich wurde auch ins Büro gerufen und drei Beamte nahmen mich da mit Fragen auseinander. Sie fragten mich, wer das "Sagen" in der Schreinerei hätte. Ich habe gar nicht verstanden, was die von mir wollten, für mich hatten natürlich die Beamten das "Sagen" dort, aber die Antwort hat denen mal gar nicht gefallen!
Sie sagten mir dann in einem unterschwelligen Ton, dass doch bestimmt die "Rocker" das "Sagen" in der Schreinerei hätten.
Was für ein Schwachsinn!!! Dachten die, wir sind hier in New York?
Das ist die JVA Rheinbach mein Gott und ein Typ hat sich einfach in eine Box voll mit Holzresten raus fahren lassen! Ganz einfach!

Nach 4 Tagen hatten sie ihn schon wieder erwischt, auf einem Fahrrad mitten in Köln, was mein Glück war, weil er befragt wurde und auch die Wahrheit erzählt hatte, wie er das gemacht hat und dabei keine Hilfe hatte! Deswegen konnte ich dann auch verlegt werden!

Ich mochte ihn und hatte eine echt witzige Zeit mit ihm. Der Grund für seinen Ausbruch war auch ehrenwert!

Sie hatten ihn damals nicht zur Beerdigung seiner Mutter gelassen, er hatte sie so vermisst, dass er einmal zu ihr ans Grab wollte und das zog er dann auch durch!

Wenn er das liest, weiß er, dass er gemeint ist! Respekt "Dicker"!!!

Dann wurde ich endlich verlegt!

AUSBRUCH AUS JVA RHEINBACH

Ausbruch aus JVA Rheinbach: Geflohener Mörder in Köln gefasst

Quelle: Mitteldeutsche Zeitung 30.04.2015

32

"Colourverbot" in Deutschland

Im Juli 2014, als ich noch in der JVA Rheinbach war, erreichte mich die Nachricht, dass es von nun an ein "Colourverbot" gibt.

Angefangen hat man damit in Hamburg, aber so gut wie jede Stadt oder sogar jedes Bundesland sprang auf diesen Zug auf!

Grund für dieses plötzliche Kuttenverbot war, dass ein Mitglied eines Motorradclubs sich vor einem Hamburger Wahrzeichen in Kutte ablichten ließ. Da dieser Club, bzw. dieses Charter in dieser

Stadt schon mal verboten wurde, fühlten sich anscheinend ein paar Juristen berufen, sich der Sache mal wieder anzunehmen.

Hells Angels MC, Bandidos MC und Gremium MC Colours verboten!

Immer mal wieder gab es Verbotsverfügungen, oder Versuche, die "Colours" zu verbieten. Die Verbotsverfügungen glückten, das "Colourverbot" aber nicht und so kam es, wie es kommen musste. Die Politik war mal wieder auf Stimmenjagd und dieses Verbot zog sich wie ein roter Faden durch ganz Deutschland!

Mitte 2014 gingen dann 2 Bandidos Member aus den Chaptern Unna und Bochum in ein Polizeipräsidium, um sich dort anzeigen zu lassen, weil sie die Colours "verbotener" Weise trugen.
Der Grund für diese Aktion war natürlich genial!
Sie wollten dieses Verbot nicht einfach so stehen lassen und über sich ergehen lassen, sie wollten es, wie es sich in einem Rechtsstaat gehört, von einem Gericht bestätigen lassen, ob dieses "Colourverbot" wirklich rechtens ist!

Im Oktober 2014 erkannte dann ein Gericht in Bochum, dass das "Colourverbot" **nicht** rechtens ist, und dass die Clubs ihre Kutten wieder tragen dürfen.
Vorerst ein großer Teilerfolg, für die MC-Szene aber auch für das Grundgesetz in Deutschland!
Die Staatsanwaltschaft ging natürlich in Revision und so fanden sich alle Beteiligten im Juli 2015 in Karlsruhe vor dem BGH (Bundesgerichtshof) wieder!
Mit Spannung wurde das Urteil in Karlsruhe erwartet! Das pauschale Kuttenverbot wurde auch vom BGH verworfen!

Jetzt war der Sieg perfekt, dachten zumindest alle, aber da freute man sich leider zu früh…

Der Bundestag plante einen neuen Gesetzesentwurf, so gesehen eine Verschärfung des Vereinsrechts! Dieser Entwurf wurde Ende September 2016 vorgelegt!

2 Vereine verwenden im Wesentlichen ein gleiches Kennzeichen, wenn der eine Verein dann verboten wird, darf der andere Verein diese Kennzeichen auch nicht mehr tragen!!

Was bitte ist das für ein Gesetzesentwurf?

Die einzige Abgeordnete, die diesen Entwurf als sehr kritisch sah, kam von "den Linken" und forderte vor dem Innenausschuss eine öffentliche Anhörung!

Angeblich stehen die Rocker außerhalb der Rechtsordnung…

Diese Aussage alleine ist eine Beleidigung für jeden Rocker!!! Wie man so etwas in der Politik äußern kann, bleibt für mich unerklärlich!

Am 12. Dezember 2016 gab es dann eine öffentliche Sitzung im Innenausschuss und es wurde immer von Seiten der Angeordneten betont, dass es auf keinen Fall ein "Anti-Rocker-Gesetz" werden sollte, trotzdem wurde ausschließlich nur über Rocker geredet.

Der Politik geht es nur darum, dass man versucht, mit aller Kraft die Rocker zu verbieten und trotz massivster Polizeiarbeit ist es ihnen nicht gelungen.

Nun also wählt die Politik den Weg ein neues Gesetz zu entwerfen, um die Kutten zu verbieten. Das alleine steht doch schon im Widerspruch zueinander.

Weil die Innere Sicherheit massiv leidet und man in der Politik auf Stimmenjagd geht, müssen die Rocker darunter leiden, aber wenn die Innere Sicherheit doch leidet, warum reden wir hier dann über eine Verschärfung des **Vereinsrechts** und nicht über die Verschärfung des **Strafrechts**?

Es wurden am 12. Dezember 2016 auch diverse Sachverständige

für den Innenausschuss geladen.

Die Abgeordnete "der Linken", entschied sich dafür, den Chefredakteur einer bekannten Biker Zeitschrift zu laden, was ich persönlich für die klügste Entscheidung hielt. Genau dieser Mann kannte die Szene besser als jeder andere bei diesem Innenausschuss!

Die anderen Abgeordneten, die für die Verschärfung des Vereinsrechts waren, wählten natürlich Sachverständige aus den Kreisen der Polizei und Jura-Professoren.

Womit aber keiner rechnete, dass ausgerechnet eine Professorin und ein Professor für Jura diesen Gesetzentwurf als juristisch für sehr kritisch und als einen untauglichen Versuch sahen!

Sie standen auf der Seite der Rocker oder besser gesagt, auf der Seite der Wahrheit!!!

Zum ersten Mal in der Geschichte der MC - Szene gab es endlich mal eine Art Lobby für die ach so "kriminellen Rocker".

Die Professoren blieben bei der Wahrheit und ließen sich von niemandem aus der Politik instrumentalisieren! **Respekt dafür!!!**

Im Januar 2017 gab es im Bundestag die Abstimmung über diesen Gesetzentwurf und alle Motorradclubs, die davon betroffen waren, waren gespannt, welches Ergebnis dabei rauskommen würde!

Alle waren geschockt, als sie dann live im TV sahen, wie die Politiker, die teilweise selbst bei der Anhörung beim Innenausschuss dabei waren, logen!

Nichts von dem, was bei der Anhörung beim Innenausschuss von Seiten der Professoren kritisiert wurde, ist an diesem Tag erwähnt worden.

Im Gegenteil, sie verglichen die Serie "Sons of Anarchy" mit den Motorradclubs in Deutschland.

Die 2 Professoren, die Verfassungsrecht lehren und geladene Sachverständige von Seiten der Abgeordneten, die für den Gesetzentwurf waren, sagten beim Innenausschuss aus, dass dieser Entwurf Verfassungswidrig sei!!!

Dann stellt man sich 5 Wochen später in den Bundestag und ignoriert eine solche Aussage von 2 Personen, die sich wohl am besten damit auskennen dürften!

Ich finde es schade, dass man so das Vertrauen in den Rechtsstaat zerstört! Meiner Meinung nach, hätte es gar keine Anhörung vor dem Innenausschuss gebraucht, wenn man sowieso die Meinung von 2 Professoren, die Jura lehren, einfach ignoriert!

Es wurde natürlich für eine Verschärfung des Vereinsrecht gestimmt und nun fehlte nur noch die Unterschrift vom Bundespräsidenten der Bundesrepublik Deutschland.
Jedem war klar, dass dies nur noch reine Formsache ist und es nun jeden Tag passieren konnte.

Am 19. März war es dann soweit! Die Unterschrift war da!

Unglaublich, wie so etwas in einem Rechtsstaat möglich sein kann!
Man stellt alle Motorradclubs unter Generalverdacht, wo doch in anderen Bereichen davor gewarnt wird, Ländergruppen oder ähnliches unter Generalverdacht zu stellen!
Meiner persönlichen Meinung nach, ist dies eine Pauschalisierung und ein massiver Eingriff in die Grundrechte!

Ich persönlich finde, dass unser Rechtssystem sowieso einen etwas verwirrenden Gerechtigkeitssinn hat.
Im Jahr 2024 setzte der Justizminister die Mindeststrafe für die Verbreitung von kinderpornographischen Aufnahmen herunter, mit der Begründung, dass sich sonst vor den Gerichten weiter unsinnige Verfahren häufen!
Man verbietet die Motorradclubs, die sich bekanntlich immer für Kinder, Tiere und hilfsbedürftige Menschen einsetzen, mit der

Begründung, dass Rocker die innere Sicherheit bedrohen und erwähnt sie in einem Atemzug mit Terroristen (Anschlag Berlin 2015) und Einbrechern.

Jedem ist bekannt, dass Rocker mit beiden nichts und nie etwas zu tun haben werden.

Unsere Kinder aber werden meiner Meinung nach nicht geschützt oder wie erklärt sich die Heruntersetzung der Mindeststrafe bei einer solchen Straftat???

33

Das (zurechtgeschnittene) Satudarah Video

Ich berichtete euch bereits von der Gründung des Satudarahs MC in Aachen (Kapitel 23) und die damit verbundenen Kopfschmerzen, die ich hatte.

Da gab es damals dann das Meeting, von dem ich auch schon berichtete und genau das ließ mich dann 10 Jahre nicht los und ich werde heute noch darauf angesprochen!

Noch als ich im geschlossenen Vollzug in der JVA Rheinbach war, erreichte mich eine Nachricht über einen Clubbruder, dass ich wohl voll die "Scheiße" gebaut hätte, es gäbe da so ein Satudarah Video!

Solche Nachrichten im geschlossenen Vollzug zu bekommen sind immer ekelhaft, aber diesmal wusste ich gar nicht, was mein Clubbruder von mir wollte.

Was für ein Video???

Mein Kopf ratterte und ich kam einfach nicht darauf, wo und wann ich was falsch gemacht haben sollte.

Mein bester Freund und Präsident, der auch mit mir in der JVA Rheinbach saß, hatte auch bereits diese Info bekommen und fragte mich, was ich da gemacht habe, aber auch er kannte keine Details und hatte auch noch kein Video gesehen, so wie ich!

Ich erklärte ihm, dass ich nicht den leisesten Schimmer hatte, was da "verrutscht" sein soll. Es musste auf jeden Fall etwas gravierendes gewesen sein, weil das Video anscheinend große Wellen schlug!

Das Problem ist: Im geschlossenen Vollzug kannst du dich natürlich nicht so rechtfertigen und verteidigen, wie wenn du in Freiheit bist! Also hat derjenige, der das Video hochgeladen hat, auch ein gutes Timing gehabt. Die Leute zerreißen sich jetzt das Maul und du hängst hier fest und kannst nichts machen, weil du noch nicht mal weißt, worum es geht!

Es ist immer so, wenn du im Knast bist, fangen die Leute an zu reden und das nicht im positiven Sinne!!!

Mit der Zeit wurde mir dann mitgeteilt, dass der Satudarah MC ein Gespräch aufgezeichnet hatte, in dem man sieht, wie sie mir eine Ansage machen! Ich überlegte täglich und konnte mich nicht an eine Situation erinnern, wo das passiert sein sollte!

Es ging tatsächlich um das Meeting in Duisburg, wo über die plötzliche Eröffnung des Satudarah MC Prospect Chapter Aachen gesprochen wurde.

Da sollte man mir eine Ansage gemacht haben?

Direkt schoss mir die Aussage des "Sgt. at Arms" von Duisburg durch den Kopf, als er zu mir nach dem Meeting sagte: **"Starkes Meeting Bruder"**!

Das Thema ist doch schnell vom Tisch, dachte ich mir, schließlich stimmte es nicht und ich hatte dafür ja 5 Brüder mit dabei gehabt, die das auch bezeugen können.

Man wartete, bis ich in den offenen Vollzug verlegt wurde, um dann mit mir über den Vorfall zu sprechen. Im offenen Vollzug angekommen, nahm ich sofort ein internetfähiges Handy und schaute mir diesen Müll an. Ich war schockiert, sauer und ich wäre am liebsten geplatzt vor Wut!

Warum machte keiner von meinen Brüdern, die an dem Tag dabei waren, ihre Fresse auf! Was für Männer!!! Jetzt zogen alle ihren Kopf ein und ließen mich diese Scheisse alleine ausbaden!

Ich wusste nicht, auf wen meine Wut und mein Hass größer war! Dieser Verein, der für mich nichts mehr in einer MC-Szene zu suchen hatte oder meine sogenannten Brüder…

Dieser Satudarah MC hat mich echt Nerven gekostet! Erst machen die einfach ein Chapter in unserer Stadt auf, dann kamen die mit 80 Mann zu einem Gespräch wo abgemacht war das jede Partei mit 6 Mann kommt, dann tauchten sie mit 100 Mann bei unserem runden Tisch auf und brachten die Polizei in unserer Stadt wieder auf Temperatur und jetzt diese Scheisse… der Laden hat echt Nerven!

Sie haben gegen alle ungeschriebenen Gesetze der MC-Szene verstoßen, aber das Video war die Kirsche auf der Torte!

Der sogenannte Tropfen, der das Fass zum Überlaufen brachte!
Zumindest bei mir!
Jetzt wurde es ja persönlich, also sollen sie sich jetzt auch nicht beschweren, wenn ich mich jetzt hier zur Wehr setze!

Das hier ist die absolute Wahrheit über dieses Video!!!

Mir wurde in keinster Weise eine Ansage an diesem Tag gemacht! Im Gegenteil, ich habe dort unseren Standpunkt klar und bestimmend vertreten! Wer außerdem steigt mit 6 Mann aus einem Auto aus, wenn vor der Tür 80 Mann stehen?

Das interessiert dann keinen mehr!

Wie kann man ein solches Meeting in der sogenannten "Onepercenter"-Szene aufnehmen! Richtige Amateure!
Was wäre gewesen, wenn bei dem Meeting etwas "passiert" wäre oder über Sachen gesprochen wurde, die den Raum nicht verlassen sollten? Wofür haben wir an diesem Tag dann überhaupt unsere Handys draußen gelassen? Man hätte das BKA direkt mit einladen können!Gäbe es einen Tag später eine Razzia bei dem, der das Video in seinem Besitz hatte und da wäre was drauf gewesen, was nicht für die Strafverfolgungsbehörden gedacht war, dann hätten wir hier etwas anders über dieses Video gesprochen!

Hier ein paar Fakten die belegen, dass dieses Video geschnitten ist und es sich nicht so zugetragen hat, wie es dort präsentiert wird!

Das Meeting dauerte mindestens 90 Minuten und wurde auf knapp 120 Sekunden zusammengeschnitten!
Ich war vor Ort mit insgesamt 3 "Sgt. at Arms", die, so ist ja bekannt, für die Sicherheit des "V-Präsidenten" verantwortlich sind! Hätte es also eine solche angebliche "Ansage" gegeben, hätten die "Sgt. at Arms" eingreifen müssen!

Eine solche Situation gab es nicht, deswegen mussten sie auch nicht eingreifen!

Der Satudarah MC in Aachen war ein Haufen von Pennern, bis auf 1-2 Ausnahmen und haben keinen Fuß auf den Boden in unserer Stadt bekommen!
Sie waren relativ schnell wieder weg, auch weil der "Präsident" ein Rocker war, der mit seiner Kutte Bus fuhr!
Ich halte mich hier zurück, weil ich noch großen Respekt vor manchen Membern des Satudarah MC habe.
Hätte man die Wahrheit auf den Tisch gelegt und sich für die

ganzen Aktionen bei mir entschuldigt, dann hätte ich das Thema nie wieder aufgemacht, aber bis heute geht das Video noch viral und ich habe nach über 10 Jahren die Schnauze voll!

Ich habe Beweise (Sprachnotizen) von ehemaligen Membern des Satudarah MC, die mir gesagt haben, dass es ein Gespräch auf Augenhöhe war, die 80 Mann nicht wegen uns da waren sondern wegen dem "Germany Meeting" und das sie selber nicht wussten, das wir aufgezeichnet wurde!

Die eigenen Brüder wussten nicht, dass es ein Video darüber geben sollte!!! Weltklasse!!!

Mein Glück war, dass der für dieses Meeting damals zuständige "Sgt. at Arms" vom Satudarah MC, nachher Bandido in Belgien wurde und so drehte sich die Welt für mich wieder in die richtige Richtung, liebe Freunde!

Ein Molukke, der sehr respektvoll und höflich an dem Tag des Meetings war. Ich traf ihn auf dem National Run in Spanien 2016, wo ich ihn dann
der Führung des Bandidos vorstellte und ihnen sagte, dass er die Wahrheit über dieses Meeting kennt!

Die ganze Wahrheit!!!

Er bestätigte, dass das Video geschnitten wurde zu Promozwecken und dass dieses Meeting auf absoluter Augenhöhe war.

Ich verbrachte in Spanien sogar ein paar Tage mit ihm und wir tauschten sogar ab und zu dort unsere Motorräder! Was er mir noch alles so erzählt hat, bleibt natürlich unser Geheimnis, denn auch wenn wir jetzt keinen Kontakt mehr haben, heißt das nicht, dass ich hier über Dinge rede, die er mir im Vertrauen über die damalige Situation erzählt hat!

Ich bin keiner, der versucht, Menschen oder gewisse Motorradclubs durch den Dreck zu ziehen, dies entspricht nicht meinem Charakter!!!

Diese Aktion hatte für mich eine Menge Konsequenzen gehabt...

Im Gespräch mit dem Satudarah MC

34

Ich muss den Club verlassen

Im Juli 2015 war ich dann im offenen Vollzug und sah das Video mit dem Satudarah MC und mir zum ersten Mal.

Natürlich gab es dann auch die ersten Gespräche mit meinen Brüdern. Das erste Gespräch hatte ich mit meinem besten Freund Mike, der wie ich auch in der JVA Euskirchen war.

Wir redeten lange und intensiv über die Situation und dass dieses Video für meine Person natürlich nicht gut aussah. Mike hatte oft schon seine Hand über mich gehalten, egal in welchen Situationen, aber jetzt war es auch schwer für ihn, das Ding gerade zu rücken.

Er war zum Zeitpunkt des Meetings ja in Haft und konnte somit nur das glauben, was er dort auch sah und das was er sah, war Scheiße!

Er sagte mir schon durch die Blume, dass die Konsequenzen mir diesmal nicht gefallen würden, aber er versucht trotzdem sein Bestes.

Ich glaube, dass die Entscheidung, die dann getroffen wurde, aus dem Chapter kam und viele Mike erklärten, dass man dies dort nicht so stehen lassen konnte.

Mike hatte seinen eigenen Kopf und man konnte ihm nichts einreden oder ihn zu etwas überreden, aber schließlich war er unser "Präsident" und als solcher entscheidest du immer nur so, dass es für den Club gut ist!

Der Club geht immer vor Freundschaft!

Die Konsequenz war, dass ich den Club verlassen musste!

Man warf mich nicht raus, sondern gab mir die Möglichkeit "abzulegen", was so viel heißt wie, ich verlasse den Club!

Die Entscheidung, dass ich den Club verlassen musste, brach mir erneut das Herz. Ich war Gründungsmitglied dieses Chapters und saß für den Club auch eine lange Zeit im Knast!

Ich gab meine Kutte und alle meine Clubklammotten meinen Brüdern, die diese dann unter sich aufteilten, ein echt ekelhaftes Gefühl!

Von heute auf morgen war ich kein Mitglied mehr im Bandidos MC!!!

Mike baute mich aber immer wieder auf und sagte mir, dass ich immer noch ein Teil von Ihnen bin und dass ich, wenn meine Zeit gekommen ist, einfach wieder neu anfangen kann!

Mike setzte sich auch dafür ein, dass ich nicht 1 Jahr, sondern nur 6 Monate aus dem Club bleiben muss!

Das aber war vorerst ein sehr schwacher Trost, um ehrlich zu sein!

Hätte man mir mein Amt des "V-Präsidenten" weggenommen

oder mich für 3 Monate zum Prospect wieder gemacht, dann hätte ich es locker verkraftet, aber den Club komplett verlassen zu müssen und dann nach 6 Monaten neu als Prospect anzufangen, so als wäre ich nie dabei gewesen, das war schon hart! Dieses Gefühl schmerzte bis auf die Knochen!

Ich hatte die erste Zeit auch überlegt, nicht wieder zurück zu gehen!

Meine Motivation und meine Einstellung zum Club waren auf dem Tiefpunkt!!!

Was mich aber am meisten enttäuschte war, dass ich der einzige Bandido aus diesem Satudarah Meeting war, der wegen diesem "Video" Konsequenzen erfahren musste.

Alle anderen Männer, vor allem aber die 3 "Sgt. at Arms", die mit mir dort waren, passierte nichts.

Diese "Männer" hatten nicht mal die Courage und den Mut sich für mich einzusetzen, im Gegenteil, sie schwiegen dieses Thema tot! Der eine "Sgt. at Arms" war ja auch noch in meinem Chapter und auf ihn hatte ich ja den größten Hass! Erik war menschlich eine Ratte, ein Typ Mensch, der Leute versucht hat, für sich zu gewinnen, mit Geld oder Geschenken!

So einer will niemand in seinem Club, geschweige denn in seinem Chapter haben! Oft hat er versucht, mich "abzusägen", wollte mir mein Amt des "V-Präsidenten" streitig machen, aber die Freundschaft von mir und Mike war zu stark und so scheiterte er mehrmals an seinem Vorhaben!

Nach einiger Zeit erkannte auch Mike, dass Erik ein falscher Hund ist und lag ihm nahe, sich ein neues Chapter zu suchen.

Erik ging dann ins Ruhrgebiet zu einem auch sehr starken Chapter, wo er aber in keinster Weise eine Rolle spielte und auch kein Amt bekam!

Erik ist heute nicht mehr bei dem Bandidos MC!

Eine Narbe am Kopf erinnert ihn daran, dass man die Frauen in einer befreundeten Familie in Ruhe lässt!!!

Ich kann nur jeden Club vor so einer Ratte warnen!!!

Ich ging immer noch zu jedem Meeting, nicht mehr als Member und "V-Präsident", nicht als Prospect oder Hangaround, sondern nur noch als Freund des Clubs!
Ich musste auf einmal draußen warten, durfte an Meetings nicht mehr teilnehmen, musste bei wichtigen Gesprächen Abstand halten und bei Ausfahrten war ich der letzte ganz hinten!!!

Von ganz oben nach ganz unten!

Oft hat es mich Überwindung gekostet, aber die Liebe zum Club, zu meinem besten Freund Mike und zu den anderen Brüdern war ja noch da. Wäre Erik geblieben, wäre ich bestimmt nicht mehr zu den Meetings gekommen!
Soll mir einer sagen, der das alles über sich ergehen lassen hätte…

Vom "V-Präsidenten" zu einem Mann ohne Status!!!

Es brauchte Zeit, bis man erklären konnte, dass das, was auf dem Satudarah MC Video zu sehen war, nicht der Wahrheit entspricht.
Auf dem National Run 2016 konnte ich dann, wie schon geschrieben, durch den ehemaligen Satudarah "Sgt. at Arms" etwas Licht in die Sache bringen.
Noch heute schreiben irgendwelche "Internet-Rambos" unter dem Video irgendeine Scheiße und obwohl ich bei meinen Freunden von 26ix.TV auf "youtube" im Interview ein Statement mit den passenden Fakten dazu abgegeben habe, glauben die Leute immer noch das was sie glauben wollen.

> *"Weil die Wahrheit nicht gefällt, geht die Lüge lieber einmal um die Welt!"*
> - Manuellsen (Rapper, Musikkünstler und Bruder)

Heute ist es mir egal, was Leute bezüglich des Videos denken, weil ich und die Leute, die heute mit mir sind, die Wahrheit kennen!

Ich werde dem Satudarah MC und allen Beteiligten diese Sache nicht verzeihen, weil sie mir damit einen sehr großen persönlichen Schaden zugefügt haben!

Ich kann jeden Morgen noch in den Spiegel gucken und weiß, dass auch ich Fehler mache, aber ich mich für diese auch entschuldigen kann.

Du bist kein Mann, wenn du ein guter "Klopper" bist oder vor nichts Angst hast…

Du bist erst ein Mann, wenn du gewisse Werte wie **Loyalität**, **Respekt** und **Freundschaft** lebst, Fehler zugeben und dich dafür auch entschuldigen kannst!

Dann bist du ein Mann!!!

Verhältst du dich wie ein Mann, behandel ich dich wie einen Mann!

Verhältst du dich wie ein Arschloch, behandel ich dich wie ein Arschloch!

35

Die Staatsanwaltschaft wird ausgetrickst

Am 8. Januar 2016 wurde ich dann "auf" ⅔ aus der JVA Euskirchen entlassen.

Insgesamt war ich nur 6 Monate dort, wovon ich 5 Monate keinen Hafturlaub bekommen hatte, wegen dem offenen Verfahren (Schlagringe), ihr erinnert euch?

Im November 2015, wurde der Termin vor dem Amtsgericht

Aachen von mir und Rick ja fortgesetzt.

Diesmal musste ich keine Fußfesseln tragen, weil ich ja im offenen Vollzug war und so als "freier" Mann, genau wie Rick, dorthin konnte.

Für solche Termine bekommt man vom Vollzug (offenen) extra Ausgänge.

Diesmal war die Stimmung anders, aber wieder war ich wie beim letzten Termin auf einen positiven Abschluss des Verfahrens angewiesen!Beim letzten Mal brauchte ich die "Unbedenklichkeitsbescheinigung" der Staatsanwaltschaft oder ein rechtskräftiges Urteil, um in den Offenen Vollzug verlegt zu werden.

Diesmal brauchte ich eine Bewährungsstrafe, um entlassen zu werden! Was nämlich keiner wusste…

Ich hatte bei der Strafvollstreckungskammer Bonn meinen ⅔-Anhörungstermin gehabt und die zuständige Richterin meinte dann zu mir, dass wenn ich bei dem Verfahren um das es jetzt hier geht, eine Bewährungsstrafe bekomme, sie mich auch "auf" ⅔, vorzeitig raus lässt!!!

Also war der Schlachtplan vor Gericht diesmal ein anderer! Normalerweise heißt es ja nichts zugeben, nichts sagen, einfach vor Gericht kämpfen und streiten!

Diesmal aber sprach ich mit Rick und sagte ihm, dass ich alles auf mich nehmen werde, auch die "Affenfaust" im Auto!

Ich erklärte Rick warum und er fing an zu lachen und nickte… also abgemacht!

Wir gingen in den Prozesssaal und die zuständige Oberstaatsanwältin guckte uns schon an, als würde sie sagen, dass es heute wieder ein anstrengendes Unterfangen mit den 2 Idioten wird.

Diesmal hatte sie aber die Rechnung ohne den Wirt gemacht…

Sie war sich nämlich sicher, dass ich meinen 2/3-Entlassungstermin so oder so nicht bekommen würde, weil wenn man so einen Termin bekommt, von verschiedenen Seiten auch Stellungnahmen zu deiner Person geschrieben werden.

Was die Staatsanwaltschaft geschrieben hat, könnt ihr euch denken, aber ich schreibe es trotzdem nochmal… **nicht entlassen**!!! Auch die JVA Euskirchen war **gegen** eine vorzeitige Entlassung.

Meiner persönlichen Meinung nach, hatte die Oberstaatsanwältin da auch wieder ihre Finger mit im Spiel, aber nach zu weisen ist sowas ja leider nie.

Was für ein Pech in diesem Fall mal wieder für mich!

Ich war ja leider schon etwas "Hafterfahren" und so wusste ich, dass wenn ich mich draußen um alles kümmere (soziale Bindungen, Arbeitsvertrag etc.), die Richterin es schwer haben wird, sich gegen eine vorzeitige Entlassung zu entscheiden.

Ich hatte eine feste Beziehung, einen festen Wohnsitz, einen Job und ich hatte mich für ein Fernstudium bei der "Deutschen Akademie für Management" beworben und tatsächlich wurde ich genommen und konnte so "Sportmanagement" anfangen zu studieren!

Im Laufe der nächsten Jahre warf die Oberstaatsanwältin mir immer wieder vor, dass ich ein solches Studium nie gemacht hätte. Sie rief sogar mal bei der "Deutschen Akademie für Management" an, um sich über meinen derzeitigen Stand des Studiums zu "erkundigen", wobei sie aber leider keine Auskunft bekam, weil dies unter Datenschutz fällt.

Sollte eine Oberstaatsanwältin eigentlich wissen, meiner Meinung nach…

Nun sitzen wir im Gericht und die Richterin fragte Rick und mich, ob wir vielleicht jetzt doch was zu sagen hätten.

Mein Anwalt ging dann zur Richterin,ebenso die Oberstaatsanwältin und sie sprachen über einen "Deal".

Nicht wie ihr denkt, sondern es ging nur darum, wenn ich alles zugebe, Rick einen Freispruch und ich eine Bewährungsstrafe bekommen sollte, weil die Oberstaatsanwältin ja 9 Monate ohne Bewährung beim letzten Termin forderte.

Wir könnten aber auch immer so weiter machen und hätten in 2 Jahren noch kein Urteil und darauf hatte keiner der Beteiligten Lust und so kam es, dass Rick einen Freispruch und ich eine 5 monatige Bewährungsstrafe wegen "unerlaubtem Waffenbesitz" bekam!

Da war sie "die Bewährungsstrafe", die ich für meine vorzeitige Entlassung brauchte!

Für so einen Vorwurf gibt es für Personen, die nicht der Rockerszene zugerechnet werden, nicht mal einen Brief nach Hause oder im schlimmsten Fall eine Geldstrafe.

Bei mir aber zog sich das Verfahren 22 Monate, man brauchte 2 Prozesstage, eine Oberstaatsanwältin tauchte persönlich vor dem Strafgericht auf und es gibt tatsächlich auch noch eine Bewährungsstrafe!!! Wenn man mal darüber nachdenkt, dann könnte man fast der Meinung sein, die Oberstaatsanwältin hatte ein persönliches Problem mit mir!

Versucht aber mal eine Oberstaatsanwaltschaft für befangen zu erklären… Anders als bei Richtern oder Sachverständigen, gibt es eigentlich kein Ablehnungsrecht gegenüber Staatsanwälten! Voll die Müllregel!!!!

Mir war vorerst alles egal, ich hatte alles, was ich brauchte, um vorzeitig entlassen zu werden. Mein Anwalt faxte meiner Richterin, die für meine vorzeitige Entlassung zuständig war, das Urteil mit der Bewährungsstrafe zu ihr ins Büro und von da an bewilligte sie meine vorzeitige Entlassung!!!

Die Oberstaatsanwältin schäumte vor Wut, so berichtete es mir mein Anwalt damals.

Mein Gott, nimmt sie das Ding mit mir persönlich, was habe ich ihr getan?

Sie tat alles dafür, dass ich nicht entlassen werde, aber schließlich sprach die Richterin ein Machtwort und so versuchte die Oberstaatsanwältin mir dann, halt meine Bewährungszeit etwas zu erschweren!

Sie fügte Auflagen hinzu, wie zum Beispiel:

Ich darf kein Mitglied in einem so genannten "OMCG" werden.
Ich darf keine Clubhäuser von sogenannten "OMCG" betreten.
"OMCG* = Outlaw Motorcycle Gang

Ursprünglich kommt dieser Begriff aus den USA vom FBI!

So werden die Motorradclubs, die einen "Onepercenter" - Patch tragen, von der Politik und den Strafverfolgungsbehörden genannt!

Ich war ja tatsächlich nicht mehr im Club, zwar unfreiwillig, aber die Oberstaatsanwältin glaubte mir dies so oder so nicht und so hoffte sie, dass sie mit dieser Bewährungsauflage es irgendwann mal schafft, meine Bewährung zu widerrufen.

Glaubt mir, sie hat es versucht, aber nicht geschafft!

Mit diesen Auflagen in meiner Bewährungszeit, war dann auch die Oberstaatsanwältin einverstanden, na ja… mehr oder weniger einverstanden.

Meiner persönlichen Meinung nach, verfolgte sie schon von diesem Tag an den Plan, meine Bewährung irgendwie zu widerrufen, nur um der Richterin zu zeigen, dass sie einen Fehler mit der Entlassung meiner Person gemacht hat!

In 2 Jahren versuchte sie, 3 mal meine Bewährung zu widerrufen.

Schaffte es in diesem Zeitraum aber nicht einmal!

36

Neuanfang und direkt wieder "V-Präsident"

Am 8 Januar 2016 wurde ich aus der Haft entlassen und in Düren und Aachen sollte sich einiges verändern!!!

Ich hatte nun wieder die Möglichkeit, beim Bandidos MC als Prospect anzufangen. Es wurde damals abgesprochen, dass ich 6 Monate nach meinem unfreiwilligen Austritt und wenn dann meine Haftzeit vorbei ist, ich wieder anfangen kann.
Die Zeit ohne meine Kutte war echt ekelhaft, aber ich habe es trotzdem durchgezogen. Wenn du Teil einer Gemeinschaft sein möchtest, dann nimmst du auch solche Rückschläge in Kauf, erst dann zeigt sich nämlich dein Charakter und ob du auch den schwersten Weg für den Club gehen würdest.
Ich bin ihn gegangen und er war nicht schön, aber ich habe bewiesen, dass das Patch und das Amt mir eigentlich egal waren, für mich zählten nur meine Brüder!

Zum Zeitpunkt meiner Rückkehr gab es noch ein sehr erfreuliches Ereignis, ein Teil der Westfront, die sich 2015 auflöste, wollte zum Bandidos MC kommen.
Wir waren mit den Männern ja schon sehr lange und sehr eng befreundet und natürlich freute ich mich, dass sie diesen Weg gehen wollten, genauso wie es 2013 auch ein Teil der Bantus schon vorgemacht hat.

Mike und ich trafen uns mit den Männern der Westfront und schnell wurde klar, dass dies eine geile Crew wird!
Wir verstanden uns alle sehr gut und kamen schnell auf die Idee, ein Prospectchapter mit den Jungs zu machen. Ich war ja auch wieder Prospect und es würde super passen!
Der einzige Member war dann nur Mike, der immer noch der

"Präsident" des Chapters war. Die anderen Jungs, die schon da waren, bekamen dann ihr eigenes Chapter!

2 Chapter wieder in der Region rund um Aachen zu haben, das war schon ein geiler Gedanke!

Mit dem Vorschlag ging es ins Ruhrgebiet zur Bandido Führung und schnell wurde uns das "Ok" für dieses Vorhaben gegeben.

Mit den guten Nachrichten ging es zurück nach Düren und dort trafen wir uns dann mit den Männern der Westfront und teilten ihnen mit, dass es losgehen kann.

Die Ämter wurden verteilt und nach der Sache mit dem Satudarah-Video kam ich erstmal nicht für ein Amt in Frage, was mich nicht wirklich traurig machte.

Die Verantwortung, egal bei welchem Amt, ist immer hoch und von daher war ich mit etwas weniger Druck auf meinen Schultern doch sehr zufrieden!

Zu meiner Überraschung aber wollte Jan (Name geändert), der eigentlich als "V-Präsident" vorgesehen war, nicht "V-Präsident" werden.

Er bekam letztendlich das Amt des "Sgt. at Arms", was, wie ich finde, sogar besser zu ihm passte!

Nun aber hatten wir das Problem, was wir vor 3 Jahren schon hatten, keiner wollte "V-Präsident" werden oder hatte nicht die Erfahrung gehabt.

Unser neuer "Sgt.at Arms" sagte dann schließlich in unserem ersten Meeting, dass er dafür wäre, dass ich wieder das Amt des "V-Präsidenten" übernehmen sollte. Die komplette Gruppe war ebenfalls dafür und so wurde ich wieder "V-Präsident"!

Ich war überrascht von dieser Abstimmung, aber das zeigte mir, dass die neuen Männern von der Westfront nichts übrig hatten für "zurechtgeschnittene Videos"!

Es entstand also so, dass Prospect Chapter Düren 2.0, 5 Jahre nach der Gründung des ersten Prospect Chapters Düren, nun die Neuauflage!

Teil der neuen Führungsebene des Bandido Chapter Düren

Cool war, dass ich gemeinsam mit den Jungs die Prospect Zeit machen konnte und oft wurden wir natürlich auch nicht wie Prospects behandelt, weil ich natürlich bekannt im Bandidos MC war und schließlich schon einmal "V-Präsident" war!

Generell würde ich behaupten, dass ich zu meiner aktiven Zeit einer der bekanntesten Bandidos in Europa war, was aber auch dadurch kam, dass ich mich gerne und viel bewegte. Ich machte viele Kilometer, um meine Brüder, egal wo sie lebten, zu besuchen.

Zum Beispiel war ich sehr eng mit den Bandidos in Schweden im Kontakt.

Ein Chapter in Göteborg, was auch vom Charakter her geile Typen waren!

In Kopenhagen war ich auch sehr oft, weil es dort den besten Mann gab, der Kutten anfertigte!

Das Clubleben in einem internationalen Motorradclub definiert sich genau über sowas, seine Brüder überall auf der Welt zu treffen, kennenzulernen und eine geile Zeit gemeinsam zu haben! Wir hatten eine geile Zeit, da könnt ihr einen drauf lassen!

Die Zeit mit den neuen Jungs in Düren und Aachen war echt schön, wir unternahmen ne Menge und irgendwie erinnerte ich mich an die Zeit 2011, nur dass ich jetzt mehr Zeit mit meinen Brüdern verbringen konnte!

2011 war ich ja noch im offenen Vollzug und zeitlich etwas eingeschränkt, diesmal hatte ich alles hinter mir bis auf die 10 Monate Bewährung, die oft von der Oberstaatsanwältin versucht wurde, zu widerrufen.

Probleme hatten wir durchgehend mit der Polizei in Aachen, egal was wir taten, wo wir saßen oder uns bewegten, die waren da.

Uns persönlich aber störte es nicht, da wir alle wussten, uns nichts zu schulden kommen zu lassen, aber selbst wenn wir nichts taten, irgendein Verfahren kriegt die Staatsanwaltschaft mal wieder aufgemacht!

Wir hatten einen 2. "Sgt. at Arms", Tino (Name geändert) war der Jüngste von uns, aber vom Kopf her schon sehr weit. Ein mutiger und charakterlich sehr anständiger Mann!

Er wurde eines Tages festgenommen und kam in U-Haft, weil mal wieder ein "Kronzeuge" etwas ausgesagt hat, was nachweislich natürlich nicht stimmte, aber auch in diesem Fall war es mal wieder egal!

Fakt war, dass der "Kronzeuge" geistig verwirrt war, kein Spass, war er wirklich und das nachweislich. Da Tino noch sehr jung war, wurde er in die JVA Heinsberg (Jugendvollzug) gebracht und glaub mir, er sah absolut nicht nach jemanden aus, den man in den Jugendvollzug stecken würde!

Nach knapp 4 Monaten U-Haft kam er dann aus der U-Haft! Er bekam einen Freispruch und er wurde bis heute nicht für seine U-Haft entschädigt! Bis heute und das sind jetzt knapp 8 Jahre wartet er auf sein Berufungsverfahren! Das muss man sich mal vorstellen!

Die Leute denken immer, dass man sich die Geschichten aus den Fingern zieht, aber solche Aktionen von Seiten der Justiz gab und wird es meiner Meinung nach immer wieder geben! Mir ist es passiert, meinen Brüdern ist es passiert und auch Freunden von mir ist es passiert!
Ich persönlich finde, wenn jemand eine Straftat begeht, dann muss er auch mit den Konsequenzen klar kommen. Jedoch finde ich auch, dass man von Seiten der Justiz und der Strafverfolgungsbehörden keine Straftaten "erfinden" oder "heranzüchten" darf.
Man spielt mit der Freiheit, den Grundrechten des Beschuldigten und den Gefühlen aller Angehörigen, wenn man dies tut! Ich spreche da aus Erfahrung!!!
Ich habe viel "Scheiße" gebaut und dafür auch meine Strafen bekommen, aber deswegen beschwere ich mich nicht, auch wenn die ein oder andere Strafe doch etwas zu hoch war.
Manche Straftaten sind aber nie passiert und dann meiner persönlichen Meinung nach, bewusst als Staatsanwaltschaft die Ermittlungen so zu führen, dass im Nachhinein Personen zu Unrecht verurteilt werden und in Haft kommen, spricht ganz klar gegen den Eid, den diese Personen als sie den Job anfingen, abgegeben haben.

Trotzdem hatten wir eine schöne Zeit unter Brüdern, auch wenn wir ab und zu geärgert worden sind! ☐ ☐

Probationary Chapter Bandidos MC Düren

Prospect Chapter Bandidos MC Düren

37

Als Prospect zum National Run

Im Juli 2016 war es dann endlich wieder soweit, der "National Run" stand vor der Tür. Für mich persönlich war es das Highlight des Clublebens!

Es war erst mein zweiter "National Run" nach 2013 und das obwohl ich seit 2011 schon beim Bandidos MC war.

Wie das sein kann?

2011 offener Vollzug Euskirchen, 2012 U-Haft Aachen, 2014 Strafhaft JVA Rheinbach, 2015 offener Vollzug JVA Euskirchen! Ich habe mehr Zeit im Knast verbracht als "National Run's" gemacht! Zum Lachen ist das eigentlich nicht und erst recht ist es nichts, worauf man stolz sein kann!

Es ist nur traurig, dass ich in meiner Bandidozeit mehr in Haft war, als auf irgendwelchen Veranstaltungen mit meinen Brüdern!

Ich habe für den Club damals alles geopfert… Familie, Freiheit und teilweise auch meine Gesundheit! Viele werden mich bestimmt für bescheuert halten, aber so ist das nunmal als Mitglied in einem Motorradclub, du führst ein Leben auf der Rasierklinge!!!

Der National Run im Jahr 2016 war mal wieder in Empuriabrava (Costa Brava, Spanien) und ich war natürlich begeistert darüber, weil mein erster Run dort schon war und ich damals mit vielen Leuten, die dort leben und auch Läden besaßen, Freundschaften geschlossen habe! Noch heute hängt in dem einen oder anderen Laden noch ein Bild von den Besitzern und mir (mit Kutte)!

In Deutschland konnte man leider keine Run's mehr austragen, weil die Politik und die Behörden es verstanden, eine solche Party zu einem Desaster zu machen und keiner hatte Lust, sich die Partystimmung vermiesen zu lassen.

Deswegen wurde oft Italien, Spanien oder teilweise wenn auch selten Frankreich als Ort für den "National Run" gewählt, was meiner Meinung nach auch die beste und vernünftigste Entscheidung war.

Unser neu gegründetes Prospect Chapter Düren war bereit Spanien unsicher zu machen, obwohl es für mich eine verdammt ungewohnte Situation war.

Beim National Run 2013 bin ich noch als "V-Präsident" dort hingefahren und jetzt fuhr ich als Prospect dahin. Wie ich schon gesagt hatte, war ich ja kein Unbekannter im Club und ich hatte wenig Bock auf die Nachfrage, warum ich jetzt auf einmal wieder Prospect sei.

Im Endeffekt, war ich stolz, Teil des Prospect Chapters Düren gewesen zu sein und mit den Jungs die Zeit zusammen so durchzuziehen!

Mein Ego stand mir nicht im Weg und es sah schon ein wenig witzig aus, denn ich hatte überall Tattoos vom Bandidos MC und dann eine Prospectkutte an! Tattoos vom Club darf man ja erst machen, wenn man ein vollwertiges Mitglied, sprich Member, ist!

Prospects, Hangarounds und Supporter müssen auf einer Party immer die Arbeit machen, die die Party überhaupt erfolgreich macht und das vergessen manche Member gerne, ich aber habe es nie vergessen und habe mich immer darum gekümmert, dass sie auch den verdienten Respekt bekommen haben!

Insgeheim aber habe ich gehofft, dass meine Tattoos und meine "Bekanntheit" im Club meine Brüder und mich etwas von der Arbeit fernhalten werden, weil keiner von uns war scharf auf die Arbeit dort, wir wollten feiern!

Früher als "V-Präsident" konnte ich meine Prospects immer etwas "schützen" und habe sie in meiner Nähe gelassen, damit sie nicht arbeiten müssen, jetzt aber war das etwas schwieriger, weil laut den Regeln des Clubs, habe ich nichts mehr zu sagen!

Wir machten einen Plan für die Route nach Spanien und keiner hatte Bock auf einen Zwischenstopp in Frankreich oder so.

Da es aber die Pflicht jedes einzelnen Chapters war, die Anreise zum "National Run" mit dem Motorrad zu absolvieren, musste also Plan B her!

Plan B sah so aus...

Wir wollten gegen 22 Uhr Richtung Spanien losfahren, aber nicht mit dem Motorrad wie es gewünscht war, sondern mit dem Auto! ⬜ ⬜

Wir besorgten 2 Anhänger, auf denen wir unsere Motorräder transportieren konnten und versuchten bis 8 Uhr morgens durchzufahren, um so weit wie möglich in Frankreich rein zu fahren, damit wir nur noch eine kleine Strecke bis Empuriabrava fahren müssen!

Von Aachen bis Empuriabrava sind es knapp 1230 Kilometer, eine Fahrtzeit von knapp 12 Stunden und 32 Minuten.

10 Stunden mit dem Auto durchfahren und die restlichen Kilometer auf dem "Bock" cruisen, ein fast perfekter Plan, wären da nicht meine Brüder gewesen...

Abgemacht war, dass jeder sich vor der Fahrt richtig ausschläft, damit wir die Fahrt auch durchziehen können, aber wie es oft so ist, machte jeder wieder was er wollte.

Ein Bruder kam zu spät, dass einladen der Motorräder hat Ewigkeiten gebraucht und irgendein Bruder hat, wie immer, irgendwas zu Hause vergessen.

Geplante Abfahrtszeit: 22 Uhr

Tatsächlich Abfahrtszeit: 0:45 Uhr

"Ich liebe es, wenn ein Plan funktioniert", hätte ich gerne gesagt, aber der Plan war da schon so gut wie gescheitert!

Endlich losgefahren, hatte ich das Gefühl, dass wir fast jede

Raststätte, die auf dem Weg nach Spanien lag, kennengelernt hatten! Der eine hatte auf einmal Hunger, der eine bekam Durst, der eine brauchte dringend plötzlich die Toilette, man merkte einfach, die Jungs waren sehr unerfahren, was solche Ausfahrten betraf und ich bekam es dann am eigenen Leib zu spüren!

Ihr werdet jetzt lachen, tatsächlich haben wir es geschafft, um 8 Uhr morgens in Nancy (Frankreich) zu sein! 291 Kilometer in 7 Stunden und 15 Minuten! Der absolute Negativrekord und dann wären wir auch noch fast erwischt worden… ☐ ☐

Wer dabei erwischt wurde, wie er versuchte, die Fahrt mit dem Motorrad irgendwie zu umgehen, wurde hart bestraft. Es gab sogar ein Chapter, das dachte, es wäre besonders schlau. Die reisten einfach mit dem Flugzeug an, aber womit sie nicht rechneten, dass am Flughafen hochrangige Member standen und Kontrollen machten!
Sie wurden sofort von Membern zu Prospects runtergestuft! Tja, der National Run war für die Jungs erst mal gelaufen! Wir entgingen einer solchen Katastrophe nur haarscharf.
Schon gegen 7 Uhr wollte ich eigentlich schon die Motorräder runterlassen, aber meine Brüder überredeten mich noch etwas weiter zu fahren, weil wir viel zu wenig Kilometer zurückgelegt hatten! Ja, normal bei einer solchen Chaostruppe!
Also fuhren wir noch etwas weiter und so gut wie an jedem Rastplatz standen auf einmal Bandidos und wir konnten so nicht rausfahren, bis wir dachten, wir hätten einen sicheren Rastplatz gefunden.
Wir stoppten gerade auf dem Rastplatz, als wir gefühlt ein Erdbeben von Harley-Davidson Motoren spürten…
Gefühlt der halbe französische Bandidos MC kam auf diesen Rastplatz gefahren.
Ich schoss die Rückenlehne von dem Beifahrersitz, auf dem ich saß, nach hinten, damit man mich nicht mehr sehen konnte und

schrie: "FAHR LOS!!!"

In letzter Sekunde kamen wir von diesem Rastplatz runter ohne gesehen zu werden und fuhren einfach die nächste Ausfahrt runter und suchten dort einen abgelegenen Ort, um die Motorräder dann abzuladen.

Was für eine Tour… und jetzt noch 900 Kilometer mit dem Motorrad fahren.

Wir waren am Arsch!

Alle seit knapp 12 Stunden wach und jetzt mit den Motorrädern alle 150 Kilometer einen Rastplatz anfahren, um dann zu tanken!

Wenn der "National Run" als Prospect so wird wie die Tour, dann sind wir hinüber!!!

Um ehrlich zu sein, es gibt nichts Schöneres als mit einer Harley Davidson zu fahren und dann noch mit deinen Brüdern im Konvoi. Der Grund für die "Trickserei" mit den Motorrädern war ja nicht ich, sondern die mit dem Motorrad noch etwas unerfahrenen Brüder von mir.

Von Tankstopp zu Tankstopp wurde der Konvoi immer größer und nachher war der Konvoi knapp 250 Motorräder groß!!! Ein unbeschreibliches Gefühl sag ich euch!

Endlich angekommen, bezogen wir erstmal unsere Zimmer. Wir hatten mit dem sehr befreundeten Bandido Chapter "Dortmund East" ein Ferienhaus gemietet. Da war es scheissegal, ob wir ein Prospect Chapter waren, das interessierte da niemanden, für sie waren wir alle Brüder! So sollte es auch sein!

Der Deutschland Chef gab uns, dank mir, eine Arbeitsaufgabe, die auf einen Donnerstag fiel, damit wir nicht auf der Party arbeiten mussten, sondern nur beim Aufbau der Party halfen. Cooler Deal eigentlich, wäre da nicht so ein Member aus Finnland gewesen, der die Prospects echt ekelhaft behandelte.

Er hat meine ganzen Tattoos vom Club gesehen und wusste auch, wer ich war, er aber sah nur das, was auf der Jacke stand und meinte mich dann auch dementsprechend behandeln zu müssen.

Bis zu einem gewissen Grad lasse ich mir Sachen gefallen, aber bei Respektlosigkeit hört bei mir der Spass auf, also rief ich den Deutschland Chef an und sagte ihm, dass er, wenn er so weiter macht, von uns auf die Fresse kriegt!

1 Stunde später waren wir dann von jeglicher Arbeit befreit und die Party konnte losgehen…

Ich traf echt viele alte bekannte Brüder aus den verschiedensten Ländern wieder und stellte ihnen auch alle meine Brüder aus dem Prospect Chapter vor! Die meisten behandelten mich nicht mal ansatzweise als ein Prospect, ganz im Gegenteil.

Ich traf einen Bruder aus Schweden, der mich auch oft in Deutschland besuchen kam und er war entsetzt, mich in einer Prospectkutte zu sehen.

Er forderte mich auf, sofort die Jacke auszuziehen und sie ihm zu geben, was ich auch tat und er warf sie dann einem Prospect von ihm zu, der sie festhalten sollte. Dann zog er seine Kutte aus und gab mir das Member T-shirt, was er trug, damit ich es anziehen sollte. Geile Geste, aber ich bat ihn darum, dies nicht zu tun, weil ich wusste, was dies für Konsequenzen mit sich ziehen würde! Er wusste es natürlich auch und für ihn war es eine Kurzschlussreaktion, aber ihm tat es weh mich so zu sehen, vor allem weil er wusste, was ich alles schon für den Club getan hatte!!!

Das aber alleine zeigte mir, dass mich viele nicht vergessen hatten und wussten, dass es teilweise zu übertrieben war, dass ich diesen Weg noch einmal von Anfang an gehen sollte!

Vor allem weil ich genau an diesem Run durch den ehemaligen Satudarah, der dann in Belgien Bandido wurde, die ganze Wahrheit ans Licht bringen konnte!

(Wie ich bereits in Kapitel 33 erwähnte)

Mit ehemaligen Brüdern aus Dortmund beim National Run in Spanien 2016

Im Endeffekt hat es mir meine Jacke auch nicht wieder gebracht und manche glauben sowieso nur das, was sie glauben wollen, von daher!

Im Großen und Ganzen war es mal wieder ein cooler "National Run", nur dass ich doch lieber als Member dort gewesen wäre.

Erst da merkt man den Unterschied!

38

Bandidos MC Probationary Chapter Düren

Unser Chapter hatte von Tag 1 an einen sehr guten Ruf! Unser Präsident Mike, der auch wieder den letzten "National Run" verpasst hatte, weil er noch im Knast war, war das Aushängeschild des Chapters!

Jeder kannte ihn, und das obwohl er seit August 2011 im Knast war! Mich kannte man ebenfalls Europaweit und unsere neuen Brüder aus unserem Chapter waren auch schnell bekannt, weil sie sich viel bewegten und sehr daran interessiert waren, viele Brüder kennenzulernen.

Sie waren sehr kontaktfreudig und auch sehr kommunikativ, was die Sache natürlich einfacher macht und außerdem stimmte auch das äußerliche Erscheinungsbild der Jungs.

Alle waren sportlich sehr aktiv und machten was aus sich, würde ich jetzt mal so sagen!

Mittlerweile hatte die Bandidos Führung auch ein schlechtes Gewissen, was meinen damaligen unfreiwilligen Austritt anging und schlug vor, mich nach 9 Monaten wieder zum Bandido "Probationary" zu machen, was so viel heißt wie "Member auf Probe".

Du bekommst auf jeden Fall den "Bandidos"-Schriftzug und den "Fat Mexican"!

Ich wollte aber, dass **alle** zum "Probationary" gemacht werden, das ganze Chapter! Dies ist eigentlich laut den "Rules" (Regeln) erst nach einem Jahr möglich. Klar, es gab immer mal wieder Ausnahmen, aber bei uns sah es eigentlich nicht nach einen "Ausnahme" aus.

Ich sprach mit der Führung und legte ihnen ein paar Argumente auf den Tisch und schließlich stimmten sie zu, Das Prospect-Chapter Düren auf der großen Party von Osnabrück, Münster und noch einem Chapter zum "Probationary"-Chapter zu machen. Geile Sache!!! Die Jungs waren begeistert und so kam es dann auch. Wir wurden auf die Bühne gerufen und bekamen alle unser "Probationary"-Patch!!!

Im Januar 2016 fingen wir als Prospect-Chapter an und im September 2016 wurden wir dann ein "Probationary"-Chapter!!!

Der Weg für was Großes war also geebnet, meiner Meinung nach, waren wir von 2013 bis 2016 eines der stärksten Bandidos

Chapter in Deutschland.

Keiner hat so viele "Gespräche" mit den verschiedensten Clubs gehabt wie wir. Keiner hatte so viele Mitglieder zeitgleich in Haft, bei uns waren es zu Höchstzeiten 14 Mann!

Wir waren in unserer Region immer die Nummer 1 und haben auch nie den 2. Platz gemacht! Traurig ist, dass sich oft die Anerkennung in Grenzen hielt, was auch im Nachhinein der Grund dafür war, dass es sehr oft Unruhe gab.

Obwohl wir gerade ein "Probationary"-Chapter geworden sind, entfernten wir uns teilweise unwissentlich, aber auch wissentlich vom Bandidos MC, weil nach unserer Auffassung tatsächlich viele Fehler gemacht worden sind.

Das Problem an der Sache ist, sprichst du sie an, werden sie totgeschwiegen und wirst du zu laut, musst du aufpassen, dass du nicht "unter die Räder kommst"!

"Wer die Wahrheit sagt, braucht ein schnelles Pferd!", hat mir mal ein Freund und auch ehemaliger sehr hochrangiger Bandido gesagt.

Ich brauche ihn namentlich nicht zu nennen, er weiß das er gemeint ist!

Mit der Zeit wurden auch Intrigen gesponnen und immer wieder wurde uns ein geplanter Wechsel zum "Hells Angels MC" vorgeworfen oder nachgesagt.

Es gab mal ein Meeting im Ruhrgebiet, als die "Nationals" (die hochrangigsten Member des Bandidos MC) mich dorthin riefen und mir genau so etwas vorwarfen.

Zum damaligen Zeitpunkt gab es solche Gespräche nicht, aber wenn du jemanden immer wieder etwas vorwirfst, was er nicht macht, dann wundere dich nachher nicht, dass er es macht, weil man es ihm sowieso die ganze Zeit vorgeworfen hat!!!

39

Schnelles Ende - kein "Patch" mehr auf dem Rücken

Ich hatte zu meiner Zeit im Bandidos MC immer Kontakt mit Membern oder Prospect aus dem Hells Angels MC, genau wie viele andere Bandidos!
Jeder wusste es auch und es wurde daraus auch kein Geheimnis gemacht.

Am 5. Dezember 2016 verließ das Bandidos MC "Probationary" Chapter Düren den Club!!!

Die einen sagen wir wurden rausgeschmissen, ich sage dass wir Abends mit 22 Mann zu einem Baumarkt in Aachen gefahren sind, uns Sturmmasken angezogen haben und dort ein Bild geschossen haben, was wir anschließend auf alle Social Media Kanälen zeigten und damit bekanntgaben, dass wir nicht mehr Teil des Bandidos MC waren!

Man sagte uns nach, dass wir ein "Patchover" (fliegender Wechsel von Club zu Club) zum Hells Angels MC vorhatten. Ein prominentes Beispiel für ein sogenanntes "Patchover" war 2010 der Wechsel von den Bandidos aus Berlin zu den Hells Angels!
Das war im wahrsten Sinne ein richtiges "Patchover".
So etwas war nie geplant, aber dass wir den Bandidos MC verlassen wollten, weil wir unzufrieden mit gewissen Entscheidungen der Führungspersonen waren, das passt da schon eher.
Leider will das niemand hören, weil sonst müsste man sich ja selbst irgendwann die Schuld geben und dass dies für manche Personen in gewissen Führungspositionen tödlich sein könnte, dürfte allen klar sein!

Nun war ich kein Bandido mehr, aber auch kein Hells Angel!!!

Natürlich wurde durch den Austritt beim Bandidos MC der Kontakt zu manchen Mitgliedern des Hells Angels MC wieder stärker, aber wie schon gesagt, Kontakt zu ihnen hatte ich auch als Bandido die ganze Zeit!

Wir waren ein bekanntes und starkes Chapter beim Bandidos MC und der Austritt machte sehr schnell die Runde.

Er kam für viele überraschend und manche freuten sich natürlich auch, schließlich war nun unsere Region, erstmals, Farben los!

Ich traf mich natürlich dann auch wieder mit vielen Hells Angels, die ich aus meiner alten Zeit noch kannte, wobei auch viele noch unter ihnen waren, die ich schon lange vor meiner Clubzeit kannte!

Das war dann für manche Leute aus dem Umfeld des Bandidos MC dann **"die Bestätigung"**, dass es auch wirklich so war, dass wir zum Hells Angels MC gehen.

Die Bandidos hatten nur noch ein Problem! Wir hatten noch alle "Patches" vom Club!

Diese sind Eigentum vom Club und müssen nach dem Austritt oder Rauswurf an den Club sofort zurückgegeben werden!

So kam es, wie es kommen musste, ein Member des Bandidos MC rief mich an und fragte mich, was wir jetzt mit den Bandidos-Patches machen sollen?

Die Frage verwunderte mich doch etwas sehr, schließlich ist es ihr Eigentum und wenn mir etwas gehört, dann fordere ich es zurück und frage nicht danach!

Ich machte es ihm einfach und sagte ihm, dass er sie in Aachen abholen könne, was auch ganz klar gegen ein sogenanntes

"Patchover" spricht, weil hätte es eins gegeben, dann hätten sie die Patches bei Mitgliedern des Hells Angels MC abholen können und nicht bei uns! Ich gab ihm eine Adresse in Aachen und er fuhr mit einem anderen Member des Bandidos MC los.

Er rief mich während seiner Fahrt nach Aachen sehr oft an und versuchte mich in ein Gespräch zu verwickeln, wahrscheinlich weil sie einen "Hinterhalt" vermuteten!

Ich machte ihm klar, dass die beiden in keinster Weise was zu befürchten hätten, weil wir Menschen mit Charakter sind und wenn wir jemanden in unsere Stadt einladen, dann geht er auch wieder so, wie er gekommen ist!

Nach etwas mehr als einer Stunde waren die beiden Bandidos dann am Treffpunkt in Aachen erschienen. Es war eine Shishabar in der Stadt, die eigentlich schon geschlossen hatte!

Für uns aber war die Tür immer offen, und zwar nicht weil der Besitzer Angst vor uns hatte, sondern weil er ein langjähriger Freund von uns war.

Die Ermittlungsbehörden verwechseln oft Angst mit Freundschaft und machen daraus dann direkt eine vermeintliche "Schutzgelderpressung", so etwas ist in Aachen tatsächlich Mode!!!

Jan und ich gingen dann auch zum Treffpunkt und in der hintersten Reihe der Shishabar saßen die beiden Bandidos.Wenn wir damals gesagt haben, wir kommen zu zweit, dann haben wir auch unser Wort gehalten, nicht wie andere Motorradclubs!

Wir begrüßten uns so als wären wir noch Clubbrüder, als wäre tatsächlich nichts passiert.

Ich hatte absolut nichts gegen die Beiden und rechnete ihnen sogar hoch an, dass sie so gesehen in die "Höhle des Löwen" gekommen sind!

Wir boten den Beiden etwas zu trinken an und fingen an zu reden!

Wir erklärten ihnen, dass wenn es so wäre, wie es aus den Reihen der Bandidosführung behauptet wird, dann würden sie jetzt hier nicht die "Patches" abholen. Sie fanden unsere Argumentation auch logisch und redeten selber sehr negativ über gewisse Dinge, welche den Bandidos MC betrafen!

Das Gespräch dauerte knapp 45 Minuten, wir gaben ihnen, wie versprochen, die "Patches" und dann fuhren sie wieder.

So einfach hält man sein Wort!

Es gab keinen Grund, die "Patches" des Bandidos MC ihnen nicht zurückzugeben! Ich hatte eine verdammt schöne Zeit beim Bandidos MC und will diese Zeit auch nicht missen.
Ich habe sehr viele gute Männer kennengelernt und hatte mit vielen von ihnen ein paar geile Erlebnisse, dafür bin ich dankbar.
Ich vergesse auch nicht, dass der Bandidos MC mir die Möglichkeit gegeben hat, meinen Lifestyle leben zu dürfen, als gewisse Personen in Bonn mir das verwehrt haben!
Deswegen habe ich auch heute noch, genauso wie ich mit Mitgliedern vom Hells Angels MC Kontakt habe, auch noch Kontakt zu Mitgliedern des Bandidos MC!
Der Unterschied jetzt ist, wenn ich mich mit ihnen treffe, reden wir niemals über Angelegenheiten, die den Club betreffen und auch nicht über kriminelle Aktivitäten!
5 Jahre und 7 Monate war ich Teil des Bandidos MC und nun war ich wieder ohne Farben auf den Straßen unterwegs…

Back to the roots…

40

Der Tod meiner Mutter

Wir schreiben das Jahr 2017, es ist Januar und mein Leben fing an jetzt etwas zu entgleiten.

Der Austritt aus dem Bandidos MC und der jetzt wieder enge Kontakt zum Hells Angels MC erfreuten nicht wirklich viele Personen von Seiten des Bandidos MC.

Natürlich war dies verständlich aus ihrer Sicht!

Viele sehr gute Freunde wurden zurückgelassen und wurden tatsächlich für einen gewissen Zeitraum zu "Feinden"! Für mich persönlich war es echt schwer, weil ich mit ihnen eine geile Zeit hatte und wir in der gleichen Stadt wohnten!

Sie waren wütend über die Entscheidung, dass wir uns vom Bandidos MC distanzierten und das zurecht! Ich liebe die Jungs heute noch, auch wenn wir keinen Kontakt mehr haben, trotzdem erinnere ich mich gerne an unsere gemeinsame Zeit zurück.

Die Männer, die ich meine, sind heute auch kein Teil mehr vom Bandidos MC, weil sie sich auch zurecht vom Club getrennt haben!

Die Trennung von meiner Frau war schon so gut wie beschlossen, trotzdem lebten wir noch zusammen und wollten beide es nicht wirklich wahrhaben. Für mich aber war klar, dass dies keine Zukunft mehr hatte!

Eines Tages rief meine Ex-Frau mich an, sie meinte, dass sie sich sicher wäre, dass die Kripo gerade bei uns gewesen wäre und geklingelt hätte. Sie war leider nicht schnell genug, weil sie duschen war und sie hat nur noch das wegfahrende Auto gesehen.

Sie hatte mittlerweile auch ein geschultes Auge für solche Personen und Autos, das bringt so eine Ehe mit einem Rocker mit sich.

Ich dachte wieder an einen Haftbefehl, oder weiß Gott, was die wieder wollten! Am anderen Tag war ich dann zu Hause und ich wollte gerade zum Training fahren, da standen sie plötzlich vor meiner Tür.

Der Rockerbeauftragte von der Polizei in Düren, den ich ja mittlerweile auch schon 3 Jahre kannte, stieg aus dem Auto und hatte so eine rosa Mappe dabei!
Ich grüßte ihn und fragte ihn direkt, ob ich noch meine Tasche holen darf?

Wenn man so lebte wie ich, dann hatte man zu Hause immer eine fertig gepackte Tasche mit Sachen, die man braucht, falls man verhaftet wird.
Traurig, aber über solche Dinge musste man sich halt immer Gedanken machen!

Er meinte sofort, dass er mit nicht so guten Nachrichten kommt, es wäre aber kein Haftbefehl! "Du bist Polizist, wann bist du jemals mit guten Nachrichten gekommen", sagte ich ihm direkt, aber diesmal merkte ich sofort an seinem Gesicht, dass die Situation für ihn sehr unangenehm war!
Er sank den Kopf und stotterte vor sich hin, bis ich beim zweiten Anlauf verstanden habe: **"Deine Mutter ist gestorben!"**

Ich spürte nichts, keine Trauer, keine Enttäuschung oder sonst was, meine Gefühle waren im "Flugmodus"!
Er gab mir aus dieser rosa Mappe die Kontaktdaten seiner Kollegen in Bergheim, die den Todesfall meiner Mutter bearbeitet hatten und fuhr wieder davon.
Meine Welt stand still, ich überlegte, wann ich meine Mutter zuletzt gesehen hatte und tatsächlich war es fast zweieinhalb Jahre her.
Es war kein geplantes Treffen, sondern eher zufällig auf einer Tankstelle, wo ich tankte und meine Mutter gearbeitet hatte.

Das durfte doch nicht das letzte Treffen von mir und meiner Mutter gewesen sein, dachte ich mir.

Ich wusste nicht wo vorne und hinten war, trotzdem kam keine Träne aus meinen Augen. Das machte mir schon wieder etwas Angst! Kein Gefühl beim Tod meiner Mutter zu spüren sah mir nicht ähnlich, weil ich ansonsten eigentlich ein sehr emotionaler Mensch war!

Ich rief den Kripo Beamten in Bergheim an, der die Ermittlungen im Todesfall meiner Mutter führte und der erklärte mir sofort, dass es ein natürlicher Tod war.

Die Leiche meiner Mutter war also freigegeben, also konnte ich mich um die Beerdigung kümmern, dafür aber musste ich denjenigen kontaktieren, für den meine Mutter mich damals auf die Straße setzte und den ich persönlich einfach noch nie leiden konnte.

Die beiden stritten sich sehr oft und nicht selten endete der Streit dann in Handgreiflichkeiten (häusliche Gewalt). Der tägliche Alkoholkonsum der Beiden, bestimmte deren Leben und dessen Emotionen. Meiner Meinung nach wurde meine Mutter erst durch ihn zur absoluten Alkoholikerin, wobei ein Mensch ja immer noch frei entscheiden kann, ob er trinkt oder nicht.

Es ist immer einfach, einem die Schuld zu geben, aber ich finde, dass man in einer eheähnlichen Partnerschaft auf sich aufpassen sollte!

Meine Mutter entschied sich damals, ein neues Leben mit ihm anzufangen und ließ mich dafür zurück, damals verstand ich es nicht, doch heute weiß ich, dass sie nur ihr Glück suchte und nicht alleine alt werden wollte, weil auch sie wusste, dass ich irgendwann mal nicht mehr zu Hause leben würde!

Ich denke, das war ihre größte Angst!!!

Ich habe viel Zeit mit meiner Mutter verpasst und ich hätte als Sohn bestimmt mehr machen können und müssen.

Ich hätte kämpfen müssen, um meine Mutter vom Alkohol wegzubekommen, aber leider hatte ich nicht die Kraft und vielleicht auch nicht den Mut dazu!

Ich bereue genau das am meisten in meinem Leben!

Ich habe viel Zeit und Energie an Menschen verschwendet, die heute nicht mehr an meiner Seite sind, die ich Brüder nannte und heute mich nicht mal mehr grüßen würden und hätte ich anstatt in diese Personen, diese Zeit in meine Mutter investiert, so bin ich mir sicher, hätten wir noch viele schöne Momente gemeinsam gehabt.

MEINE MAMA – RUHE IN FRIEDEN ♥

Meine Mutter hat mich nicht einmal besucht, als ich in Haft war, nicht aber weil sie sich für mich schämte oder es ihr egal war, sondern weil meine Mutter Angst hatte, auf der Autobahn Auto zufahren. Das war nicht immer so, aber nach einem nicht so schweren Unfall, bei dem sie Beifahrerin war, kam diese Angst plötzlich!

Sie schickte mir aber immer Briefe, Briefmarken und auch ab und an Geld, was ich aber direkt zurück schickte!

Ich habe seit meinem 15. Lebensjahr nicht einen Cent mehr von meiner Mutter bekommen oder genommen und gerade in Haft, war es für mich wichtig, dass es auch so bleibt! Manchmal hat sie sich die Schuld dafür gegeben, dass ich in Haft saß, aber es war in keinster Weise ihre Schuld!

Sie hat mich zu einem anständigen, aufrichtigen, respektvollen und höflichen Jungen erzogen und dafür danke ich ihr!

Die Planung der Beerdigung habe ich alleine gemacht, ich wollte den Typen von meiner Mutter nicht in meiner Nähe haben, weil er mich anwiderte!

Ich wusste, er hatte bei meiner Mutter körperlichen Schaden angerichtet und am liebsten hätte ich ihm jeden Knochen einzeln gebrochen, aber es hätte meine Mutter auch nicht zurückgebracht!

Auch finanziell habe ich ihm verboten, auch nur einen Cent für die Beerdigung zu geben!

Meine Mutter starb am 15. Januar 2017! Ihre Beerdigung war am 27. Januar 2017 in Bedburg-Erft! Sie starb im Alter von 54 Jahren an Krebs!

Eigentlich hätte sie, so habe ich erfahren, im Dezember in Köln-Merheim einen Termin bei einem Spezialisten gehabt, da dieser aber an einer schweren Grippe erkrankte, wurde ihr Termin um 3 Wochen verschoben. Da war es dann schon zu spät! Ich glaube der Termin hätte ihre Leidenszeit nur noch verlängert, aber vielleicht hätte es dann einen anständigen Abschied gegeben!

Zur Beerdigung kamen sogar ein paar Hells Angels, auch das werde ich nie vergessen, dass ausgerechnet sie meiner Mutter die letzte Ehre erwiesen haben, obwohl ich bis vor 7 Wochen noch nicht ihr "Freund" war!

Danke dafür!!!

Meiner Meinung nach ist das Schlimmste, was einem Menschen passieren kann, der Verlust der eigenen Mutter!

Das Verhältnis zwischen meiner Mutter und mir war seit meinem 15. Lebensjahr schon nicht mehr das Beste, aber deine Mutter bleibt für immer deine Mutter. Sie hat mich 9 Monate unter ihrem Herzen getragen, hat mit mir gelitten, hat für mich gekämpft und hat mir, mit Hilfe von Gott, mein Leben geschenkt!

Gerne vergessen manche Personen das oft, aber ich habe es nie vergessen!

Der Kontakt zwischen uns war manchmal auf dem 0 Punkt, aber trotzdem war ich immer nur einen Anruf entfernt, wenn sie mich gebraucht hat und das kam wirklich sehr oft vor!

Ich gab meiner Mutter oft die Schuld für manche Dinge, was ich heute absolut nicht mehr so sehe, leider kann ich es ihr nicht mehr sagen, aber ich hoffe sie weiß es trotzdem!

41

Mein Comeback beim Hells Angels MC

Nach dem Austritt aus dem Bandidos MC wurde der Kontakt zum Hells Angels MC immer stärker. Ich traf viele alte Bekannte, aber auch viele neue Gesichter.

Jeder war neugierig und wollte natürlich wissen, wie es "auf der anderen Seite" war. Viele denken, die Clubs sind sich ähnlich, sind sie aber nicht!

Jeder Club hat seine Vor- und Nachteile, aber von der Einstellung zum Leben und zur Gesellschaft unterscheiden sie sich nicht wirklich!

Ich konnte und werde nie etwas Schlechtes über beide Clubs sagen, da mich beide geprägt haben und ich in beiden Clubs sehr schöne Zeiten hatte.

Es ist nicht wichtig, was du auf dem Rücken trägst, es ist wichtig, mit wem du bist und ob es zwischenmenschlich passt!

Dass der Hells Angels MC der weltweit größte und bekannteste Motorradclub ist, lässt sich nicht abstreiten und ich kenne auch viele Bandidos, die das so sehen.

Trotzdem sind diese Leute gerne beim Bandidos MC und vor allem stehen sie ihm loyal gegenüber und das finde ich persönlich charakterlich sehr stark!

Ich war zuerst beim Hells Angels MC und habe dort alles gelernt was die MC-Szene betrifft und ich freute mich, dass mein Weg auch wieder dorthin zurück führte!

Ende Februar 2017 war es dann soweit und ich wurde wieder Prospect beim Hells Angels Charter D-City.

Eine echt geile Truppe, noch heute!!!

Die erste Zeit war nicht einfach, weil ich von manchen immer noch als der Ex-Bandido gesehen wurde, das ich aber schon vor vielen anderen damals im Club war vergaß so mancher, aber nicht jeder zum Glück!

Ich hatte noch viele Tattoos vom Bandidos MC auf dem Körper, die ich mir innerhalb von einer Woche alle überstechen ließ!

Ist ja logisch, wenn du Teil oder in meinem Fall wieder Teil des Hells Angels MC wirst, kannst du schlecht Tattoos von einem anderen Motorradclub auf deinem Körper tragen!

Ich persönlich, habe mich wieder "zu Hause" gefühlt, wobei ich zugeben muss, dass sich doch viel verändert hatte, aber das bringt die Zeit leider so mit sich!

Trotzdem wurde ich von den meisten doch sehr gut aufgenommen.

Ich, als Hells Angel Prospect, mit einem Bruder

Es wird Leute geben, die dieses Buch lesen und das alles nicht nachvollziehen können und das kann ich verstehen.

Ich versuche es euch so gut wie möglich, vor allem aber ehrlich zu beschreiben, wie meine Gefühlslage war und warum ich diese Schritte gegangen bin!

Wenn er mich heute fragt, ob meine Entscheidungen richtig waren, dann kann ich darauf nicht wirklich eine Antwort geben, aber würde es eher mit "Nein" beantworten.

Hätte ich es mir wünschen können, dann wäre ich für immer beim Hells Angels MC geblieben, aber das hat nichts mit dem Bandidos MC zu tun!

Ich bin dankbar für die Zeit beim Bandidos MC, weil ich dort auch sehr gute Männer kennengelernt habe und wäre ich für immer Hells Angel gewesen, hätte ich so eine Meinung über den Bandidos MC wahrscheinlich nicht gehabt!

Manchmal schreibt das Leben halt seine eigene Geschichte und das ist halt meine.

Man kann mich lieben, mögen, nicht leiden oder hassen, ich denke von allem ist was dabei, aber ich bin trotzdem stolz auf meine Zeit in der MC-Szene und würde sie niemals vermissen wollen!!!

Mit meinem Bruder Enzo

42

Sonny Barger kommt nach Paris

Für jeden Hells Angels auf dieser Welt ist Sonny Barger natürlich ein Begriff und natürlich ein Vorbild.

Ralph Hubert "Sonny" Barger wurde am 8. Oktober 1938 in Modesto, Kalifornien geboren. Er war Gründungsmitglied des Hells Angels Charter Oakland und war der weltweit bekannteste Hells Angel!

Sonny Barger einmal im Leben zu treffen, war für mich ein sehr großer Wunsch. Ich glaube, dass jeder Hells Angel auf der Welt diese Legende einmal treffen wollte.

Mit ehemahligen Brüdern in Paris

Sonny ist eine LEGENDE!!!

Im März 2017 kam Sonny Barger nach Paris, es war sein letzter Besuch in Europa, um seine europäischen Brüder zum letzten Mal zu sehen und sein Buch vorzustellen.
Natürlich machten sich ein paar Brüder aus meinem Charter und ich uns auf den Weg nach Paris... Was uns da erwartete, war eine Stadt in den Farben Rot und Weiß!!!

Es war unglaublich und ich glaube ich habe noch nie so viele Hells Angels auf einem Fle ck gesehen wie in Paris 2017! Jedes Land, wo es Hells Angels Charter gab, war dort vertreten!

Genau dafür gehst du in einen Motorradclub!

Die Party war riesig und für alles war gesorgt, die Verpflegung war super, nur an Sonny Barger heranzukommen, vor allem als Prospect war echt schwierig. Natürlich wollte jeder mit ihm ein Bild und eine Unterschrift in seinem Buch. Glaubt mir, ihn allein schon zu sehen, war die Reise wert. Von Tag 1 als ich Hells Angel

Sonny Barger – Hells Angels Legende

werden wollte, kannte ich seinen Namen und ihn dann dort sitzen zu sehen, war ein unglaubliches Gefühl.

Dieser Mann hat mit anderen Männern einen Mythos geschaffen, der noch lange leben wird und uns alle überleben wird, da kann die Politik noch so viele Verbote raushauen!

Der Hells Angels MC wird alles überleben!

Für mich persönlich gibt es viele andere Dinge die verboten gehören, nicht aber Motorradclubs die sich für die Schwachen, Kinder und Tiere einsetzen und nur weil es mal Clubmitglieder gab oder vielleicht auch gibt, die sich nichts rechtskonform verhalten haben, kann man nicht alle über einen Kamm scheren!

Wenn man alles pauschalisieren würde, dann dürfte man der Polizei nicht mehr trauen, müsste die Politik verbieten und in die Kirche dürfte man auch nicht mehr gehen!

Ich danke Sonny Barger für seinen letzten Trip nach Europa und dass er dies trotz seines gesundheitlichen Zustandes überhaupt gemacht hat.
Das aber definiert eine "Bruderschaft", seine letzten Wege mit seinen Brüdern zu gehen und das hat Sonny Barger getan!

Sonny Barger starb am 29. Juni 2022 in Livermore, Kalifornien im Kreise seiner Familie. Er wurde 83 Jahre alt!!!

Danke für Alles Sonny!!!

43

Schnelles Ende beim Hells Angels MC

Im August 2017 musste ich den Hells Angels MC verlassen.

Beim ersten Mal bin ich derjenige gewesen, der die Jacke abgelegt hatte, weil ich in Bonn nicht mehr bleiben wollte und jetzt musste ich den Club verlassen, weil ich mir, zum größten Teil, selber im Weg stand!
Nicht meine Brüder waren Schuld oder der Club an sich, auch änderte sich meine Einstellung zum Club nicht, es war einfach eine schwierige Zeit in meinem Leben.
Ich rannte durch die Welt, wusste selbst nicht wohin und enttäuschte mit meinem Verhalten auch einige Freunde! Ich hatte nichts Schlimmes getan, aber auch viele Kleinigkeiten ergeben

nachher in der Summe einen Haufen "Scheiße"!

Ich erkannte mich teilweise selbst nicht mehr wieder und wenn man mit sich selbst nicht zufrieden bist, dann verändert sich dein Verhalten und leider auch manchmal dein Charakter!

Ich schätze und respektiere jeden meiner alten Brüder aus meiner Zeit beim Charter D-City! Zum damaligen Zeitpunkt, als ich ein Bestandteil dieses Charters war, war ich nicht der Fernando, der ich eigentlich bin und deswegen war es das Beste für das Charter und auch für mich, mich aus dem Charter und dem Club raus zu tun.

Es ist wichtig, seine Persönlichkeit selbst reflektieren zu können, um dann seine Fehler zu sehen! Vielleicht hätte ich sonst noch einen viel größeren Fehler gemacht und davor wurde ich geschützt. Ich finde das auch genau sowas wieder gute Brüder ausmacht und zwar, dass sie dir die Wahrheit sagen, auch wenn man sie nicht hören will!

Die Leute reden immer von "er ist rausgeschmissen" worden oder ähnliche Aussagen die sinngemäß das gleiche bedeuten, aber die Wahrheit ist, dass ich den Club verlassen musste und heute noch immer mit diesen Männern "gut" bin!

Ich wurde im "Left" aus dem Club getan, was so viel heißt wie, dass ich nichts Schlimmes getan habe, aber der Zeitpunkt vielleicht für mich der falsche war und ich im Moment nicht da rein passe!

Ich danke meinen Brüdern vom Hells Angels Charter D-City trotzdem für die schöne, aber leider zu kurze Zeit, ich halte sie in Ehren!

44

Das schwierigste Jahr meines Lebens

Nach dem Austritt aus dem Hells Angels MC ging es in meinem Leben noch mehr drunter und drüber, als es vorher schon der Fall war.

Nach über 6,5 Jahren am Stück in der Rockerszene, war ich nun kein Bestandteil mehr in einem Motorradclub und genau das stürzte mich immer tiefer in mein Loch in dem ich mich sowieso schon befand.

Ich könnte jetzt hier auf ganz "hart" machen und sagen, dass es mich nicht gejuckt hat, aber das war nicht der Fall und ich werde euch hier nicht anlügen.

Mir hat diese "Bruderschaft" gefehlt, vor allem weil ich sie so gelebt, geliebt und gebraucht hatte! Ich hatte nur noch diese eine "Familie", den Club.

Meine Mutter ist verstorben, meinen Vater kenne ich bis heute nicht und ansonsten existieren keine Angehörigen mehr!

Ich war von nun an auf mich alleine gestellt und das erinnerte mich genau an die eine Situation, als ich mit 18 Jahren von zu Hause ausziehen musste, weil meine Mutter die Wohnung kündigte, um ein neues Leben mit einem neuen Mann anzufangen.

Als ich damals das Hells Angels Charter Bonn verlassen hatte, wusste ich, dass ich im Recht war und dass mein Weg in der MC-Szene noch lange nicht zu Ende war.

Diesmal aber war ich selbst an der Situation schuld und das einzusehen, hat mich viel Zeit und Kraft gekostet, leider auch Haftjahre, aber dazu später mal mehr…

Am Anfang habe ich natürlich jedem anderen die Schuld für meine damalige Lebenssituation gegeben, heute weiß ich, dass man erst sich selbst reflektieren muss, um den Grund für das Scheitern zu finden.

Das benötigt Charakterstärke, die man, gerade wenn man ein Teil des Hells Angels MC sein will, haben muss und genau das hat mir gefehlt! Ein Mann zu sein heißt auch, sich entschuldigen zu können und Fehler zugeben zu können, was ich jetzt tun kann!

Mir fehlte der Club an allen Ecken und Enden, was nicht heißt, dass ich den Club gebraucht habe, um den "dicken Max" zu machen.

Es fehlte mir einfach das Clubleben an sich.

Ich kämpfte mit Depressionen, Unzufriedenheit, finanziellen Schwierigkeiten und verstrickte mich oft in Lügen.

Mein Leben hatte ich nicht mehr unter Kontrolle und ich wusste nicht, wie ich es wieder unter Kontrolle kriegen sollte.

Den größten Kampf in meinem Leben hatte ich mit mir selber und der fing genau jetzt an! Du kannst keinen stärkeren Gegner haben als dich selbst! Wenn ihr euch jetzt fragt, wo waren denn meine ganzen Freunde und Brüder aus meiner Zeit in der MC-Szene, so kann ich euch sagen, die gab es genügend, aber in so einer Phase deines Lebens lässt du niemanden an dich ran.

Du willst keine Schwäche zeigen und lässt du sie doch an dich ran, so kannst du sie nur enttäuschen. Genauso war es bei mir.

Ich wusste, dies war jetzt mein Tiefpunkt in meinem Leben. Ich bin eigentlich ein sehr sportlich aktiver Mensch und ich brauche den Kraftsport, um meinen Kopf frei zu kriegen! Ich habe nicht eine Hantel in diesem Jahr bewegt, was die Unzufriedenheit in mir selbst noch stärker machte…

Ich hatte wechselnde Lebenspartnerinnen, obwohl es die ganze Zeit eine Frau gab, die von Tag 1 nur das Beste für mich wollte, aber auch sie verletzte ich Tag für Tag… immer wieder…

Ich hatte Kontakt mit Menschen, die ich früher nicht mal ansatzweise in mein Leben gelassen hätte! Diese Personen zogen mich dann noch weiter runter, aber wenn du am Boden bist, denkst du, es geht nicht mehr tiefer... aber es geht immer tiefer und es wird immer schlimmer!

Schon von frühester Kindheit war ich jemand, der Freunde brauchte, der es liebte Freunde zu haben, um mit ihnen Spaß zu haben.

Ich kann von mir behaupten, dass ich immer ein guter Freund war und das zu jedem!

Ein Freund, der jetzt leider verstorben ist, hat immer gesagt, dass ich es jedem Recht machen will und nicht "Nein" sagen kann, ich glaube das war auch mein größter Fehler.

Zuerst habe ich erst auf meine Freunde geguckt, dass es ihnen gut geht und dann kam erst ich, warum das so war weiß ich leider nicht, aber ich habe es lange auch nicht als Fehler gesehen.

Heute weiß ich, dass es beiden gleich gut gehen muss und dass eine Freundschaft ein vernünftiges Gleichgewicht hat.

Man kann nichts geben, was man nicht hat.

Oft habe ich Freunden meinen letzten Cent gegeben, auch wenn es das Geld für meine Miete gewesen wäre, aber da hört dann das Gleichgewicht auf!

Ich kann mich nur bei allen für mein Verhalten, welches ich im Jahr 2017 und 2018 an den Tag legte, entschuldigen.

45

Mit meinem Bruder Manuellsen "on Tour"

Manu, so nenne ich Manuellsen, war einer der ersten Menschen, der mich nach dem Austritt aus dem Bandidos MC kontaktierte!
Ich kannte Manu schon etwas länger, sehr viel länger, dadurch haben wir beide uns auf das Wiedersehen sehr gefreut. Er war auch der Grund, dass ich wieder sehr schnell einen guten Kontakt zum Hells Angels MC bekam.
Er ist Tag und Nacht mit ihnen unterwegs und es war klar, wenn wir uns treffen, dass dann auch Hells Angels da sein werden und so war es dann auch!
Von diesem Tag an waren wir fast täglich unterwegs und er nahm mich auch zu seinen Auftritten mit, nicht als sein "Personenschutz" sondern als sein Freund! Die Zeit war geil und durch ihn habe ich natürlich auch Personen des "öffentlichen Lebens" kennengelernt, die ich sonst vielleicht nie kennengelernt hätte!
Er hat mir auch viele Türen in Sachen "Security" für gewisse Künstler aufgemacht, wofür ich ihm natürlich noch heute sehr danke.
Irgendwann kam dann die Tour "Der Löwe" und da ich mit Manu und den Künstlern von seinem Label "König im Schatten" sowieso fast jeden Tag unterwegs war, fragte er mich, ob ich mit auf Tour gehen möchte, um die Sicherheit zu machen.

Damit man das nicht direkt falsch versteht! Hier geht es nicht um "Rücken" oder dass sich manche Künstler nicht selbst verteidigen können!
Es geht hier nur darum, dass es organisatorisch besser, schneller und sauberer abläuft.
Man achtet darauf, dass bei Fotos der Künstler nicht umarmt wird, nicht gefilmt wird und dass er sich nur auf seinen Auftritt

konzentrieren kann.

Ich bin keine Person, die von einem Künstler der "Rücken" sein kann, dafür gibt es Männer, die eine viel größere Kraft und Lobby haben als ich es je hatte.

Den Job als "Personenschützer" jedoch beherrsche ich ganz gut, weil ich weiß, worauf es bei dem Job ankommt!

Natürlich sagte ich Manu direkt zu, weil es mir das Gefühl gab, nach langer Zeit mal wieder gebraucht und geschätzt zu werden.

Es ging auf Tour...

<u>Tag 1 der Tour war Flensburg</u>

Auf dem Weg nach Flensburg wurde im "Tourbus" auf dem integrierten TV erstmal der Film "Blood in Blood out" abgespielt. Wer den Film nicht kennt, hat keine Jugend gehabt! Dieser Film war damals bei uns ein "Muss", genauso wie die "Nike Air Max 97"! Dieser Film hat meine Jugend geprägt, aber sowas von, das könnt ihr euch nicht vorstellen!

Für mich war es die erste Tour mit einem Rapper und ich muss sagen, dass der Weg nach Flensburg schon zeigte, dass es auf jeden Fall sehr unterhaltsam werden wird!

Flensburg ist keine Stadt, in der ich gerne leben würde, auch wenn wir nicht viel gesehen haben von Flensburg, außer dem Hotel, dem Ort, wo der Auftritt war und eine Shishabar, wo alle außer Manu nach dem Auftritt noch eine Pfeife geraucht haben.

Der Auftritt war geil, die Stimmung war klasse und wie erwartet gab es hier auch keine besonderen Vorkommnisse!

Es wurden Fotos gemacht, Autogramme gegeben und ein bisschen "Smalltalk" mit den Fans gehalten. Mir persönlich hat der erste Tag sehr viel Spaß gemacht und war Manu sehr dankbar für diese Erfahrung!

Gegen 1 Uhr waren wir alle im Hotel, weil wir am anderen Tag auch schon wieder nach Hamburg fahren mussten, weil dort schon der nächste Auftritt anstand!

Von Flensburg nach Hamburg… da fällt mir tatsächlich gerade eine sehr witzige Geschichte ein.

Vor der Tour wurde ein Gruppenchat erstellt für die Tour. In diesem Chat waren alle Künstler, der Tourmanager (bucht die Hotels und Locations), Sicherheitsleute (ich), Merchandise (Klamotten etc.) und der Tour-DJ.

Der Tourmanager fragte Manu in der Gruppe, ob es OK sei, wenn wir nach dem Auftritt von Flensburg nach Hamburg fahren könnten, da die Entfernung der beiden Städte ja überschaubar sei.

Die Antwort von Manu war legendär:

"Ich fahre doch nicht nach einem 2 stündigen Auftritt, voll geschwitzt wie ein H****s*** 200 km von Flensburg nach Hamburg. Wir sind hier doch nicht bei den "Orsons!"

Diese Sprachnotiz werde ich niemals mehr in meinem Leben vergessen. Ich persönlich kenne auch echt wenige Menschen, die mich so zum Lachen bringen können, wie es Manu schafft!

Tag 2 war in Hamburg

Diese Stadt sagte mir natürlich voll zu. Schon immer war ich ein Fan dieser Stadt und der Menschen, die dort leben, weil die Mentalität dort einfach stimmt!

Das Hotel war auch stark und jeder ging nach der Ankunft erstmal auf sein Zimmer, um etwas zu "relaxen". Ich aber, so kennt man mich, hatte mal wieder Hummeln im Arsch und da ich ein Tick was meine Haare betrifft habe , dachte ich mir, nutze ich die Zeit und gehe zum Friseur!

Ein gravierender Fehler, wie sich herausstellte!

Ich hasse es, wenn meine Seiten nicht auf Null sind und der Friseur den Übergang nicht hinbekommt. Da bin ich leider sehr penibel und deswegen gehe ich auch 3 mal die Woche zum Friseur!

Ich suchte also nach einem Friseur in der Nähe des Hotels und fuhr mit dem Taxi dorthin. Ich war ein maximaler Amateur an diesem Tag, obwohl ich ein Vollprofi darin bin, einen guten Friseur zu erkennen! Er selbst hatte keinen vernünftigen Haarschnitt, was darauf schließen lässt, dass es ihm scheissegal ist, wie man rum läuft! In dem Laden war auch kein einziger Kunde, was auch kein gutes Zeichen ist, aber ja mal passieren kann! Im Endeffekt ging ich das Risiko ein und hätte anschließend am liebsten den Friseurladen zu einer Eisdiele umdekoriert!

Da passte vorne und hinten nichts und ich wollte einfach nur weg von da, bevor die Tour für mich in Hamburg in der PG-(Polizeigewahrsam) Zelle geendet hätte!

Erstmal eine Shisha rauchen und mittlerweile war mir sogar egal ob sie schmeckt, hauptsache sie qualmt!

Irgendwann rief mich dann auch Manu an, dem auch die Decke auf den Kopf fiel und fragte mich, wo ich bin. Ich schickte ihm meinen Standort und er kam mit ein paar Jungs unserer Crew, um gemeinsam Essen zu gehen! Für mich war das immer das schönste an der Tour, alle gemeinsam an einem Tisch lachend die Tour Tage Revue passieren lassen…

War auch ne geile Crew, nur einer fehlte leider die ersten 3 Tage mein Bruder Twin!!!!

Er kam erst ab Stuttgart dazu, zu ihm aber später mehr!

Der Auftritt war in einer Location direkt auf der "Reeperbahn", Deutschlands bekannteste "Partymeile"! Genau wie in Flensburg, war es auch hier wieder richtig voll, wobei die Stimmung in Hamburg viel besser war!

Hamburg ist halt Hamburg!

Wir trafen hier viele Männer vom Hells Angels MC, die uns nach dem Konzert dann noch zum Essen einluden. Selbst wenn du nicht mehr Bestandteil des Hells Angels MC bist, hast du sie immer noch nicht als Freunde verloren!

Die Zeit in Hamburg war geil und dank der Gastfreundschaft unserer Freunde vom Hells Angels MC, hat es doppelt so viel Spaß gemacht!

Tag 3, Hannover

Ich sage euch, hier war es entspannter, weil wir hier zum ersten Mal 2 Tage übernachten konnten. Sonst gab es immer nur eine Übernachtung und am anderen Tag war direkt die Abreise. Jetzt hatten wir einen ganzen Tag "Urlaub" und der Auftritt von Manu war erst am nächsten Tag.

Hannover ist einfach schön und vor allem hatten wir hier sehr viele Freunde. Es ist ja kein Geheimnis, dass Hannover eine Hochburg der Hells Angels ist.

Wir trafen uns mit sehr vielen Freunden vom Hells Angels MC und auch hier, genau wie in Hamburg, war die Gastfreundlichkeit überragend!

Wir verbrachten viel Zeit mit ihnen und das beste an dieser Stadt war ein Sushi-Laden!!! Ich kann euch nicht beschreiben, wie lecker es dort war. Wir wurden, dank Manu, dort eingeladen und es hat in diesem Laden einfach alles gestimmt!
Immer wenn ich in Hannover bin, gehe ich dort Essen!

Das Konzert war voll bis unter die Decke und die Location war auch geil. Unser Backstage Bereich sah aus, als würde der Hells Angels MC dort ein Meeting veranstalten, so viele Member des Clubs waren dort.
Die Stimmung war unglaublich und wir hatten alle eine Menge Spaß!!!

Dann ging es zurück nach NRW…

Wir hatten einen Tag Pause, bevor es in NRW weiter ging, so konnten wir alle für eine Nacht nach Hause.
Ich hätte so eine Tour 6 Monate durchziehen können, so viel Spaß hatte ich, aber diese Pause tat trotzdem jedem gut!

<u>Tag 4 war in Köln</u>

Die Stadt, in der ich lebte, die Stadt, die ich liebe!
Ich fühlte mich natürlich wie zu Hause, aber auch Manu kennt sich in Köln sehr gut aus, weil auch er hier eine Vergangenheit hatte und immer noch sehr viele Freunde in dieser Stadt hat!

Wie bei allen Auftritten zuvor, war auch Köln ein Erfolg, wobei wir nicht dieses Tourleben hatten, wie an den 3 Tagen zuvor.
Wir trafen uns alle erst kurz vor dem Auftritt, gingen danach auf eine "Aftershowparty" in eine Shishabar auf den Kölner Ringen, wofür Manu gebucht wurde und danach fuhren alle wieder nach Hause, weil am nächsten Tag auch ein freier Tag anstand!

Tag 5 war in Oberhausen

Der letzte Tag in NRW, ehe es wieder Richtung Süden ging! Oberhausen ist für Manu ein Heimspiel, er ist ein Mann aus dem Ruhrpott und dementsprechend war auch die Stimmung! Die Halle brannte!
Brutale Stimmung, geile Fans und wie bei fast jedem Konzert viele Freunde zu Besuch!
Wieder ein Tag Pause, bevor dann die Tour im Süden begann!

Tag 6, München

... und endlich war mein Bruder Twin mit dabei!

Ein paar Worte zu meinen Bruder Twin

Mit meinem Bruder Twin

Von Tag 1 an, als ich Twin kennengelernt habe, stimmte sofort die Chemie zwischen uns. Er war für mich wie ein Zwillingsbruder, obwohl er tatsächlich einen Zwillingsbruder hat, daher kommt auch sein Name "Twin"!

Twin ist ein Hells Angel und Rapper! Mit seinem besten Freund Cashmo betreibt er dazu noch ein paar Tattooläden!
Ich kann an einer Hand die Menschen abzählen, für die ich jeden Weg in Kauf nehmen würde, wenn sie mich bräuchten!
Twin steht da ganz oben auf der Liste!
Ein Mann, der die Werte Ehrlichkeit, Zuverlässigkeit, Respekt, Loyalität, Freundschaft und Geradlinigkeit besitzt wie kaum ein Zweiter!

Ich danke Gott für genau den Tag, an dem ich Twin kennenlernen durfte!

In Zeiten, wo sich keiner mehr für mich interessierte und ich teilweise fallen gelassen wurde, war er da! Er hilft dir ohne einen Hintergedanken, weil sein Herz einfach sauber ist!
Twin ist mein Bruder, Twin ist Familie und nichts und niemand auf dieser Welt könnte sich dazwischen stellen, um dies zu ändern!!!
Mit Twin in München war die Stimmung noch mal eine Stufe geiler! Man muss ihn kennen, um zu wissen, was ich meine!
Das Konzert in München war super voll und wir haben im Nachhinein noch eine Aftershow-Party in einer Diskothek ähnlichen Shisha Bar gehabt.
Es war keine typische "Rap-Tour", sondern es war ein Ausflug unter Freunden und Brüdern, bei dem wir alle sehr viel Spaß hatten!

Es erinnert mich teilweise wirklich an mein Clubleben!

Tag 7 war in Stuttgart

Jeder, der diese Stadt kennt weiß, hier wird Rapmusik gelebt und geliebt. Man sagt der Stadt nach, dass es hier die schönsten Frauen Deutschlands gibt, also waren die Erwartungen hier noch etwas höher als in den anderen Städten, wobei ich sagen muss, dass meine Lieblingsstadt noch kommen wird!

Die Zeit in Stuttgart war schön und diesmal sahen wir auch etwas mehr von der Stadt! Wir gingen shoppen, essen und erkundeten etwas die Innenstadt!
Das Konzert war ebenfalls sehr gut besucht und auch die Stimmung hielt mit jeder anderen Stadt mit.

Tag 8, meine Lieblingsstadt Frankfurt

Ich liebe diese Stadt so sehr und wenn es eine Stadt gibt, in der ich mich am wohlsten fühle, dann ist es Frankfurt am Main!
Es war das letzte Konzert und ein wirklich krönender Abschluss, denn man hätte sich keine bessere Stadt aussuchen können, in der die Tour "der Löwe" endet!

Die Stimmung war am brennen, im positiven Sinne natürlich und so viele Freunde kamen dorthin, nicht nur aus Frankfurt!

Ich bin noch 3 Tage länger geblieben, während alle anderen nach Hause fuhren, weil ich noch etwas Zeit mit meinem Bruder Twin verbringen wollte.
In Frankfurt fühle ich mich zu Hause und noch heute habe ich dort immer noch viele Freunde, was mich besonders stolz macht.
Die Mentalität der Männer dort ist wirklich anders als in vielen anderen Städten und ich identifiziere mich sehr mit ihnen!

Twin, ein Freund, ich und Manuelsen (v.l.)

Ich danke Manuellsen dafür, dass er mir die Gelegenheit gegeben hat, eine solche Tour mal hautnah mit zu erleben und Teil dieser Crew gewesen sein zu dürfen.

Es war mir eine Ehre mit jedem Einzelnen unterwegs gewesen zu sein und ich denke, sie hatten eine Menge Spaß mit mir!

46

Alles fliegt mir um die Ohren

Außer der Tour gab es von August 2017 bis zum 17.Juli 2018 nichts, was mich noch wirklich erfreute. Mit der Tour konnte ich meinem "Tief" etwas entkommen, aber nach der Tour steckte ich wieder mittendrin und alles, was ich versuchte, um aus diesem Loch rauszukommen, scheiterte!

Mir fehlte die Kraft, die Energie, aber auch der Wille, mein Leben komplett neu zu gestalten. Ich traf eine Menge Fehlentscheidungen, vor allem bei der Wahl der Frauen, die um mich herum waren und den Freunden, mit denen ich immer mehr Zeit verbrachte.
Meine alten Freunde distanzierten sich immer mehr, Stück für Stück, weil auch sie meine Entscheidungen irgendwann nicht mehr verstanden.

Die ganze Zeit gab es eine Frau, die trotz allem immer und immer wieder versuchte mich aufzubauen und mir zu helfen, aber selbst sie verletzte ich emotional immer mehr! Trotzdem gab sie nie auf, während andere Freunde die Hoffnung aufgaben!

Ich wusste, dass irgendwann ein Zeitpunkt kommen wird, an dem mir alles zu viel wird und mir alles um die Ohren fliegt, aber mit so einer Bombe habe ich nicht gerechnet!

Am 17. Juli 2018 klingelte es morgens um 9 Uhr bei mir an der Tür. Ich lebte damals mit einer Prostituierten zusammen, mit der ich schon knapp 2,6 Jahre "zusammen" war. Die Wohnung war in Köln, im Unicenter in der 15. Etage und hatte einen Ausblick auf den Kölner Dom! Ich habe diese Wohnung sehr gemocht!

Ich ging zur Sprechanlage und fragte, wer dort sei und jemand antwortete plötzlich direkt durch die Tür…

"Polizei Köln, wir wollen zu Veronika T. (Name geändert)!"

Die war aber mit dem Hund kurz draußen und das sagte ich den Beamten an der Tür auch. Ich guckte durch den Türspion und sah 2 uniformierte Polizeibeamte. Sie forderten mich auf, trotzdem die Tür zu öffnen, was ich auch direkt ohne Bedenken tat…

Dann gab es eine rechte Gerade in mein Gesicht!!!
Ich hörte nur noch Polizei Aachen und dass ich festgenommen bin! Auf einmal standen 6 Kripobeamte in meiner Wohnung und alle kannte ich natürlich, meine alten Freunde aus meiner Zeit beim Bandidos MC, aber bitte, was wollten die denn von mir!?
Ich bin bereits vor 1,6 Jahren aus dieser Seuchen Region weggezogen und jetzt stehen die auf einmal in meiner Wohnung????
Ich kam langsam zu mir, aber einen Haftbefehl hatte ich bis dahin noch nicht gesehen, sondern nur den Durchsungsbefehl.
Sie hatten es sehr eilig, mich aus meiner Wohnung rauszubekommen, was ich erst gar nicht verstand, weil ich eigentlich bei der Durchsuchung meiner Sachen anwesend sein durfte. Daraus wurde aber leider nichts!!!

Dass die Polizei Aachen, zumindest dieses Kommissariat, sich nicht an Regeln und Gesetze hält, wusste ich ja schon seit 2011, meiner letzten Verhaftung durch diese Beamten.
Sie packten mich ins Auto, verschnürten mich wie ein Paket und fuhren mich dann zum Haftrichter nach Aachen. Im Auto legten sie mir dann den Haftbefehl auf meinen Oberschenkel, damit ich ihn lesen konnte und ich sage euch… Ich wusste nicht, ob ich lachen oder weinen sollte!!!

"Räuberische Erpressung (Schutzgeld), Menschenhandel zur sexuellen Ausbeutung, viermal Zuhälterei und einmal Betrug."

Ich hatte ja nichts dagegen, wenn man sich mit mir mal einen Scherz erlaubt, der ging aber wirklich zu weit, dachte ich mir!
Nur dass es kein Scherz war!

Deswegen wollten sie mich auch so schnell wie möglich aus der Wohnung haben, da die Frau, mit der ich dort lebte, Prostituierte war und ich mich mit ihr nicht absprechen konnte, so dachten die Ermittler.
Ich kann euch sagen, dass dieser Haftbefehl ein Witz war!
Es ging von Köln nach Aachen zum Haftrichter und auf dem Weg dahin schossen mir einfach tausend Gedanken durch den Kopf…
Als ich den Haftbefehl gelesen habe und diesen Namen vom "Kronzeugen" gelesen habe, dachte ich mir nur, was der Grund war, warum dieser Bastard so eine "Scheisse" erzählt hat!
Alles davon war einfach gelogen, ich war mir meiner Sache sehr sicher!
Angekommen bei Gericht ging es dann erstmal in den Gerichtsbunker, der mir ja schon von 2012 noch sehr bekannt war.
Die Tür öffnete sich und ein Kripobeamter kam mit dem Staatsanwalt rein… Dieser Staatsanwalt war 2012 auch schon in unserem Prozess dabei, da hat er aber kein Wort gesagt. Wir dachten alle, er sei der Praktikant der Oberstaatsanwältin!
Jetzt steht er in der Zelle wie "John Wayne" und lachte mich an, so als ob er den Coup seines Lebens gemacht hat. Er fragte mich, ob ich was zu sagen hätte und alleine das zeigte mir schon, dass er aus unserem Prozess 2012 nichts gelernt hat. Da haben wir auch kein Wort gesagt und nur weil ich jetzt kein Mitglied mehr in einem Motorradclub bin, hat sich mein Charakter sicherlich nicht verändert diesbezüglich!
Mein Anwalt kam rein und meinte direkt, dass wir hier und heute

sicherlich nichts erreichen werden, aber so ist es ja immer und so ging es erstmal in U-Haft.

Mir stand noch ein Anruf frei und ich rief die Frau an, die mit mir in Köln zusammenlebte, um ihr zu sagen, in welche JVA ich gebracht werde und um was sie sich kümmern soll.

Soweit kam ich erst gar nicht, weil sie mich am Telefon mit Vorwürfen konfrontierte, auf die ich natürlich keine Antwort hatte. Die Beamten haben ihr, so ganz nebenbei, erzählt, mit welchen Frauen ich noch so zugange war und dass sie darüber nicht erfreut war, irgendwie verständlich. Als ich mich gerade zu etwas rechtfertigen wollte, legte der Haftrichter schon den Hörer auf, weil er dachte, dass ich mich mit ihr absprechen wollte, was garnicht der Fall war!

Jetzt war mein Kopf noch mehr am Arsch!!! U-Haft und jetzt noch dieses Theater…

Ich stellte mich vom Kopf her schon auf die JVA Aachen ein, was ich für absolut nicht schlimm empfand, aber es ging tatsächlich doch in die JVA Köln.

Ich verstand erst gar nicht warum Köln und nicht Aachen, schließlich liefen die Ermittlungen alle über die Behörden aus Aachen, die Straftaten sollen alle angeblich in Aachen passiert sein und einen Mittäter hatte ich auch nicht, also konnte man eine "Tätertrennung" auch ausschließen!

Es kam nachher heraus, dass mein alter Clubbruder und damaliger "Sgt at Arms" Jan auch in U-Haft saß und das sein und mein Verfahren sich teilweise überschneiden.

Da er bereits in der JVA Aachen war, wollte die Staatsanwaltschaft mich auf keinen Fall auch in der gleichen JVA unterbringen. Man kann nämlich eine Tätertrennung nie garantieren!

Ich warte im Bunker also auf die Beamten der JVA Köln, damit sie mich in mein vorerst neues Domizil bringen.

47

JVA Köln-Ossendorf Haus 4

Die JVA Köln war mir tatsächlich nur vom Namen her bekannt, dort eingesessen habe ich tatsächlich noch nie und das obwohl ich mein halbes Leben in Köln gelebt habe!

In Köln angekommen, wurde ich in eine Wartezelle gepackt und natürlich kannte ich von Erzählungen her, wie der Ablauf dort ist. Man wird erst im Haus 1 untergebracht, eine Art "Zugangshaus", bevor man nach ungefähr 2-3 Wochen dann in ein anderes "normales" Haus gebracht wird.

Bei mir lief es aber ganz anders ab…

Die Zellentür ging auf und dort standen auf einmal 3 Beamte, die mich "abholen" wollten. Ich habe zuerst gar nicht verstanden, wofür die jetzt so viele Beamte brauchen, weil ich das ja aus den anderen Vollzügen kenne und da macht dir ein Beamter die Tür auf und bringt dich dann in deine Zelle.

Sie gingen mit mir durch ein paar Türen, aber die letzte Tür sah irgendwie anders aus. Sie gaben ihre Schlüssel ab und bekamen einen anderen, da wusste ich, dass hier irgendwas sehr komisch ist! Die Justizvollzugsbeamten, die mich abholten, waren alle wirklich sehr freundlich, aber sie sagten mir nicht, wohin es tatsächlich geht. Ich saß im Büro des stellvertretenden Bereichsleiters und er erklärte mir dann, wo ich gelandet bin…

Haus 4

Das Haus 4 ist ein "VGH"-Bereich in einer Justizvollzugsanstalt, besser gesagt ein "Knast im Knast"! Von diesen "VGH"-Bereichen gibt es in NRW tatsächlich nur 5 Stück!

Bielefeld, Bochum, Düsseldorf, Köln und Wuppertal!

Der "VGH"-Bereich ist nicht zu verwechseln mit einem Hochsicherheitsknast wie Aachen zum Beispiel. In diesen

Bereichen werden nur absolut Schwerstkriminelle, Terroristen, Probleminhaftierte die nicht im "normalen" Vollzug zu kontrollieren sind oder Inhaftierte die Ausbruchspläne gemacht haben untergebracht!

Mir wurde sogar erzählt, dass dieses Haus 4 in Köln extra für die damaligen RAF-Terroristen gebaut wurde, ob das stimmt kann ich leider nicht sagen.

Was zum Teufel habe ich hier zu suchen???

Der stellvertretende Bereichsleiter erklärte mir dann die Vor- und Nachteile dieses Hauses und es stellte sich heraus, dass dieses Haus tatsächlich viele Vorteile mit sich brachte, aber die Nachteile auch sehr ekelhaft waren!

Die Vorteile waren zum Beispiel, dass man jeden Tag Sport machen durfte, sogar am Wochenende. Man durfte jeden Tag duschen und auch jeden Tag in die Küche, zum Vergleich im "normalen Vollzug" ist das schon ein erheblicher Unterschied. Wenn du Glück hast, dann kannst du da 2 mal die Woche zum Sport und auch nur 2 mal die Woche duschen.

Außerdem hatte man in Haus 4 immer 2 Stunden "Freistunde" (Hofgang), im "normalen" Vollzug nur 1 Stunde. Für mich persönlich war das mit dem Sport und der Dusche extrem wichtig! Die Nachteile waren dafür umso gravierender!!!

Man durfte dieses Haus 4 niemals verlassen, es war die sogenannte "Isolationshaft"!

Das komplette Haus war kameraüberwacht, außer die Duschen und die Zellen, welche keine "Beobachtungszellen" waren! Man machte keinen Schritt ohne einen Vollzugsbeamten und die Arztsprechstunden fanden auch nur in diesem Haus statt.

Ausnahme war nur, wenn du mal zum Zahnarzt musstest, dann wurdest du von 2 Beamten dort hingebracht und man kam sofort dran. Du musstest also in keiner Wartezelle warten, wie die anderen Inhaftierten, die teilweise stundenlang dort rumhängen. Man wurde behandelt wie ein Privatpatient!

Auf dem Weg und auch beim Zahnarzt durfte man mit keinem

Inhaftierten aus dem "normalen" Vollzug reden, man wurde wortwörtlich isoliert!!!

Ich zähle mich nicht zu den gefährlichsten Verbrechern der JVA Köln und deswegen verstand ich nicht wirklich, warum ich in diesem Haus 4 gelandet bin, aber die Erklärung dafür war der Haftbefehl!

In diesem Haftbefehl, wurde ich immer noch als ein führendes Mitglied eines Motorradclubs geführt und die Vorwürfe waren tatsächlich so schwer, dass man davon ausgehen konnte, dass die Haftstrafe nicht gering ausfallen könnte!

Dass ich in Wirklichkeit, seit knapp einem Jahr, kein Teil mehr eines Motorradclubs war, glaubte mir keiner und interessierte auch nicht wirklich jemanden!

Zu meiner Zeit war ich in Haus 4 mit einem Marokkaner aus Holland der angeblich der Kopf einer "Geldautomatensprengerbande" gewesen sein soll, 2 IS-Terroristen, wobei der eine damals in Chorweiler eine Rizin Bombe bauen wollte und ein paar Mörder…

Diese IS-Terroristen sind wirklich mit Abstand die widerlichsten Menschen in diesem Haus 4 gewesen. Wirklich arme Würstchen, die jeden Tag am Weinen waren und ihre Unschuld beteuerten! Abschaum!!!

Ich kam dort sehr schnell zurecht dank des Kraftsports! Endlich fing ich wieder an zu trainieren, traurig, dass ich dafür erst verhaftet werden musste!

Das Einzige, was mir Kopfschmerzen machte, war die Situation draußen, nicht mal der Haftbefehl, weil ich wusste, dass es Lügen waren, sondern wer mich besuchen kommt und wer alles mittlerweile weiß das ich verhaftet wurde.

Mein Anwalt, der mich einmal kurz besuchen kam, teilte mir mit, dass Veronika mich definitiv nicht besuchen kommt.

Sie hat sich, nachdem die Ermittlungsbeamten ihr gegenüber so auskunftsfreudig waren, dafür entschieden, getrennte Wege zu gehen.

Es vergingen die ersten 3 Wochen und ich hatte immer noch keinen Besuch! Ich fing an, an mir selbst zu zweifeln! Natürlich war ich in letzter Zeit nicht einfach, aber ich habe mich doch immer um meine Jungs in Haft gekümmert, wie kann ich so in Vergessenheit geraten? Unzählige Frauen um mich herum gehabt und jetzt erkennst du den Wert, welchen das tatsächlich alles hat!

Ich ging durch die Freistunde, auf einmal rief mich ein Beamter zu sich, der in meiner Zelle am Fenster stand. "Du hast nächste Woche Besuch", sagte er.

Richtige Glücksgefühle stiegen in mir hoch und ich wollte natürlich wissen, von wem und er teilte mir dann mit, dass eine Frau Katrin M. zum Besuch kommen möchte.

Katrin? Ausgerechnet sie?

Ich erwähnte bereits im Buch, dass es immer eine Frau gab, der es nicht egal war, wie es mir ging und immer versucht hat, mich irgendwie aufzubauen!

Ich belog sie und war auch so sehr verletzend und sie war auf einmal die erste Person, die mich besuchen will? Verrückt…

Leider gab es da nur einen Haken und das war die Besuchserlaubnis. Wenn man in U-Haft ist, muss jeder, der dich besuchen will, eine Besuchserlaubnis bei der Staatsanwaltschaft beantragen und die Ermittlungsbeamten wollten ihr diese erst nicht geben. Eigentlich gab es dafür keinen Grund, weil sie nicht in meinem Haftbefehl namentlich als Zeuge oder so erwähnt wurde, erst später erfuhr ich, warum sie so ein Theater um diese Besuchserlaubnis gemacht haben.

Sie bekam die Erlaubnis und kam zum Besuch… Ach ja, auch ein Nachteil an Haus 4 ist, dass deine Angehörigen durch den halben Knast gehen müssen, um dich besuchen zu können, weil auch der Besuch nur in Haus 4 stattfindet! Ein echt schlimmes Gefühl für jemanden, der mit diesem "Knastscheiß" nichts zu tun hat!

Da saß sie mir nun gegenüber und ich bekam die Schuldgefühle meines Lebens ihr gegenüber! Unser letztes Telefonat, bevor ich verhaftet wurde, war ein Streitgespräch, eigentlich waren alle unsere letzten Telefonate Streitgespräche!

Sie hatte Tränen in den Augen, weil auch der Besucherraum an einen Bunker erinnerte. Ich entschuldigte mich für mein Verhalten in letzter Zeit und ich wusste in diesem Moment, dass sie die letzte Person ist, die mir in meinem Leben geblieben ist und so war es auch! Sie versprach mir, dass sie sich um alles kümmern würde und das tat sie dann auch! Nach 30 Minuten war der Besuch vorbei und ich dachte, dass ich sie nächste Woche wiedersehen werde, aber es kam mal wieder alles anders.

Sie bekam keine Besuchserlaubnis mehr und so blieben uns nur Briefe schreiben. Warum sie keine Erlaubnis mehr bekommen hat, dazu kommen wir noch…

48

Die Ermittlungen und ein unglaubwürdiger "Kronzeuge"

Jeder, der in U-Haft sitzt, wartet nur auf das…die Ermittlungsakte!!!

Dort steht einfach alles drin, jede Aussage, die Ermittlungen, Beweise die dir zur Last gelegt werden, einfach alles!

Meine Akte war sehr umfangreich, dass sie noch umfangreicher werden sollte, erfuhr ich erst später. Zuerst bekam ich die Hauptakte und die hatte es auch schon in sich!

Die Akte und ich wurden beste Freunde, ich habe mit ihr gegessen, mit ihr trainiert und teilweise habe ich sie auch zum Schlafen mit ins Bett genommen.

Ihr denkt jetzt bestimmt, ich habe einen Knall, aber glaubt mir, ich kannte jede Seite auswendig und das war auch dringend notwendig!

Die Ermittlungen fingen am 13. Juli 2016 an, ihr erinnert euch, ich wurde am 17. Juli 2018 erst verhaftet, also liefen die Ermittlungen 2 ganze Jahre. Das alles war mal wieder die Handschrift der Staatsanwaltschaft Aachen…

Am 13 Juli 2016 rief der "Kronzeuge" in meinem Verfahren bei der Polizei in Aachen an und teilte ihnen mit, dass er von den Bandidos erpresst wird. Bandidos und Erpressung, 2 Schlagwörter worauf die Ermittlungsbeamten in Aachen natürlich sofort drauf anspringen. Ein 6er im Lotto verursacht nicht solche Glücksgefühle bei ihnen!

Der "Kronzeuge" wurde natürlich sofort ins Polizeipräsidium eingeladen, damit er dort den Sachverhalt erzählen könne. Da ging die Geschichte dann los…

Er berichtet davon, dass ich von ihm Schutzgeld (Erpressung) haben wollte. Da er der Besitzer einer Escortagentur sei und ich in seinen Augen der "Rotlichtkönig von Aachen" bin, wollte ich von ihm eine Zahlung über 3000 Euro, damit dieser Agentur nichts passiert!

Außerdem berichtete er von Prostituierten, die auch teilweise in seiner Agentur arbeiten, die für mich arbeiten müssen und dass ich deren Geld komplett für mich behalte.

So kam der Stein ins Rollen!

Ich werde mich nachher noch zu allen Vorwürfen äußern, damit ihr aber nicht durcheinander kommt, erzähle ich euch chronologisch von den Ermittlungen und den Aussagen!

Danach machte er noch 13 weitere Aussagen, wobei er sich immer weiter in Lügen verstrickte, die Ermittlungsbeamten ihn aber vom Lügen auch nicht abhielten!

Er konnte nicht eine einzige Aussage, die er getätigt hat, beweisen, noch besser, nach der 12. Aussage fiel sogar den Ermittlungsbeamten auf, dass ihr "Kronzeuge" selber nicht ganz sauber war, aber trotzdem konfrontierten sie ihn damit nicht und ließen ihn weiter aussagen!

Meiner Meinung nach war den Ermittlungsbeamten egal ob er die Wahrheit spricht, Hauptsache sie haben etwas "Munition" um ein Verfahren daraus zu machen!

Wie immer!!!

Der "Kronzeuge" war drogenabhängig (Kokain) und alkoholkrank! Er machte am 13 Juli 2016 diesen Anruf bei der Polizei nur aus einem Grund, weil er selber soviel Dreck am stecken hatte, dass er die Hoffnung hatte durch die Aussagen gegen eine Bandido "V-Präsidenten" könnte er sich "Strafrabatt" erkaufen.

Am 13. Juli 2016 ging eine Frau gegen 2 Uhr morgens zur Polizei in Düsseldorf und zeigte den "Kronzeugen" wegen Betrugs an. Er nahm von ihr 2300 Euro, um ihr in Düsseldorf eine Wohnung zu besorgen, die es aber nie gab.

Sie teilte ihm mit, dass sie ihn jetzt angezeigt hat und genau 9,5 Stunden später, am 13. Juli 2016 um 11.30 Uhr rief er dann bei der Polizei in Aachen an und sagte, dass er von den Bandidos (von mir) erpresst wird!

Na was für ein Zufall!!! Nur dass es solche Zufälle nicht gibt, aber für die Ermittlungsbeamten in Aachen anscheinend schon!

Wie lernte ich den "Kronzeugen" kennen?

Im Jahr 2016, ich glaube es war im Mai, lernte ich den "Kronzeugen" über Berisha (Namen geändert), einen damals sehr engen Freund von mir kennen. Berisha bekam von dem "Kronzeugen" das Angebot, die Sicherheit für seine Escortagentur machen zu können. Da die Escortagentur derzeit aber Probleme hatte, weibliches Personal zu finden, fragte der "Kronzeuge" Berisha, ob er vielleicht jemanden kennen würde, der Kontakt zu Frauen aus dem horizontalen Gewerbe hat.

Berisha rief mich an, weil er wusste, dass ich wirklich viele Frauen kenne, die in diesem Gewerbe tätig sind und bat mich um ein Treffen. Er erklärte mir dann, dass er einen "Freund" (der Kronzeuge) mitbringen würde, worum es bei dem Gespräch gehen sollte, wusste ich zu diesem Zeitpunkt noch nicht!

Wir trafen uns in einer Shishabar in Aachen und das lernte ich dieses ungepflegte Stück Dreck dann kennen. Verfaulte Zähne, fettige Haare und sein Körpergeruch erinnerten mich an einen vollen ICE-Zug im Sommer!

Mir war dieser Typ von Anfang an nicht geheuer, aber Berisha zu liebe hörte ich mir an, was er mir vorzuschlagen hatte. Er erzählte mir von "seiner" Escortagentur und dass er dringend Frauen bräuchte, da sie zurzeit nur eine Frau in der Agentur beschäftigen, aber sehr viele Anfragen von Kunden hätten.

Er bot mir 1500 Euro pro Frau an, die ich an die Agentur vermitteln würde. Ich machte ihm sofort klar, dass ich kein Menschenhändler bin und ich ein paar Frauen nur die Website der Agentur schicken könnte, aber es ist ihre Entscheidung, ob sie dann dort anfangen würden.

Ich mache das nur Berisha zum Gefallen, damit er den Job als "Sicherheitschef" der Agentur bekommt! Ich wollte nie etwas mit der Agentur zu tun haben und hatte ich bis zum heutigen Zeitpunkt auch nicht!

Nach diesem Treffen sah ich ihn immer öfters in Aachen und komischerweise auch immer dort, wo ich mit meinen damaligen Clubbrüdern immer verkehrte. Er suchte immer mehr Kontakt zu uns (Bandidos MC), auch zu den anderen Jungs von uns. Ein Prospect von uns freundete sich mit ihm an, weil auch seine Frau nachher in der Agentur arbeitete.

Es kam Stück für Stück heraus, dass er von Anfang an gelogen hatte. Er war gar nicht der Besitzer der Escortagentur, sondern seine Lebensgefährtin! Ab und zu fuhr er die Frauen zu ihren Terminen (oft auch angetrunken) und besorgte ihnen Drogen, teilweise zwang er sie auch zur Arbeit!

Alles, was er mir vorgeworfen hatte, hat er in Wahrheit selber getan und die Ermittlungsbehörden ließen sich über 4 Monate, 14 Aussagen lang vom "Kronzeugen" an der Nase herumführen! Starke Ermittlungsarbeit!!!

Die Wahrheit ist, dass der "Kronzeuge" sich selber in verdammt viele Straftaten verwickelt hat und anhand seiner wahnsinnigen Aussagen hätte man dies auch, als eine in Kriminalität erfahrene Ermittlungsbehörde, erkennen müssen!

Ich nenne euch ein Beispiel, wo man klar erkennt, dass der "Kronzeuge" wissentlich gelogen hat, dies von den Beamten hätte erkannt werden müssen und sie es aber ebenfalls wissentlich auf Seite geschoben haben!

In einer seiner Aussagen hat er den Ermittlungsbeamten erzählt, dass er nun auch bei den Bandidos in Aachen sei. Auf Nachfrage der Beamten, wo denn dann seine Kutte sei, antwortete der "Kronzeuge": "Wir haben keine Kutten mehr!"

Eine Aussage später legten ihm genau diese Ermittlungsbeamten ein Foto vor, worauf er Leute identifizieren sollte, der Witz an der Geschichte ist, alle hatten Prospectkutten an! Eine Woche vorher sagte der "Kronzeuge", dass es keine Kutten mehr gibt und dann legt die Kriminalpolizei ihm ein Foto vor die Augen, wo 8 Bandidos mit Prospectkutten drauf abgebildet sind.

Meint ihr die Polizei konfrontierte ihn mit seiner Aussage bezüglich "Es gibt keine Kutten mehr"?

Fehlanzeige! Nicht eine Nachfrage diesbezüglich, was mich zu dem Entschluss bringt, dass sie ihn mit seinen Lügen wissentlich gewähren ließen. Hätten sie ihn kritischer

hinterfragt, so wäre sehr schnell rausgekommen, dass dieser Typ nur Lügen erzählt und sie nichts mehr gehabt hätten, um dieses

Verfahren aufrechtzuerhalten!

14 Aussagen und nicht eine Sache konnte er belegen oder beweisen!!!

Nach diesen sehr umfangreichen aber gelogenen Aussagen, gab es in der Akte einen Vermerk, dass weitere Schritte (Haftbefehl oder Durchsungsbefehl) nicht erwirkt werden können, was ein Zeichen für seine Unglaubwürdigkeit war, trotzdem aber hielten sie an ihm fest!

Die Staatsanwaltschaft Aachen aber hat immer ein Ass im Ärmel! Sie bekamen zwar keinen Durchsungsbefehl oder Haftbefehl, aber sie bekamen die Genehmigung, mich "abzuhören"! Für eine solche Maßnahme braucht man in Deutschland auch die Genehmigung eines Richters und einen **begründeten** Vorwurf!

Sie beantragten also die Genehmigung, mich abhören zu dürfen mit einem Vorwurf, der lächerlicher nicht sein konnte!!!

Verdacht von BTM (Betäubungsmittel) Handel und Geldwäsche!

Jeder, der mich kennt, weiß das ich mit Drogen absolut **nichts** zu tun habe, noch nie in meinem Leben! Ich hasse und verabscheue Drogen so sehr, dass ich Leute, die konsumieren, nicht mal in meinem Umfeld haben will und außerdem war der Drogenhandel in unserem Chapter strengstens verboten, genauso wie der Konsum!!!

Ich als "V-Präsident", der ein absoluter Gegner von Drogen ist und diese Regel in unserem Chapter aufgestellt hat, soll jetzt ein Drogendealer sein! Sehr witzig!!!

Wie aber kamen die Ermittlungsbeamten darauf, einen solchen Antrag dann zu stellen? Ist eine berechtigte Frage, die ihr euch stellt!

Der "Kronzeuge" sagte in einer Aussage aus, dass er mit einem

Prospect von uns nach Holland gefahren ist, um dort Kokain zu kaufen. Es ging um eine Menge von 20 - 30 Gramm! Die Beamten fragten den "Kronzeugen dann ob ich vielleicht auch was mit diesem Drogenkauf zu tun gehabt hätte und er antwortete:
"Er hat mit Drogen eigentlich nichts zu tun, aber ich glaube schon, dass er davon profitiert, er ist ja schließlich der V-Präsident!"!
Diese Aussage hat gereicht, um die Genehmigung zu bekommen, mich abhören zu lassen, wirklich unglaublich!
Die Wahrheit war aber, dass mein Prospect und der "Kronzeuge" absolute "Junkies" waren und das Zeug selber konsumiert haben. Manchmal haben sie es auch den Frauen aus der Agentur gegeben, wovon ich nie etwas wusste! Hätte ich dies erfahren, wäre der Prospect sofort aus dem Club geflogen!
Natürlich konnte der "Kronzeuge" den Ermittlungsbeamten gegenüber auch nicht zugeben, dass er Drogen konsumiert, so wäre er ja noch weniger glaubwürdig gewesen!

Nach 4 Monaten in U-Haft haben meine Anwälte und ich dann einen Haftprüfungstermin beantragt. Ich war mir sicher, dass ich alle Vorwürfe (7 Stück) sofort entkräften kann, weil ich seine 14 Aussagen wortwörtlich studiert habe und jeden Widerspruch kannte!
Meine Anwälte und ich waren uns sicher, dass wir den Haftbefehl aufgehoben bekommen werden, weil nichts davon auch nur ansatzweise stimmte!
Es ging also wieder nach Aachen und in meinen Kopf spielte sich schon wieder ein Leben in Freiheit ab, aber anscheinend habe ich nichts aus den vergangenen Jahren gelernt!
Erinnert ihr euch? Die Staatsanwaltschaft Aachen hat immer ein Ass im Ärmel…
Wir hatten Anfang November 2018, der Termin für die Haftprüfung war um 9 Uhr und es kam mal wieder alles anders!
Mein Anwalt kam um kurz vor 9 Uhr in die Wartezelle und meinte, dass wir den Haftprüfungstermin zurückziehen müssen.

Ich habe nur noch Bahnhof verstanden und fragte ihn, warum wir dies tun müssen.

Die Staatsanwaltschaft hat uns nur einen Teil der Akte gegeben! So etwas nennt man die "Salamitaktik", immer eine Scheibe der Verteidigung geben, was eine absolute Frechheit ist, weil man sich so niemals anständig verteidigen kann, wenn die Staatsanwaltschaft die Akten immer Stück für Stück rausgibt!

Dass ich abgehört wurde, habe ich erst am Tag der Haftprüfung erfahren. Durch die abgehörten Telefonate eröffnete die Staatsanwaltschaft nochmal zusätzlich zu den 7 Ermittlungsvorwürfen 11 neue Vorwürfe!

Ich dachte, ich kippe vom Stuhl. Jetzt wusste ich auch, warum Katrin mich auf einmal nicht mehr besuchen durfte, sie war nun auch Zeugin in meinem Verfahren.

Sie hat aber nie gegen mich ausgesagt!

Es ging also wieder zurück nach Köln mit dem Wissen, da kommt nochmal ein Berg von Akten auf mich zu! Zeit zum Lesen hat man in Isolationshaft ja genug!

Nach knapp einer Woche kam einer meiner Anwälte dann auch mit dem Rest der Akte, jetzt war sie komplett!

Die Art und Weise, wie bei mir ermittelt wurde, war auch wieder eine bodenlose Frechheit, es war einfach die Handschrift der Staatsanwaltschaft Aachen und der zuständigen Ermittlungsbehörde.

Eine Sache fiel mir direkt auf und ich muss sagen, dass ich so etwas noch nie erlebt habe! Die Einsatzgruppe die, die Ermittlungen führte, in unserem Verfahren 2011/2012 hieß "EG Crossfire" und die Einsatzgruppe hatte jetzt immer noch den gleichen Namen, "EG Crossfire"!

Normalerweise wird eine EG (Einsatzgruppe) gebildet, wenn der Verdacht einer Straftat besteht. Dann wird ein Team von Ermittlern gebildet, um in dieser Sache zu ermitteln.

Sind die Ermittlungen abgeschlossen, so wird diese Einsatzgruppe wieder aufgelöst.

In meinem Fall gab es also die Ermittlungsgruppe seit 7 Jahren!!! Zufall?

Wohl eher nicht, es zeigte einfach, dass gegen uns (Bandidos MC) nie aufgehört wurde zu ermitteln. So etwas nennt man "Strukturermittlungen"!

Im Normalfall passiert eine Straftat und dann wird ermittelt. Wer ist der Täter? Was genau ist passiert und es beginnt eine Beweissicherung.

Bei "Strukturermittlungen" verhält sich das jedoch etwas anders. Hier ist es so…

Den Täter haben wir schon, die Straftat müssen wir noch finden!

Ihr denkt, das gibt es nicht? Und wie es das gibt!!! Ich habe es nicht nur einmal erlebt!

Ich hatte nun also mit 18 Vorwürfen zu kämpfen und wenn man weiß, dass sich die Dinge nicht so zugetragen haben wie einem vorgeworfen wird, so hat man eine noch größere Motivation und Hoffnung für sein Recht zu kämpfen.

Dieser Kampf brachte mich an meine physische und psychische Grenze! Jeden Tag nahm ich mir einen Teil der Akte mehrmals vor und machte mir Notizen, deckte Widersprüche auf und bereitete mich für meine Einlassung vor Gericht vor!

Diesmal wollte ich den "Kampf" mit der Staatsanwaltschaft vor Gericht austragen und ich war mir sicher, dass ich die Wahrheit ans Licht bringen werde.

So gesehen gab es laut den Ermittlungen 18 "Opfer", das kuriose aber war, dass "nur" der "Kronzeuge" von alleine zur Polizei gegangen ist und mich angezeigt hat, sonst niemand!

Die Ermittlungsbehörden reisten durch ganz Deutschland um die "Opfer" zu finden, damit sie diese zu einer Aussage bewegen konnten! Die Namen der "Opfer" waren bekannt durch den "Kronzeugen" und die abgehörten Telefonate.

Nochmal, keine Person außer dieses verlogene Stück Dreck ist zur Polizei gegangen und hat mich angezeigt!

Die Ermittlungsbehörden haben meiner Meinung nach, noch einen sehr gravierenden Fehler bei den Ermittlungen gegen mich gemacht und zwar nannte der "Kronzeuge" die Namen der "Opfer" in den ersten Aussagen (Juli / August 2016), verhört wurden sie aber erst im März 2018!

Alleine für die Beweissicherung wäre es doch schon extrem wichtig gewesen, diese Zeugen / Opfer sofort zu vernehmen, um so die Glaubwürdigkeit des "Kronzeugen" zu prüfen! Nichts von alldem wurde getan!

In meinem Prozess ging es hauptsächlich um das Rotlichtmilieu, weil unter den 18 "Opfern" 17 Frauen waren! Nur der "Kronzeuge" war männlich, aber ein **"Mann"** war er nicht!

Nicht ein Beweismittel, welches in der Anklageschrift aufgeführt wurde, hatte mit einer Straftat zu tun oder konnte mich mit irgendwas belasten!

Natürlich wurde auch in diesem Verfahren nur einseitig ermittelt, immer zum Nachteil des Beschuldigten. Zeugen, die nicht aussagen wollten, wurde Beugehaft angedroht.

Es gab mit den Zeugen "kurze" Vorgespräche, die nicht auf Tonband aufgenommen wurden, damit man die Zeugen in eine gewisse Richtung lenken kann.

Mit einer Zeugin wurde sich in einer Bäckerei getroffen, eine andere Zeugin wurde zu Hause vernommen, weil in dem Polizeipräsidium in der Stadt, in der sie lebte, angeblich kein Platz war!

Das sollen saubere und rein objektive Ermittlungen sein? Das würde ich gerne mal über die Polizeigewerkschaft prüfen lassen!

Immer das gleiche Muster und dann reden mir die Ermittlungsbehörden von "Modus Operandi"!!!

49

Die Anklageschrift nahm mir die Luft zum Atmen

Nach 6 Monaten war es dann soweit, die Anklageschrift war da. Ich riss den Umschlag auf und schaute mir jedes Blatt ganz genau an.

18 Anklagepunkte!!!

Einmal räuberische Erpressung (Schutzgelderpressung), einmal Menschenhandel zur sexuellen Ausbeutung, sieben mal Zuhälterei, sieben mal gewerbsmäßiger Betrug und zweimal Fahren ohne Führerschein! Das Paket der Staatsanwaltschaft war geschnürt, aber die hatten noch eine ganz besondere Überraschung für mich und zwar auf der letzten Seite der Anklageschrift.

Prüfung des §66 StGB - Unterbringung in der Sicherungsverwahrung

Ich dachte, ich lese nicht richtig, die Staatsanwaltschaft Aachen hat tatsächlich vor, mich für immer wegsperren zu lassen! Normalerweise wird eine solche Prüfung bei Kriminellen angeordnet, die wirklich schwere Straftaten begangen haben und somit auch für die Öffentlichkeit eine Gefahr darstellen.
Bei allem Respekt, ich zähle mich definitiv nicht dazu!

Für mich persönlich war dies der größte "Schockmoment" in meiner ganzen Haftzeit. Die Gefahr, nie wieder aus der Haft rauszukommen, war nun tatsächlich gegenwärtig und mein Leben lief wie in einem Bilderbuch an mir vorbei! Man kann es nicht in Worte fassen, mit welcher Angst man es auf einmal zu tun bekommt!
Ich rief sofort meinen Anwalt an und selbst er war wirklich

geschockt.

Er sagte mir, dass er mich so schnell wie möglich besuchen kommt, um mit mir alles zu besprechen und außerdem sagte er mir noch, dass der Richter in meinem Prozess ein sehr objektiver Mann ist. Das war die einzig gute Nachricht!

Er teilte mir mit, dass unsere persönliche "Freundin", eine gewisse Oberstaatsanwältin diesen Fall vor Gericht verhandeln wird, obwohl die Ermittlungen die ganze Zeit ein anderer Staatsanwalt geführt hatte, ihr damaliger "Praktikant" (meine Meinung)!

Gewundert hat mich nach der Anklageschrift gar nichts mehr!

Mein Anwalt kam zu Besuch und wir sprachen über die Fälle in der Anklageschrift. Dieser Anwalt war damals schon zu unserer Bandido Zeit unser "Clubanwalt" und ich vertraute ihm natürlich blind, auch weil mein damals bester Freund Mike ihn zu mir geschickt hat, um mir zu helfen!

Er fragte mich offen und ehrlich, welche Fälle ich tatsächlich begangen habe und ich zeigte ihm 2 Betrugsfälle aus der Anklageschrift, der Rest war gelogen! Für ihn war klar, dass ich die Wahrheit spreche, zumal er auch kein Freund der Oberstaatsanwältin war und er weiß, wie sie Ermittlungen führt und lenkt. Er war auch unser Anwalt in unserem Prozess 2011/2012 und wusste zu was die Staatsanwaltschaft Aachen fähig war!

Sein Plan war, dass wir keinen "Rockerprozess" daraus machen, was so viel heißt wie, wir schweigen bis zum Ende und machen dann gegebenenfalls eine Prozessangepasste Einlassung.

Er meinte, dass wir damit sofort auf die Fresse fliegen würden und er hatte Recht. Wir mussten dem Vorsitzenden Richter einen anderen Weg aufzeigen, damit er nicht dem "roten Faden" der Staatsanwaltschaft folgt!

Ich machte dann tatsächlich eine schriftliche Einlassung fertig, die ich schon die ganze Zeit über vorbereitet hatte. Ich habe 64 Seiten handschriftlich geschrieben!

Viele Menschen verwechseln eine Einlassung mit einem Geständnis, das aber ist falsch! Mit meiner Einlassung wollten wir nur einige Sachen richtig stellen und belastet habe ich mit meiner Einlassung niemals jemanden!

Wir waren vorbereitet und das mussten wir auch sein, schließlich ging es um meine Freiheit, schlimmer noch, es ging um mein Leben!!!

50

Die "SV"-Gutachterin

Mein Prozessbeginn war am 11. März 2019 und die Gutachterin, die prüfen sollte, ob ich einen "Hang" zu schweren Straftaten habe, kam am 8 März 2019.
Um ehrlich zu sein, wollte ich mit ihr gar nicht reden, weil ich den Psychologen und Psychiatern, die von Seiten der Justiz kommen, noch nie vertraut habe, aber mein Anwalt riet mir, mit ihr zu reden.

Sie kam mich also an einem Freitag besuchen und wir redeten über wirklich alles. Von der Trennung der Nabelschnur bis zum letzten Toilettengang eine Stunde vor dem Gespräch!
Ich habe teilweise wirklich das Gefühl gehabt, dass sie in meinem Kopf drin war!
Mir gefiel das Gespräch gar nicht, weil sie mich immer nur in eine Richtung lenken wollte und mein Gefühl sagte mir, dass man dieser Person in keinster Weise vertrauen kann.
Mein Gefühl sollte mich nicht täuschen!!!
Das Gespräch dauerte fast 5 Stunden, 3 Stunden, dann eine kurze

Pause und dann nochmal 2 Stunden. Danach war ich platt!

Natürlich erfährst du das Ergebnis nicht sofort, sondern erst zum Ende des Prozesses. Diese Ungewissheit hat mich fast umgebracht und mein Verstand drohte mir zu entgleisen!

Wenn ich euch sage, dass mich mein Gefühl selten täuscht, dann könnt ihr das echt glauben. Den ganzen Prozess über wollte sie nur hören, ob ich gewalttätig war oder was für eine Art Mensch ich war.

Wenn etwas Positives über mich gesagt wurde, dann wurde es nicht notiert, sondern es wurde noch kritischer hinterfragt!

Wurde etwas Negatives über mich gesagt, so wurde es sofort notiert und nicht mehr hinterfragt!

Zwischendurch fiel meinem Anwalt und mir auf, dass sie sich mit der Oberstaatsanwältin wirklich sehr gut verstand! Sie lachten vor Prozessbeginn, als wären sie seit Jahren befreundet, so machte es den Eindruck!

Mein Anwalt sagte sogar zu mir, dass ich schon mal etwas Geld auf Seite tun sollte für ein "Gegengutachten"! Da wurde mir echt anders!

Das abschließende Gutachten war dann wirklich eine absolute Frechheit. Sie hat in diesem Gutachten offensichtlich gelogen, um eine gewisse Punkteanzahl zu erreichen, damit man mir dann die Sicherungsverwahrung geben kann!

Bei mir wurde Jugendkriminalität mit einer 2 bewertet, was hoch heißt, tatsächlich habe ich aber in meiner Jugend keine einzige Straftat begangen! Meine erste Verurteilung war im Januar 2009 im Alter von 25 Jahren!!!

Das war nur ein Punkt, wo man gesehen hat, dass dieses Gutachten weniger Wert hatte als eine Klopapierrolle!

Ein angesehener Psychologe, der auch Gutachten für Gerichte erstellt, hatte in einer anderen JVA mal über mein Gutachten geschaut und sofort gemerkt, dass dort sehr gravierende und offensichtlich Fehler gemacht worden sind. Dieser Psychologe erstellte meine Diagnostik für den offenen Vollzug!

Dieses Gutachten aber hätte mein Leben komplett zerstören können und da sieht man, dass man gewissen Menschen keine Machtpositionen geben darf, in denen sie über das Leben eines Menschen entscheiden können!

Mein Glück war, dass ich ein sehr objektives Gericht hatte und dafür danke ich Ihnen!

Sicherungsver- wahrung

Maßregel der Besserung und Sicherung

Die Sicherungsverwahrung ist rechtlich nicht als Strafe einzuordnen, sie ist eine sogenannte "Maßregel der Besserung und Sicherung". Ihr Zweck ist es, gefährliche Täter zu bessern und die Allgemeinheit zu schützen. Sie schließt zeitlich an die Verbüßung der Strafhaft an.

Die Sicherungsverwahrung ist grundsätzlich zeitlich nicht begrenzt. Die Fortdauer der Sicherungsverwahrung wird regelmäßig von einem Gericht (der Strafvollstreckungskammer beim Landgericht) geprüft.

Quelle: Justiz NRW

51

Der Prozessbeginn und die Medien

Am 11. März 2019 begann vor der 1. Großen Strafkammer des Landgerichts Aachen, dann endlich mein Prozess!

Der Saal war nicht ganz voll, aber doch gut gefüllt! Die Luft im Gerichtssaal war irgendwie bedrückend für mich. Es wurden Fotos von mir gemacht und ständig wurde ich gefragt, ob ich was sagen möchte. Die Reporter waren echt nervig!

Die Staatsanwaltschaft verlas dann die Anklageschrift und ich merkte, wie die Blicke aus dem Publikum sich änderten. Man schaute mich an, als ob dort ein Monster sitzt.

Die Anklageschrift war auch echt widerlich geschrieben und noch dazu 36 Seiten lang!

Selbst ich dachte für eine kurzen Moment daran, ob ich wirklich so ein Stück Dreck gewesen bin, kam aber sehr schnell wieder zur Besinnung und wusste, dass das, was mir dort zur Last gelegt wurde, nicht ich bin!

Nachdem die Oberstaatsanwältin fertig war, drehte sich der Richter zu uns und fragte mit einer sehr freundlichen Stimme:

"Jetzt kommt die alles entscheidende Frage, wie verhält sich der Angeklagte?"

Mein Anwalt stand auf, nahm meine selbst geschriebene Einlassung, hielt sie hoch und meinte: "Hier ist eine 64-seitige mit Hand geschrieben Einlassung und mein Mandant wird sich zu allen Sachen äußern!"

Die Oberstaatsanwältin fing an zu lachen und das sah auch mein Anwalt, als er direkt meinte: "Sie brauchen sich gar nicht freuen Frau Oberstaatsanwältin, dass hier ist kein Geständnis, sondern eine Richtigstellung der Tatsachen!"

Der Kampf war eröffnet!!!

Der Richter war davon begeistert und fragte meinen Anwalt

direkt, ob das Gericht mir auch Fragen stellen könne, was mein Anwalt dann auch bejahte!

Die Oberstaatsanwältin wollte auf den Zug aufspringen und fragte meinen Anwalt dann direkt, ob ich auch Fragen der Oberstaatsanwältin beantworten würde, was mein Anwalt dann sofort verneinte. Gefiel der Dame absolut nicht, wie man sehen konnte, sie beschwerte sich lautstark und meinte dann, dass sie dann halt ihre Fragen über den Richter stellen wird!

Die Stimmung stimmte und die Richtung war vorgegeben, wir werden kämpfen!!!

52

"Der Rotlichtkönig von Aachen vor Gericht"

Einen Tag nach dem Prozessauftakt saß ich in Aachen in meiner Zelle, als ein Justizvollzugsbeamter den ich auch persönlich gut kannte die Tür öffnete und meinte:
"Muss ich durch die Zeitung erfahren, dass du hier bist und lachte!"
In der Hand hielt er meinen Artikel über den Prozessauftakt und als Überschrift stand dort:

"Rotlichtkönig von Aachen vor Gericht"...

...Oh mein Gott, was für eine Scheisse dachte ich mir! Der Artikel war so ekelhaft geschrieben, dass ich anfing mich zu schämen!
Es gibt Leute, die freuen sich, wenn solche Artikel über sie verfasst werden, aber ich fand es sehr beschämend!
Noch dazu war der Artikel nicht mal korrekt geschrieben!

Ich habe mich nie als "Rotlichtkönig von Aachen" betitelt, gesehen oder so gefühlt!

Dies war ebenfalls eine Lüge des "Kronzeugen", aber die Zeitung interessiert sich ja bekanntlich nicht für die Wahrheit, sondern nur für die Anzahl der verkauften Auflagen!

Dieser Artikel wird mich jetzt ein Leben lang begleiten, genauso wie das geschnittene Satudarah-Video, denn das Internet vergisst nunmal nicht!

Ich verstehe nicht, dass man als Medienvertreter einer Anklageschrift so viel Glauben schenken kann. Dieser Artikel entspricht nicht der Wahrheit und wurde nie richtig gestellt!

In Deutschland ist man solange unschuldig bis die Schuld bewiesen ist, also wie kann man mich dann mich als "Rotlichtkönig von Aachen" betiteln oder schreiben, dass ich mich selbst so betitelt hätte, wenn ich zu diesem Zeitpunkt noch nicht rechtskräftig verurteilt gewesen bin. Die Wortwahl hätte anders lauten müssen und es nicht so zu schreiben, als wäre es schon in Stein gemeißelt, dass es tatsächlich auch so gewesen ist! Man darf, meiner Meinung nach, eine Anklageschrift, die verlesen wird, als Medienvertreter nicht einfach übernehmen und davon ausgehen, dass dies der Wahrheit entspricht oder man stellt nach dem Urteil klar, dass der damalige Bericht sich nicht bestätigt hat! Das würde ich auch noch akzeptieren, aber es nach dem Urteil dann trotzdem so stehen zu lassen ist eine Unverschämtheit und greift in meine Grundrechte ein!

Ich hoffe, dass dieses Kapitel von gewissen Personen gelesen wird, die sich dann hoffentlich auch angesprochen fühlen!

53

Der Prozess! Es wird gelogen und betrogen!

Der Prozess war eine absolute "Horrorshow", ich sage euch, oft wäre ich gerne im Erdboden versunken!

Am 1. Verhandlungstag, als die Anklageschrift verlesen wurde, beantwortete ich direkt alle Fragen des Vorsitzenden Richters zu meiner Person. Danach war der erste Verhandlungstag vorbei, angesetzt wurden für meinen Prozess 24 Verhandlungstage und über 30 Zeugen wurden geladen, tatsächlich wurden aber nicht alle gehört!

Normalerweise sollten am 2. Verhandlungstag direkt die ermittelnden Beamten vor Gericht aussagen, da ich aber dem Gericht zugesagt habe, meine Einlassung zu verlesen, wurde die natürlich vorgezogen.

Meine Einlassung zu verlesen hat 4,5 Stunden gedauert ohne auch nur eine Person zu belasten! Im Gegenteil, ich habe meinem Freund Berisha, der in einem separaten Verfahren selbst wegen dem "Kronzeugen" angeklagt war, einen Freispruch ermöglicht!

Nach 3 Stunden wurde meine Einlassung unterbrochen und es gab eine Mittagspause. Mein Anwalt war gemeinsam mit dem Richter am Essen, als der Richter meinem Anwalt sagte, dass die Einlassung wirklich gut geschrieben war. Als er von meinem Anwalt erfuhr, dass ich diese ganz alleine geschrieben habe, war er echt überrascht!

In meiner Einlassung ging es zum größten Teil um die Glaubwürdigkeit des "Kronzeugen" und um die Art und Weise, wie die Ermittlungsbeamten gearbeitet haben!

Ich deckte alle Widersprüche, Lügen und auch von den Beamten falsch niedergeschriebene, abgehörte Telefonate auf.

Der Richter suchte mal eine bestimmte Seite in der Akte und als er mir ein Stichwort sagte, konnte ich ihm direkt die Seitenzahl nennen, da war er echt geschockt.

Ich sagte ja, ich kannte meine Akte auswendig, das war auch noch ein Vorteil an der Isolationshaft... Man hatte sehr viel Zeit zum Lesen!!!

Nachdem ich meine Einlassung fertig gelesen hatte, gab ich sie dem Richter, damit er die für alle Prozessbeteiligten kopieren konnte.

Am 3. Verhandlungstag wurde dann die erste Zeugin gehört, in diesem Fall war ich auch wegen Zuhälterei angeklagt. Nach ihrer Aussage war klar, dass ich diese Straftat **nicht** begangen habe.

Sie sagte die Wahrheit, ebenfalls erwähnte sie auch, dass sie nie vor hatte, bei der Polizei eine Aussage zu machen, aber die Ermittlungsbeamten ließen nicht locker und kontaktierten sogar ihre Mutter um sie zu erreichen.

Das erste Treffen von der Zeugin und den Ermittlungsbeamten

war in einer Bäckerei!!!

Am 4. Verhandlungstag hatte dann der "Kronzeuge" seinen "großen" Auftritt. Er war mittlerweile im Zeugenschutzprogramm und kam mit 6 Personenschützern ins Gericht.

Was zum Teufel haben die sich gedacht? Haben die echt gedacht, dass dieses Stück Dreck in Lebensgefahr ist?

Ich gebe euch hier und jetzt mein Wort, er soll morgen an mir vorbei gehen, mich würde es nicht mal mehr interessieren! Er selbst muss mit seinen Lügen und seinem Gewissen leben, wenn er das kann, dann wünsche ich ihm nur das Beste!

Angesetzt wurden 3 Verhandlungstage für seine Aussagen, im Endeffekt war sein Auftritt nach 2 Stunden erledigt!!! **Unglaubwürdig und auf Wiedersehen!**

Mein Anwalt merkte sofort, dass seine Aussage vor Gericht absolut nicht mit seiner Aussage bei der Polizei übereinstimmt und teilte dies auch dem Gericht sofort mit. Das Gericht stimmte meinem Anwalt zu und der "Kronzeuge" wurde somit aus dem Zeugenstand entlassen!

14 Aussagen, ein riesiges Verfahren auf diese Aussagen aufgebaut und jetzt war der "Kronzeuge" nach 2 Stunden Geschichte!!! Der Richter schickte der Staatsanwaltschaft diesbezüglich auch noch ein paar mahnende Worte zu, verständlich, schließlich war er der "Hauptbelastungszeuge" in meinem Verfahren und mein erster Haftbefehl war nur aufgrund seiner Aussagen möglich!

Die Ex-Lebensgefährtin vom "Kronzeugen" wurde auch geladen und es kam genau das heraus, was ich von Anfang an vermutet hatte. Sie war nämlich die tatsächliche Besitzerin der Escortagentur und sie hatte damals keine Aussage bei der Polizei gemacht, über sie wurde nur ein "Vermerk" gemacht!

Vor Gericht nun bestätigte sie, dass sie damals von dem "Kronzeugen" dazu gedrängt wurde, eine Aussage gegen mich zu machen und dabei zu lügen.

Sie aber weigerte sich!!!

Die Ermittlungsbeamten sollen mir nicht erzählen, dass sie nicht gemerkt haben, dass er nur gelogen hat! Der Richter hat nach 2 Stunden gemerkt, dass er nicht die Wahrheit sagt und die Ermittlungsbeamten haben es in 4,5 Monaten nicht gemerkt?

Die anderen Verhandlungstage waren mal gut und mal schlecht! Ich wusste, dass alle Zeugen, die von dem "Kronzeugen" benannt worden sind, nicht mehr glaubwürdig waren und so wurden sie dann auch von meinen Anwälten behandelt! Meine größte Angst war einfach die Gutachterin und die drohende Sicherungsverwahrung! Der Gedanke, dass man vielleicht nie wieder aus dem Knast kommt, ist so beängstigend!

Ich hatte viele schlaflose Nächte und träumte die schlimmsten Geschichten, aber ich bin stark geblieben und habe mir meine Angst nicht anmerken lassen! Wenn die Angst dich bestimmt, ist dein Leben so oder so nichts mehr wert!

Ich sage nicht, dass man keine Angst haben darf, schließlich kann dich dieses Gefühl auch vor vielen Fehlern schützen, aber man muss sie kontrollieren können!

Man merkte dem Gericht von Verhandlungstag zu Verhandlungstag immer mehr an, dass sie selber nicht an die "Rotlichtkönig" Geschichte glauben.

Auch die Gutachterin kam so langsam an ihr Limit, weil sie bei jeder Zeugin gehofft hatte, dass ich ihnen einen körperlichen Schaden zugefügt habe, aber jede Frau sagte aus, dass ich ihnen gegenüber nie handgreiflich geworden bin.

Es gab aber tatsächlich 2 Frauen, die sich vorher abgesprochen hatten, was sie vor Gericht aussagen, die gesagt haben, dass ich sie geschlagen hätte. Das Unglaubliche dabei war, dass es ausgerechnet 2 Frauen waren, mit denen ich auch eine sehr persönliche Bindung hatte.

Diese beiden Frauen hätten vor Gericht nicht mal aussagen

müssen, weil sie beide ein "Aussageverweigerungsrecht" (§55) hatten. Bei beiden ging es nicht um eine begangene Straftat, sie sind nur geladen worden, um meine Persönlichkeit zu beschreiben!

Ja, ganz schlau, da nimmt die Staatsanwaltschaft ausgerechnet die 2 Frauen, deren Gefühle ich verletzt habe und die sollen jetzt über meinen Charakter vor Gericht reden und beide haben so gelogen, dass es sogar dem Richter irgendwann auffiel!

In meinem Prozess ging es um das Rotlichtmilieu, genauer gesagt ging es in diesem Prozess hauptsächlich um meine Frauengeschichten!

Der Richter war ein Mann, die beiden beisitzenden Richter waren Frauen, die Oberstaatsanwältin war eine Frau, die Gutachterin war eine Frau und die Anwältin der Nebenklägerin war auch eine Frau. Beste Voraussetzungen für so einen Prozess!

Die Nebenklägerin war die größte Lügnerin im ganzen Prozess und in ihrem Fall ging es um den Menschenhandel zur sexuellen Ausbeutung!

Sie wurde schon 2016 von dem "Kronzeugen" als "Opfer" namentlich genannt, aber die Ermittlungsbehörden hielten es nicht für notwendig, sie sofort zu vernehmen und gegebenenfalls Daten auf ihrem Handy zu sichern! Nicht eine Frau, die vom "Kronzeugen" 2016 als "Opfer" dargestellt wurde, ist direkt verhört worden, sondern erst 21 Monate später!!!

Ich persönlich kann so etwas nicht verstehen, weil man so doch direkt Beweise hätte sichern können, um zu gucken, ob der "Kronzeuge" auch die Wahrheit spricht!

Die Frau, die sich als Nebenklägerin für den Prozess eingetragen hat, kam aus Koblenz und war schon, lange bevor sie mich kannte, im Rotlichtmilieu tätig! Dies verschwieg sie natürlich der Polizei, ihrer Anwältin und dem Gericht!

Ich wäre der Grund gewesen, warum sie in dieses Gewerbe eingestiegen ist, dabei ist sie aus Koblenz nach Aachen mit einer

Freundin abgehauen, um diesen Job auszuüben! Sie hatte diesen Entschluss gefasst, da kannte sie mich noch gar nicht!

Als ich mit ihr nichts mehr zu tun hatte, hat sie weiter als Prostituierte gearbeitet, in der Stadt, in der ich lebte und verkehrte! Das alles verschwieg sie wissentlich und das nur aus einem Grund…

Als sie 2018 von der Polizei Aachen aufgesucht wurde und zu ihrer Zeit in Aachen befragt wurde, geriet sie in Panik, weil ihre Familie und ihr neuer Partner von ihrer Zeit in Aachen nichts wussten!

Sie wollte nicht zugeben, dass es allein ihre Idee war, damit ihre Familie und ihr Freund kein schlechtes Bild von ihr haben und so wurde ich zum "Täter"! Ich war der Grund dafür, dass sie den Job angefangen hat und sie hat nach unserer "Trennung" sofort aufgehört zu "arbeiten"! Beides war gelogen und das nur, damit sie als "brave unschuldige" Frau dasteht! Das ist die Wahrheit!!!

Am Ende ist sie nicht mehr zum Gericht gekommen, obwohl sie mehrmals vorgeladen wurde und sogar ein psychologisches Gutachten erstellt wurde, ob sie noch "verhandlungsfähig" ist, weil sie beantragt hatte nicht mehr zum Gericht kommen zu können, da sie das alles zu sehr mitnimmt!

Die Wahrheit ist am Ende meistens stärker als die Lüge!!!

Die Polizisten wurden übrigens auch nicht mehr vorgeladen, obwohl sie als erstes im Prozess aussagen sollten und nur durch meine Einlassung noch nicht ausgesagt hatten!

Am Ende wurde auf die Vernehmung der Polizisten verzichtet, obwohl ich sie gerne im Gericht hätte sitzen sehen. Meine Anwälte und ich hatten ne Menge Fragen und es war tatsächlich ihr Glück, dass sie nicht kommen mussten, weil der Prozess sonst vielleicht noch geplatzt wäre, bei den "Fehlern" die sie gemacht haben.

Meiner Meinung nach waren dies keine "Fehler" sondern ganz

klare Absicht, um mich auf jeden Fall für eine sehr lange Zeit von der Straße zu bekommen!

Am 24. Verhandlungstag wurde dann das Gutachten von der fachkundigen Dame, die sich meiner persönlichen Meinung nach **nicht** "Gutachterin" nennen darf, verlesen!
Unglaublich, wie man offensichtlich so lügen kann und es dann noch angeblich keinem auffällt! Das Gutachten ist nicht nur meiner Meinung nach sehr fehlerhaft und hätte im schlimmsten Fall mir meine Freiheit nehmen können!
Diese Gutachterin hat sich absolut nicht objektiv in diesem Fall verhalten und das ist und bleibt auch meine Meinung!
Wie kann man so mit der Freiheit eines Menschen spielen? Man muss mich nicht mögen und man kann meinen Charakter zur damaligen Zeit auch widerlich finden, aber man sollte in so einer Position mit so einer Macht wenigstens fair und objektiv bleiben!
Meiner persönlichen Meinung nach war wahrscheinlich die Sympathie zur Oberstaatsanwältin größer als zu mir!

Der Prozess dauerte dann doch 2 Tage länger als geplant und so wurden aus 24, 26 Verhandlungstage und mein Glück war, dass das Gericht durchblicken ließ, dass es in meinem Prozess "nur" um Betrug ging und nicht um Zuhälterei, deswegen war das Gutachten nicht mehr von Bedeutung. Hätte ich aber in meiner Verurteilung eine Gewaltstraftat stehen gehabt, so wäre ich jetzt vielleicht nicht hier zu Hause und würde dieses Buch in meinen Laptop tippen!

Ich möchte euch die Straftat (gewerbsmäßiger Betrug) schildern, für die ich tatsächlich die höchste Strafe bekommen habe und vielleicht lesen mein Buch ja auch ein paar Juristen und die dürfen dann gerne entscheiden, ob es wirklich ein "Betrug" war!

Im Juli 2017 lernte ich eine Frau, nennen wir sie Clara (Name geändert), kennen, mit der ich ab und zu mal was hatte, also nichts festes. Mein Leben war ja, wie schon erwähnt, etwas außer Kontrolle geraten und deswegen habe ich, so gesehen, einfach vor mich hin gelebt und gemacht, was ich wollte, auch sexuell gesehen!

In diesem Jahr war ich, wie euch jetzt bekannt ist, mit dem Rapper Manuellsen auf Tour. In Hannover gab Manuellsen dann ein Interview, in welchem ich am Ende auch zu sehen bin, da ich die Schlussworte an die Fans richtete! Zu sehen ist dies auf youtube!

In diesem Interview ging es u.a auch über Manuellsen sein Vorhaben, ein Shisha Cafe mit dem Namen "Cafe Full" zu eröffnen und er machte Werbung dafür. Er erwähnte, dass ich eventuell auch bald eins aufmachen würde, wobei das eher als Scherz gemeint war!

Dieses Interview sah Clara auch und fragte mich, ob sie mit mir zusammen dieses Shisha Cafe machen könne. Erst dann kam ich zu dem Entschluss, vielleicht doch so ein Cafe zu eröffnen!

Ich hatte damals relativ gute Kontakte was gewerbliche Immobilien anging und tatsächlich ergab sich die Möglichkeit in meiner Heimatstadt Bergheim ein solches Cafe zu eröffnen. Ich teilte Clara dies mit und sie willigte sofort ein!

Clara wollte ein solches Cafe eröffnen, weil sie sich mit der Shisha-Materie sehr gut auskannte und ihr damaliger Job für sie zur Belastung wurde.

Wir sprachen darüber, wie viel jeder investieren musste und wer welche Aufgaben in dem Cafe übernehmen sollte. Sie wollte den Service und den Papierkram übernehmen und ich sollte mich um die Bestellungen und die Promo für den Laden kümmern.

Sie ging zur Bank und nahm einen Kredit in Höhe von 12300 Euro, mehr bekam sie nicht. 20000 Euro für jeden waren vorher vereinbart worden, da sie mir aber damals eine Uhr finanzierte, haben wir das so verrechnet.

Wir trafen uns bei mir zu Hause und sie übergab mir dann das Geld und ich sagte direkt zu ihr, dass wir lieber einen Vertrag machen sollten, was sie aber vehement nicht wollte!

Ich bezahlte mit dem Geld die Übernahme der Immobilie, weil diese bereits voll ausgestattet war und neue Shisha-Pfeifen, die in Frankfurt angefertigt wurden.

Bis hierhin war alles gut, bis Clara mich eines Tages anrief und meinte, dass sie dieses Cafe doch nicht mehr machen will.

Ich erklärte ihr, dass wir nicht ein paar Schuhe gekauft haben, die man einfach wieder zurückgeben kann und ich sie jetzt nicht einfach wieder auszahlen kann. Wir vereinbarten, dass ich ihr das Geld wieder gebe, wenn ich einen neuen Geschäftspartner habe oder falls ich den Laden alleine machen sollte, sie monatlich, ab dem Tag der Eröffnung, 1500 Euro zurückbekommt.

Sie war zufrieden mit dem Vorschlag und wieder bot ich ihr an, dass wir diesbezüglich einen Vertrag machen können, was sie wieder ablehnte. Das war alles zwischen September/Oktober 2017!

Die Eröffnung des Cafes war für Ende Januar 2018 geplant, was sich leider 3 Monate verzögerte, weil die Genehmigungen für diese Bar so lange gebraucht haben.

Wir hatten immer mal wieder Kontakt und eines Tages im November 2017 rief sie mich dann an und fragte mich, ob wir doch eventuell einen Vertrag machen könnten. Ich sagte sofort zu und wir trafen uns noch in der gleichen Woche!

Sie brachte einen fertigen Vertrag mit in zweifacher Ausführung, wo man nur noch seinen Namen, die monatliche Rate und die Endsumme eintragen musste.

Dies füllte ich mit meiner Handschrift, mit meinem richtigen Namen aus und unterschrieb auch mit meiner Unterschrift! Danach waren wir beide erleichtert!

Im Januar verlor sie meine Nummer und kontaktierte mich dann über die sozialen Medien, wo ich ihr dann meine Nummer wiedergab. Auch sagte ich ihr immer, wenn wir Kontakt hatten, dass ich noch keinen neuen Geschäftspartner habe und die Eröffnung sich verzögert aufgrund der fehlenden

Genehmigungen!

Im Februar 2018 kontaktierte mich dann ein gemeinsamer Freund von Manuellsen und mir und fragte mich, ob ich die Tage Zeit hätte, um mich mit ihm treffen zu können.

Ich erklärte ihm, dass ich zeitlich im Moment sehr eingespannt bin, da ich die Bar so schnell wie möglich eröffnen will und auch so nebenbei noch viel zu tun habe.

Er ließ aber nicht locker und rief mich alle 2 Tage an und auf mein Nachfragen, was denn so wichtig sei, antwortete er mir, dass er es mir persönlich sagen möchte und nicht am Telefon.

Nach 2 Wochen sagte ich ihm dann, dass ich in Mönchengladbach bei den Männer vom Hells Angels MC bin und wir uns dann dort treffen könnten. Er kam aus Krefeld und Mönchengladbach war nur einen Katzensprung entfernt!

Ich saß in einer Shishabar in Mönchengladbach und sendete ihm dann meinen Standort. Als er dann dort war, rief er mich an und ich ging zum Parkplatz vor der Bar, wo er dann in Begleitung mit einem Freund von ihm stand!

Meine Freunde vom Hells Angels MC dachten, dass es eventuell ein Problem geben würde und wollten mit rauskommen. Ich versicherte ihnen aber, dass ich mich mit einem Freund treffe und sie sich keine Sorgen machen brauchten, trotzdem kamen aber 3 Männer mit raus und beobachteten die Situation aus der Ferne. Schließlich war ich ihr Freund und zu Gast in ihrer Stadt, da werden sie den Teufel tun und mich einfach so zu einem Gespräch lassen, deren Inhalt ich ja nicht mal kannte.

Die Begleitung meines Freundes kam auch aus Krefeld und wir kannten uns vom Sehen. Ein sehr starker und respektvoller Mann!

Ich gab beiden die Hand und fragte, was so dringend sei, dass man sich seit 2 Wochen unbedingt sehen müsste, weil ich auch mit der Begleitung von meinem Freund keine Berührungspunkte hatte, so dachte ich zumindest…

Der Grund für dieses Treffen war tatsächlich Clara! Ich wusste, dass sie aus Krefeld kommt, aber ich hätte nie gedacht, dass es um sie gehen könnte, weil diesbezüglich die Fronten ja geklärt waren.

Clara war nun aber mit dem Freund meines Freundes zusammen und sie erzählte ihm, dass zwischen mir und ihr noch was offen war und deswegen wollte er mit mir sprechen.

Er wollte das Geld nicht von mir einfordern, also nicht falsch verstehen!

Es ging ihm nur darum, dass wenn ich das Geld wirklich zurückzahlen möchte, dass es dann über ihn laufen sollte und nicht mehr über Clara. War wohl so ein "Eifersuchts Ding" und das obwohl ich seit über 5 Monaten mit ihr sexuell nichts mehr hatte.

Natürlich wird sie ihr Geld bekommen und es wird so laufen, wie es vereinbart und im Vertrag festgehalten wurde, sagte ich ihm!

Nicht früher, nicht später, nicht mehr und auch nicht weniger! Genau so wie es im Vertrag steht! Wir gaben uns die Hand und das Thema war vom Tisch!

Im April 2018 durfte ich dann endlich meine Shishabar eröffnen und Manuellsen kam sogar zur Eröffnung!

Im Mai und Juni 2018 kam der neue Freund von Clara vorbei und holte wie vereinbart jeweils 1500 Euro ab. Im Juli 2018 wurde ich dann verhaftet und die Bar wurde geschlossen, da ich ja nun in U-Haft saß!

Im Januar 2019 stand genau dieser Fall als "gewerbsmäßiger Betrug" in meiner Anklageschrift! Ich dachte erst, ich hätte mich verlesen!

Als sie dann im Zeugenstand saß, wurde sie von meinen Anwälten in die Mangel genommen und es kam heraus, dass auch sie gelogen hat, weil sie bei der Polizei ausgesagt hat, dass sie nicht einen Euro zurückbekommen hat!

Der Freund, der zum Zeitpunkt des Prozesses auch wieder ihr Ex war, sagte aber auch vor Gericht aus und bestätigte dem Gericht, dass er von mir das Geld bekommen hatte und es auch an Clara weitergeleitet hatte! Claras Antwort darauf war so abenteuerlich wie lächerlich…

Sie meinte, dass sie zwei mal 1500 Euro von ihrem Freund bekommen hatte, sie aber nicht wusste, dass es das Geld von mir war! Da stellt sich mir die Frage, wie viele Verträge mit einer Ratenzahlung von 1500 Euro hat die verehrte Dame denn gemacht???

Außerdem wurde sie auch vor Gericht von meinen Anwälten gefragt, warum man erst den Vertrag 3 Monate nach der Geldübergabe gemacht hat und ob Clara und ich alleine bei der Geldübergabe waren. Ja, wir waren alleine…

Mein Anwalt wollte damit sagen, wäre es ein Betrug gewesen, so wie mir vorgeworfen wurde, warum habe ich dann den Vertrag 3 Monate später gemacht, wenn man bei der Geldübergabe doch alleine war und es dafür ja dann keine Zeugen geben würde? Das macht alles keinen Sinn!

Wir können das alles aber noch einmal zusammenfassen…

Geldübergabe ohne Zeugen, 3 Monate später erst einen Vertrag gemacht, sie hat meine Nummer verloren und ich habe sie ihr direkt wieder gegeben und ihr neuer Freund meinte wenn ich das Geld nicht geben will, so soll ich es ihm sagen dann wäre die Geschichte damit vergessen, aber wenn ich es ihr geben möchte, dann über ihn. Da habe ich mich auch nicht aus meiner Verantwortung gezogen!

Ich hatte also mindestens vier Möglichkeiten mich aus der Affäre zu ziehen und habe es nicht getan und habe wie vereinbart angefangen meine Raten zu zahlen, bis ich dann verhaftet wurde und nicht mehr zahlen konnte!

In meinen Augen ist das kein Betrug! Es ist Zivilrecht und nicht Strafrecht, weil damit es den Straftatbestand des Betruges erfüllt, muss man ja nachweisen, dass ich das Geld von ihr genommen habe unter Vortäuschung falscher Tatsachen.

Die Shishabar gab es aber und auch aus dieser Bar wurden ihre

Raten abgeholt!

Wichtig anzumerken ist auch noch, dass genau diese Zeugin bei sich zu Hause verhört wurde, weil auf dem Polizeipräsidium Krefeld zum damaligen Zeitpunkt angeblich kein Platz war, um die Vernehmung von Clara dort vorzunehmen!

Ist doch ein Witz, oder?

In Claras Fall kam auch heraus, dass die Ermittlungsbeamten ein "kurzes" Vorgespräch mit der Zeugin hatten, welches nicht aufgezeichnet wurde! Kurios!!!

In der Akte wo es um Clara geht steht unter dem Begriff "Sachverhalt":

"Es ist davon auszugehen, dass Herr S. (ich) die Geschädigte Clara finanziell und emotional so von sich abhängig machen wollte, um nacher der Prostitution zuzuführen."

Mein Anwalt fragte im Gericht Clara dann, ob ich jemals mit ihr über die Arbeit im Rotlichtmilieu geredet habe, was sie sofort verneinte! Ein solches Gespräch und ein solches Thema gab es nie, sagte sie sofort! Komisch, wie kommen die Ermittlungsbeamten dann darauf, einen solchen Sachverhalt in die Akte zu schreiben?

Mein Anwalt fragte dann Clara, ob die Ermittlungsbeamten ihr auch diese Frage gestellt haben, was sie dann bejahte, sie aber den Beamten auch direkt gesagt hat, dass es ein solches Gespräch nie gab!

Jetzt kommt der Hammer, liebe Leser…

Diese Frage tauchte in der Akte gar nicht auf, was also heisst, dass sie Clara die Frage bezüglich der Prostitution gestellt haben, aber nicht protokolliert haben, weil die Antwort von Clara den Ermittlungsbeamten, meiner persönlichen Meinung nach, mal so gar nicht ins System passte!

Die Frage wurde im "kurzen" nicht aufgezeichneten Vorgespräch gestellt und nicht protokolliert und obwohl Clara den Beamten gesagt hat, dass es ein solches Gespräch bezüglich Prostitution nie gegeben hat, schreiben sie einen solchen Sachverhalt in die Akte!!!

Wenn ihr denkt, dass dies eine einmalige Sache bei den Ermittlungen war, so muss ich euch enttäuschen! Mehrere Zeuginnen wurden zu einer Aussage überredet und gedrängt, so wurde es mir berichtet und so wurde es auch vor Gericht von ihnen ausgesagt!

Wie schon gesagt, es ging nicht darum, die Wahrheit zu finden, es sollte eine Haftstrafe für mich bei diesen Ermittlungen zur Folge haben und das ohne Rücksicht auf Verluste von Seiten der Ermittlungsbehörden, meiner Meinung nach!

Ich habe Mist gebaut und Menschen emotional und auch finanziell geschadet, damit habe ich auch eine Strafe verdient, aber das, was mir vor Gericht vorgeworfen wurde und weswegen ich dann auch teilweise verurteilt wurde, stimmt so einfach nicht.

Manche würden es Karma nennen oder indirekte Gerechtigkeit, trotzdem leben wir aber immer noch in einem Rechtsstaat und ich persönlich finde, dass es so etwas nicht geben darf!

Meine Anwälte haben verdammt gute Arbeit geleistet und ich danke ihnen von ganzem Herzen dafür, ohne sie wäre der Prozess nicht so gut ausgegangen!

54

Das Urteil im "Rotlichtkönig"-Prozess

<u>Am 12.Juli 2019 war es dann endlich soweit, das Urteil wurde gesprochen!</u>

Der Prozess dauerte genau 4 Monate und zu diesem Zeitpunkt saß ich bereits genau 1 Jahr in U-Haft!

Die Oberstaatsanwältin holte in ihrem Plädoyer sehr weit aus und stellte mich wirklich als ein Monster dar. Von den 18 Anklagepunkten wollte sie mich für 16 davon verurteilen! Nur die "räuberische Erpressung" und einen Betrug sah sie nicht als "erwiesen" an.
Sie forderte 5 Jahre Haft für mich und beantragte natürlich, dass mein Haftbefehl nicht aufgehoben wird. Was so viel heißt wie, ich darf nach dem Urteil noch nicht nach Hause!
Die geforderte Haftstrafe der Oberstaatsanwältin war für ihre Verhältnisse tatsächlich nicht so hoch, meine Erwartungen lagen bei 6-8 Jahren! Für mich persönlich war nur wichtig, dass die mir vorgeworfenen Straftaten bezüglich des Rotlichtmilieus nicht verurteilt werden. Zum einen, weil ich diese Straftaten nicht begangen habe und zum anderen, weil dann das Gutachten bezüglich der Sicherungsverwahrung noch ein Thema geworden wäre.
Man kann in Deutschland nur eine Sicherungsverwahrung für eine Gewaltstraftat bekommen, was aber nicht immer so war!

Das Plädoyer von meinem Anwalt hat ganze 5 Minuten gedauert! Er ging auf die Straftaten bezüglich des Rotlichtmilieus gar nicht mehr groß ein und meinte dazu nur, dass wenn man mich deswegen verurteilen würde, man morgen die ganze "Reeperbahn" wegsperren müsste.

Mir wurde zu Gute gehalten, dass ich im Prozess nicht "gemauert" (geschwiegen) habe und ich mich dem Gericht offen gegenüber gezeigt habe, ohne auch nur eine Person zu verraten!

Auch wenn man denkt, man weiß ungefähr in welche Richtung das Urteil gehen wird, so bleibt immer dieses Risiko, dass es doch immer noch anders kommen kann. Mein Anwalt sagte mir schon eine ungefähre Tendenz, was die Haftstrafe angeht, die ich voraussichtlich bekommen werde, aber trotzdem wollte ich es erst glauben, wenn ich es selber gehört habe!

Im Namen des Volkes ergeht folgendes Urteil…

Der Angeklagte Fernando S. wird wegen 7-fachen gewerbsmäßigen Betrugs und der Bestechung von einem JVA Beamten zu einer Freiheitsstrafe von

3 Jahren und 10 Monaten verurteilt.

Außerdem wird er wegen 2-fachen Fahren ohne Fahrerlaubnis mit Einbeziehung der Bewährungsstrafe (6 Monate) vom Amtsgericht Düren (2016) zu einer Freiheitsstrafe von

8 Monate ohne Bewährung verurteilt!

Macht in der Summe 4 Jahre und 4 Monate!!!

Heute sage ich, dass diese Strafe viel zu hoch war, weil ich euch ja ein paar Sachen geschildert habe, aber damals war ich so glücklich, dass es mir sogar egal war, dass mein Haftbefehl nicht aufgehoben wurde und ich weiter in Haft bleiben musste!

Mein Anwalt lag also mit seiner Tendenz fast richtig, da er mir gesagt hat, dass die Strafe bei um die 3 Jahre liegen würde!

Ach ja, da gab es ja noch die Bestechung des Justizvollzugsbeamten, dass bin ich euch natürlich schuldig, dies ebenfalls zu
erklären.

Ein Freund von mir saß damals in der JVA Willich im
geschlossenen Vollzug. Dieser Mann war für mich wie ein älterer
Bruder und auch ein sehr starker und vor allem charakterlich sehr
guter Mensch!

Eines Tages rief er mich mit einem Handy aus dem geschlossenen
Vollzug an und meinte, dass er meine Hilfe brauche. Wer mich
kennt weiß, dass man sich immer auf mich verlassen kann, wenn
ein Bruder oder ein Freund in Haft sitzt!

Die Beamten stürmten in seine Zelle und verlegten ihn in eine
andere, weil sie vermuteten, dass er verbotener Weise ein Handy
besitze. Natürlich hatten die Beamten nicht Unrecht, aber sie
konnten es einfach nicht finden, so gut war das Versteck. Ein
Beamter, der mit meinem Freund gut war, bot ihm an, für 500
Euro das Handy "verschwinden" zu lassen! Da zum damaligen
Zeitpunkt mein Freund einen Antrag bezüglich einer Verlegung in
den offenen Vollzug am Laufen hatte, musste dieses Handy
wirklich auf dem schnellsten Weg verschwinden.

Hätten sie es in der Zelle gefunden, wäre der Antrag geplatzt!

Er rief mich an und fragte mich ob ich einem Freund von ihm 500
Euro geben könnte und erklärte mir seine Situation. Natürlich
sagte ich ihm sofort zu, wobei ich zu diesem Zeitpunkt noch nicht
wusste, dass sein Freund, der das Geld abholen soll, der
Justizvollzugsbeamte ist, der das Handy verschwinden lässt.

Der Beamte traf sich mit mir in Duisburg und bei der Übergabe
des Geldes erfuhr ich dann, dass er der Justizvollzugsbeamte ist!

Es spielt aber auch keine Rolle, ob ich es vorher oder nachher
erfahren hätte, gegeben hätte ich ihm das Geld so oder so.

Rausgekommen ist diese Sache nur durch die abgehörten
Telefonate und so habe ich dann vor Gericht den Entschluss
gefasst, die komplette Strafe auf mich zunehmen, weil mein
Freund zu diesem Zeitpunkt gerade erst aus der Haft entlassen

wurde und ich wusste, dass ich sowieso ein "Paket" (Haftstrafe) in meinem Prozess bekommen werde.

Leider ist mein Freund am 07.09.2021 an einem Herzinfarkt in der JVA Aachen verstorben.

Ruhe in Frieden, mein großer Bruder!!!

Der Gerichtssaal war voll mit Medienvertretern, weil jeder jetzt ein brutales Urteil erwartete und die mich dann wieder mit ihrer Berichterstattung durch den Dreck ziehen können.
Das Urteil enttäuschte die Journalisten so sehr, dass sie, nachdem sie gehört hatten, dass ich "nur" wegen Betruges verurteilt wurde, sofort fluchtartig den Saal verlassen haben. Scheiße doch keine Schlagzeile!!!

Nur ein Journalist aus der Region Aachen ist sitzen geblieben und schrieb eifrig auf, was der Richter so zu sagen hatte!

55

Doch kein "Rotlichtkönig"? Wo ist die Richtigstellung?

Am 11. März 2019 betitelte mich ein deutsches "Klatschblatt" als "Rotlichtkönig von Aachen" und bis heute (2024) wurde dieser Artikel nicht richtig gestellt!
Ihr kennt jetzt mein Urteil und auch ein paar Dinge aus meinem Prozess, wie zum Beispiel, dass der "Kronzeuge" als unglaubwürdig abgestempelt wurde und dass ich von allen Straftaten, bei denen es um das Rotlichtmilieu ging, freigesprochen wurde!

Der "Kronzeuge" behauptete, dass ich mich als "Rotlichtkönig von Aachen" betitelt hätte, warum also wurde, nachdem der "Kronzeuge" vernommen und für nicht glaubwürdig erklärt wurde, nicht auch darüber etwas geschrieben?

Spätestens aber nach dem Urteil hätte man diesen Artikel richtigstellen müssen und mich nicht weiter im Internet als "Rotlichtkönig" stehen lassen dürfen!

Ich persönlich schäme mich dafür, so betitelt zu werden, weil ich nicht mal was dafür kann, dass so etwas jetzt im Internet steht!

Ich habe eine Familie, die auch damit oft konfrontiert wird und zum Glück sind sie so mental stark genug, dass sie damit teilweise besser umgehen können als ich!

Warum aber bringt man einen Menschen in so eine Situation? Ich weiß das es den Medien egal ist, wie sich ein Mensch mit einer solchen Schlagzeile fühlt und wäre es die Wahrheit, so könnte ich mich darüber auch gar nicht beschweren, aber es ist nunmal gelogen und ich finde, dass gehört genauso klargestellt!!!

Hinter jedem Artikel, der geschrieben wird, gibt es ein Menschenleben, das damit umgehen muss. Wenn die Person wirklich schuldig ist, so muss sie auch mit den Konsequenzen leben, aber was ist, wenn herauskommt, dass das, was damals geschrieben wurde, nicht der Wahrheit entspricht?

Meiner persönlichen Meinung nach, hat die Wahrheit keinen Platz, wo man auf Kosten des Rufes eines Menschen Geld verdient! So ist das leider in der heutigen Gesellschaft!

56

Der Coronavirus greift an und ich komme trotzdem nicht raus

Ich war mittlerweile seit 20 Monaten in U-Haft und war seit Oktober 2019 wieder in der JVA Köln, allerdings nicht mehr in Isolationshaft (Haus 4) sondern in Haus 2.

Bis zum Urteil stand in meiner Haftakte der Vermerk "Mitglied OK", was bedeutet Mitglied der organisierten Kriminalität aufgrund meiner ehemaligen Mitgliedschaft in einem Motorradclub.

Der Richter nahm diesen Vermerk aber aus meiner Haftakte heraus, da man im Prozess ein abgehörtes Telefonat abspielte, wo man hören konnte, dass ich seit August 2017 kein Mitglied mehr in einem Motorradclub bin, also lange bevor ich verhaftet wurde.

Mit einem solchen Vermerk hat man im Vollzug nur Probleme, egal ob man in U-Haft oder in Strafhaft (verurteilt) ist!

Ich bin zwar schon verurteilt, aber mein Urteil war noch nicht rechtskräftig, da ich gegen dieses Urteil Revision eingelegt hatte und deswegen war ich weiterhin in U-Haft.

Im Februar 2020 machte ich dann eine Haftbeschwerde gegen meinen noch bestehenden Haftbefehl. Meine Hoffnung war, gegen Auflagen aus der U-Haft rauszukommen, um mich dann nachher, sollte das Urteil rechtskräftig werden, im offenen Vollzug stellen zu dürfen!

Die Argumente, die wir vorgebracht haben, damit der Haftbefehl außer Vollzug gesetzt werden kann, waren wirklich sehr gut. Das beste Argument aber war, dass die Staatsanwaltschaft Aachen ihre Revision im Januar 2020 zurückgezogen hatte, was bedeutet hat, dass sie mit dem Urteil "zufrieden" war!

4 Wochen später kam schon die Antwort vom Landgericht Aachen, die meine Haftbeschwerde abgewiesen hat mit der Begründung, dass noch 2 Bewährungsstrafen (15 Monate

insgesamt) offen wären, die noch nicht widerrufen wurden!

Natürlich legten wir auch dagegen eine Beschwerde ein und so musste das OLG Köln über meine Haftbeschwerde entscheiden.

Wieder kam ein neues Argument in den Haftbefehl… Der Coronavirus!!!

Im März 2020 kam das Coronavirus und legte gefühlt die ganze Welt lahm! Nichts war mehr wie es vorher war, auch der Vollzug stand still. Sport fiel aus, jeder musste eine Maske tragen, man durfte keinen Besuch mehr empfangen, jegliche Freizeitaktivitäten wurden gestrichen und die Selbstmordrate in Haft stieg!

Irgendwann entschied man in der Politik, dass man ein paar Häftlinge vorerst aus der Haft entlassen sollte und wenn man die Pandemie dann im Griff hat, können sie sich dann wieder selbständig zum Haftantritt stellen.

Mittlerweile war ich schon 21 Monate in U-Haft und ich hoffte, dass ich auch in die Kategorie "Häftlinge entlassen" falle. Jeden Tag wurden gefühlt 5-10 Mann entlassen, nur meine Tür blieb zu!!!

Irgendwann kam dann auch die Ablehnung vom OLG Köln, die dies mit einer "Fluchtgefahr" begründete! Wie soll das denn gehen? Mittlerweile sind alle Flughäfen gesperrt, die ganze Welt wurde von einer Pandemie beherrscht und ich soll dann bitte wohin genau abhauen?

Noch dazu kam, dass ich mich gegenüber meinen angetretenen Haftstrafen immer verlässlich gegenüber der Justiz gezeigt hatte, was heißt, dass ich noch nie auf der Flucht war! Das war es dann mit der Entlassung!!!

Ich persönlich finde, dass die Haftbedingungen während der Pandemie auf jeden Fall sehr schlimm waren und eine Art "Haftverschärfung" mit sich brachte. Man konnte seinen Vollzugsalltag nicht mehr "normal" gestalten. Teilweise war man 23 Stunden in seiner Zelle und am liebsten hätten sie uns nicht mal in die Freistunde (Hofgang) gelassen!

Nach dem Prozess durfte Katrin wieder zu Besuch kommen, aber weil dieser jetzt auch gestrichen war, sahen wir uns nur über Skype und auch da musste man Glück haben, dass die Verbindung stark genug war.

Das alles zerrte sehr an den Nerven und an der Psyche. Teilweise wurden die Häftlinge auch immer aggressiver, aber wie will man ihnen das auch übel nehmen!?

23 Stunden in einer kleinen Zelle eingesperrt und dann darf man nicht mal seine Familie persönlich sehen. Nach 3 Monaten durften die Angehörigen wieder zu Besuch kommen, aber man sah sie nur mit Maske und hinter einer Scheibe, weil jegliche Berührungen verboten waren.

Was ist wohl schlimmer, die Menschen, die man liebt, vor sich sitzen zu sehen und sie nicht berühren zu dürfen oder sie über Skype zu sehen und die Verbindung geht ab und zu weg???

Ich fand ersteres am Schlimmsten! Für mich war es eine Qual und für die Angehörigen genauso, weil auch ihr Leben draußen veränderte sich komplett und dann fehlt noch der Mann, Partner oder Familienvater!

Es gab Leute, die sich gefreut haben, dass so ein Virus ausbrach, weil sie so die Chance hatten, aus der Haft rauszukommen, ich allerdings war keiner, der sich wegen sowas gefreut hat. Ich freute mich, dass die Justiz begriff, dass die Umstände in den Justizvollzugsanstalten drohten zu eskalieren, aber sie haben nur die Geldstrafen und Häftlinge mit einer Reststrafe von noch 18 Monaten rausgelassen.

Die Zeit war hart und schwer und man kämpfte mit sich selbst. Du führst Krieg in deinem Kopf! Manche Menschen, die noch nie in so einer Situation waren, können es auch nicht verstehen!

Ich kann jedem Menschen nur wünschen, dass er eine solche Erfahrung nicht machen muss und rate jedem Menschen einen geraden Weg zu gehen, weil sich das Leben auf der Schattenseite niemals auszahlt!

Gesundheit, Freiheit und die Zeit kann man nicht kaufen, also muss man sie zu schätzen wissen! Ich habe 10 Jahre und 3 Monate meines Lebens an Zeit und Freiheit verloren und diese Zeit kann man mit keinem Geld der Welt aufwiegen!

Alleine, was man seinen Angehörigen damit zumutet, ist schon unverzeihlich!

Ich rede aus Erfahrung und ich hoffe, dass sich einige Menschen meine Worte zu Herzen nehmen.

Ich saß unschuldig im Knast und meine Haftstrafen resultieren alle aus meiner Zeit als Mitglied in einem Motorradclub, aber trotzdem trage ich alleine die Verantwortung für mein Handeln und meine damalige Situation!

Finger weg von Drogen, Alkohol, Gewalt und Kriminalität und schon sieht eure Welt ein Stück besser aus!

57

Meine Revision geht durch

Mittlerweile hat sich Corona fest im Haftalltag verankert und wie ja jedem bekannt ist, der Mensch ist und bleibt ein Gewohnheitstier!

Man hörte die schlimmsten Geschichten von den Angehörigen bezüglich der Pandemie und keiner im Knast konnte es sich so wirklich vorstellen. Oft hörten wir Häftlinge von unseren Familien, dass sich "draußen" alles verändert hat und man kein normales Leben mehr hat.

Es gab sogar eine Ausgangssperre und wenn so etwas in der Bundesrepublik Deutschland beschlossen wird, dann kann man davon ausgehen, dass es wohl wirklich schlimm sein muss.

Wir im Knast bekamen so gut wie nichts mit, außer dass es im TV hoch und runter lief! Jeder von uns hoffte täglich, dass die Zahlen vom RKI sinken würden, damit endlich wieder etwas Normalität eintritt. Man macht sich so schon Sorgen um seine Familie, wenn man im Knast ist, weil man sich als Mann eh schon so hilflos vorkommt. Seine Familie als Mann nicht schützen zu können ist ein unerträgliches Gefühl!

Im Juli 2020 bekam ich dann Post vom BGH (Bundesgerichtshof) in Karlsruhe und dort stand ein Termin drin… 20. Oktober 2020!
Ich habe noch nie einen Termin vom BGH bekommen, was zum Teufel soll das jetzt bedeuten und ich rief natürlich direkt meinen Anwalt an. Ich dachte, ich höre nicht richtig, meine Revision ging durch, was heißt, dass der BGH einen Fehler im Urteil gesehen haben muss.
Mein Herz fing an zu rasen und Schmetterlinge flogen durch meinen Körper, es war das gleiche Gefühl, als wäre ich entlassen worden! Die Freude über diese Nachricht hielt aber nicht so lange. Tatsächlich ging es nicht um die Haftstrafe, sondern um den Schadensersatz, den ich zahlen musste.
Trotzdem meinten meine Anwälte, dass sie versuchen werden, 3 Fälle im Urteil anzusprechen, besonders aber der Fall mit der Shishabar (Clara)! Die Chance, einen solchen Termin beim BGH zu bekommen, lag bei nicht mal 5%!
Ein Nein hat man, ein Ja kann man kriegen hieß das Motto! Meine Anwälte fuhren also am 20. Oktober nach Karlsruhe zum BGH und nahmen für mich den Termin wahr, ich musste zum Glück nicht anwesend sein. Auf so einen Transport nach Karlsruhe hast du als Strafgefangener wirklich keine Lust, wenn ihr nämlich denkt, da fährt man von Köln einfach nach Karlsruhe durch, dann habt ihr aber verdammt falsch gedacht.
Es heißt in der "Knastsprache" nicht umsonst "du gehst auf Transport"! So ein Transport kann auch mal ganz entspannt 3 Wochen dauern! Nur hin!!! Der Grund dafür ist, dass man einfach

fast alle Knäste, die auf dem Weg nach Karlsruhe liegen, abfährt und in manchen muss man dann auch mal übernachten für 1-2 Tage!

So ein Transport ist der Alptraum für jeden Häftling, ich kenne keinen, der Bock auf so einen hatte! Mein weitester Transport war von der JVA Köln zur JVA Berlin-Moabit und da hatte ich Glück, na ja, mal mehr mal weniger!

Ich bin Donnerstags von Köln losgefahren, bin am selben Tag in Bielefeld-Brackwede angekommen und musste dann dort übernachten. Am nächsten Tag ging es dann von da aus nach Niedersachsen in die JVA Hannover und ich kann euch sagen, wenn man da im "Transporter Haus" übernachten muss, dann weißt du danach, was Knast ist!

Ich bin von Freitag bis Montag morgens um 6 Uhr da gewesen. Der Horror!!!

Du bekommst eine Decke zum Schlafen, da würde sich ein Hund nicht drauf legen, so sehr hat die gekratzt, Das Kopfkissen ist kleiner gewesen als ein Sitzkissen und man hat in der Zelle einfach nichts! Kein TV, kein Radio, einfach NICHTS!

Nur das Essen war tatsächlich mit Abstand das Beste, was ich je im Knast bekommen habe! Die JVA Aachen ist, was das Essen angeht, für mich die Nummer 1 in NRW und die kamen nicht an das Essen in Hannover ran.

Das waren mit Abstand die 3 schlimmsten Nächte in meinem Knastleben!!!

Neben mir hat sich sogar einer über Nacht das Leben genommen und die Beamten dort sind so cool geblieben, als wäre das dort Alltag... Einfach zu krass!!!

Von Hannover ging es dann nach Halle, dort blieb ich auch eine Nacht. Die JVA Halle war aber sehr sauber und sehr angenehm. Die Zellen waren besser als in einem IBIS 1 Sterne Hotel!

Dann ging es Dienstags von Halle nach Brandenburg, wo wir 45 Minuten warteten und dann ging es nach Berlin-Moabit.

Nach 4 Wochen, habe ich die gleiche Strecke dann wieder zurückgelegt, weil es wieder nach Köln ging!
Also, "auf Transort gehen" ist scheiße!!!

Zurück zu meiner Revision, ich konnte die Entscheidung nicht abwarten und man sagt, je länger die Richter für eine Entscheidung brauchen, desto besser ist es für denjenigen, der auf eine positive Nachricht hofft!
Das Warten hat sich leider nicht gelohnt und so wurde mein Urteil dann rechtskräftig.
Jetzt muss man nur noch auf das schriftliche Urteil vom BGH warten und wenn das dann in der JVA ankommt, dann ist man offiziell nicht mehr in U-Haft!
Mittlerweile war ich schon seit 27 Monaten in U-Haft und das ist natürlich jenseits von Gut und Böse. Ich habe vor Gericht eine Haftstrafe von 52 Monaten bekommen und saß zu diesem Zeitpunkt schon mehr als die Hälfte der Strafe in U-Haft! Ob das wirklich so richtig ist, müssen dann wohl die belesenen Juristen entscheiden.
Im Regelfall darf eine U-Haft 6 Monate dauern…
Im Januar 2021 kamen dann per Post meine Bewährungswiderrufe! 10 Monate (2012, immer noch unschuldig) und von 5 Monaten (2015, die Schlagring Geschichte)!
Ich wollte dagegen keine Beschwerde mehr machen, zumal es eh keinen Sinn gemacht hätte und außerdem wollte ich einfach nur mein fertiges "Haftstrafen Paket" bekommen, damit ich endlich in meinem Vollzug weiterkomme.
Schließlich wollte ich irgendwann auch mal Lockerungen bekommen und in den offenen Vollzug verlegt werden und dafür muss man ja in Strafhaft sein.
Mir war es also egal ob die Bewährungen widerrufen werden, immerhin war ich nun seit mittlerweile 30 Monaten in U-Haft und ohne die Bewährungswiderrufe hätte ich in 5 Monaten schon meinen ⅔-Termin!

Krass oder? Ich saß einfach fast ⅔ meiner Strafe in U-Haft!

Ich war an meinem Limit angekommen, weil ich so oft die Hoffnung hatte, dass ich vielleicht doch schon früher raus kann und jedesmal habe ich einen "Knockout" bekommen. Für mich war das Thema erledigt und ich wollte nur noch den normalen "Vollzugsweg" gehen, in der Hoffnung, dass ich da mehr Glück habe…

Aber auch da wurden mir noch genug Steine in den Weg gelegt!!!

Vorher bekam ich noch einen unerwarteten Besuch in der JVA Köln…

58

Ein unerwartet unmoralisches Angebot

Es war mittlerweile Ende Januar und die rechtskräftigen Bewährungswiderrufe ließen ungewohnt lange auf sich warten. Die Androhung bzw. Beantragung der Staatsanwaltschaft Aachen, dass die Bewährungen widerrufen werden sollen, bekam ich ja schon Anfang Januar und man hat dann in der Regel 2 Wochen Zeit sich dazu zu äußern, was ich ja, wie ich schon geschrieben habe, nicht wollte!

Trotzdem kam kein Beschluss bezüglich dieser Widerrufe, aber es kam etwas anderes…

Eines Abends saß ich mit 2 Freunden (beide Hells Angels Mitglieder) beim Umschluss (kochen, essen, trinken und quatschen) als auf einmal die Sprechanlage in der Zelle anging und ich gerufen wurde.

Der Beamte teilte mir mit, dass ich am morgigen Tag um 10 Uhr einen Besuchstermin habe, was mich doch sehr wunderte, da meine Familie bereits in dieser Woche schon da war und man nur einmal die Woche Besuch hatte. Meine Anwälte brauchten nicht mehr kommen, weil nichts Juristisches mehr anstand!

Ich fragte ihn, wer mich denn besuchen will und er sagte mir dann, dass die Polizei aus Aachen sich angekündigt hat. Verdammte scheiße dachte ich mir, lassen die mich auch irgendwann mal in Ruhe!

Ich teilte dem Beamten mit, dass er direkt Bescheid sagen kann, dass die gar nicht kommen brauchen, die haben ja die Nummer von meinen Anwälten! Leider ist dies in der JVA Köln so nicht möglich und man muss hoch zum Besuch und da kann man den Besuch dann ablehnen!

Die Polizisten aus Aachen hatten echt Nerven, erst führten sie gegen mich so eine hinterlistige Ermittlung und dann wollen die hier zu Besuch kommen.

Ich wusste sofort, das was nicht stimmte, aber für mich war sowieso klar, dass ich mit ihnen nicht reden werde!

Meine Freunde vom Hells Angels MC, die mit mir in einer Zelle waren, meinten aber direkt, ich solle mir mal anhören was die wollen, nicht das was neues gegen mich vorliegt (neue Ermittlungen), zumal die auch vor kurzem meinen damals besten Freund Malte erneut verhaftet haben.

Wer weiß was für eine Geschichte die Ermittlungsbehörden aus Aachen sich jetzt wieder zusammen basteln…

Die Jungs hatten Recht, zuhören kann man ja und was sagen braucht man nicht, danach ist man auf jeden Fall etwas schlauer und schiebt sich keine Filme im Kopf, warum die kommen wollten. So hat man auf jeden Fall Gewissheit!

Ich ging also am anderen Tag zum Besuch…

Da saß dann der Beamte, der mir bei der Festnahme einen Schlag ins Gesicht gegeben hatte, ganz alleine. Er sah mich an und lachte so, als ob wir verwandt wären.

Er bat mich darum, dass ich mich doch kurz hinsetzen solle, er wollte mir was sagen. Der Justizbeamte wollte gerade die Tür vom Besucherraum zu machen, als ich ihm befahl, sie aufzulassen. Ich sitze nicht alleine mit einem Polizisten in einem Raum und die Tür ist dabei verschlossen, so etwas kann in einer JVA sehr schnell zu Gerüchten führen! Außerdem war ich der festen Überzeugung, dass dieses ungewollte "Meeting" nicht wirklich lange dauern wird!

Der Polizist guckte mich an und meinte, dass ich heute um 12 Uhr aus dem Knast sein kann! Na endlich haben die gemerkt, dass sie bei mir viele Fehler gemacht haben, dachte ich! So ganz war es aber dann doch nicht…

Sie wollten von mir tatsächlich eine Aussage über einen Menschen, der für mich 10 Jahre lang wie ein Bruder war, wir aber zum damaligen Zeitpunkt keinen Kontakt mehr hatten.

Im Gegenzug würde man auf meine Bewährungswiderrufe verzichten und mir eine Garantie geben, meine 2/3 Entlassung im offenen Vollzug zu bekommen.

Wenn man das ausrechnet, hätte ich mir dadurch 32 Monate Haftstrafe erspart!

Mein Gesicht und mein Charakter waren mir aber weit mehr wert als 32 Monate Haftstrafe! Dies machte ich ihm auch sofort klar, worauf er meinte, dass wenn ich das Angebot nicht annehme, ich auf jeden Fall Endstrafe machen werde. Man muss dazu wissen, dass wenn man einmal im Strafvollzug ist, die Polizei und die Staatsanwaltschaft nichts mehr zu sagen haben. Erst wenn eine vorzeitige Entlassung ansteht, dann wird die zuständige Staatsanwaltschaft wieder gefragt!

Also überschritt er mit dieser Drohung mal wieder seine Kompetenzen, aber mittlerweile wundert es bestimmt keinen mehr, der hier dieses Buch liest!

Ich ging Richtung Tür und sagte nur noch einen Satz:

"Ich habe meine Jacke abgelegt, aber nicht meinen Charakter!"

Und ging aus dem Raum! Der Justizvollzugsbeamte kam sofort, um mich wieder in die Wartezelle zu bringen und ich fragte ihn, wie lange ich denn jetzt genau dort drin war und er meinte 6 Minuten! Ich bat ihn darum, dies auch schriftlich festzuhalten, was er auch tat!

Als ich zurück vom Besuch war, erzählte ich den Jungs von mir genau, was passiert ist und selbst die haben sowas geahnt!
Ich hatte zum damaligen Zeitpunkt 31 Monate U-Haft hinter mir und dann kurz bevor mein Urteil auch schriftlich rechtskräftig wird, kommt die Ermittlungsbehörde, die mir diese Scheiße überhaupt eingebrockt hat und will mich wieder rausholen!
Was für ein abgefucktes Spiel, jetzt mal ehrlich!

59

Mein Urteil ist endlich rechtskräftig und die Reise beginnt

Im Februar 2021 kam dann endlich das schriftliche Urteil vom Bundesgerichtshof und somit war ich nicht mehr in U-Haft, sondern in Strafhaft!
Nach 32 Monaten in U-Haft hat es nun endlich ein Ende gefunden und ich konnte mich von nun an auf meinen weiteren Vollzug konzentrieren. Was ich zu diesem Zeitpunkt noch nicht ahnte, es wurde nicht besser, sondern schlimmer! Von jetzt an begannen die Psychospiele der Justiz!
Die Justizvollzugsanstalten, die ich während meiner Zeit in U.Haft

besuchte, waren doch sehr überschaubar! Zuerst war ich für 8 Monate in Isolationshaft in der JVA Köln, dann war ich aufgrund meines Prozesses für 8 Monate in der JVA Aachen und dann war ich die restlichen 16 Monate wieder in der JVA Köln.

Nun hatte ich noch eine Strafe von 35 Monaten auf, da die Bewährungswiderrufe nun auch rechtskräftig geworden sind. Wenn man fast die Hälfte seiner Strafe in U-Haft "abgemacht" hat, dann kann man das schon als "sehr sportlich" bezeichnen!

Von Köln ging es, wie eben schon beschrieben, dann nach Berlin-Moabit. Ich dachte, ich wäre schlau, weil ich mit dieser Verlegung so die JVA Hagen umgehen wollte.

Zu diesem besonders ekelhaften Knast kommen wir nachher noch! Da die JVA Köln bei der Verlegung aber vergessen hatte, meinen Vollzugsplan mit nach Berlin zu schicken, durfte ich nach 4 Wochen wieder die Rückreise nach Köln antreten! Mal eben wieder durch 4 Bundesländer reisen, schöne Scheiße!

Wieder in Köln angekommen, hatte sich auf einmal alles verändert, so als wäre ich 1 Jahr nicht mehr hier gewesen. Jeder wurde von mir ferngehalten und ich hatte das Gefühl, die JVA Köln hat mich zum Staatsfeind Nummer 1 erklärt!

Grund dafür war ein richtig linker Beamter, der damals auf unserer Abteilung immer Dienst hatte und in Wahrheit ein Fan ist von Mitgliedern aus der MC-Szene. Er erzählte nach meiner Verlegung, dass einer meiner besten Freunde und ich Geschäfte im Knast gemacht hätten, was definitiv gelogen war!

Ich war Sportwart, für mich persönlich der beste Job in einer JVA und die Sportbeamten waren immer fair zu mir. Ich hätte niemals deren vertrauen missbraucht. Jeder der mich kennt weiß, dass ich loyal den Menschen gegenüber bin, die mir nichts Schlechtes getan haben! Sie haben mir immer geholfen, aber nur im Rahmen ihrer beruflichen Möglichkeiten!

Dieser linke Beamte, der diese Gerüchte in die Welt setzte, rechnete nicht damit, dass ich nach 4 Wochen wieder zurückkomme und da er sich bei höhergestellten Beamten einschleimen wollte, erfand er solche Geschichten!

Auf jeden Fall fing die JVA Köln dann auf einmal an Spielchen mit mir zu spielen und das obwohl ich zuvor 2 Jahre da gewesen bin und nie auch nur einen Fehler gemacht habe, vorallem weil ich gewissen Personen mein Wort gegeben habe, dass ich deren Vertrauen nicht missbrauchen werde und mein Wort halte ich immer, auch einem Vollzugsbeamten gegenüber!

Nach 10 Tagen wurde ich Hals über Kopf einfach in die JVA Rheinbach verlegt und das obwohl ich nur auf meinen Vollzugsplan wartete, damit ich wieder zurück nach Berlin konnte. Nur wegen diesem Vollzugsplan bin ich doch wieder zurück gekommen und jetzt verlegen die mich einfach!?

Die JVA Rheinbach kannte ich ja noch aus meiner Zeit 2014/2015 als ich von hier aus mit etwas Verspätung, dank der Oberstaatsanwältin, in den offenen Vollzug verlegt wurde. Rheinbach war ok, aber zum größten Teil ist es ein Knast voller Junkies, obwohl ich genau in diesem Knast jemanden kennenlernte, den ich heute zu meinen engsten Freunden zähle und wirklich sehr schätze! Ein Mann, der immer zu seinem Wort steht, ein typischer Frankfurter Löwe! Alleine für ihn hat sich die Verlegung und die unnötige Reise voll gelohnt!

Behnam mein Bruder, danke für die Zeit und für deine Freundschaft!

Rheinbach war ein Heimspiel und die Zeit flog, weil ich wirklich eine sehr gute Zeit dort hatte und die Justizvollzugsbeamten menschlich fast alle top waren!

Ich zog meine Verlegung nach Berlin zurück, weil auch die JVA Rheinbach dafür bekannt war, dass man von dort aus gute Chancen hat, in den offenen Vollzug verlegt zu werden, wenn du dir nichts zu Schulden kommen lässt! Es bestand zwar die Möglichkeit, dass die JVA Hagen mich doch noch "zieht", aber eigentlich war ich mir sicher, da sie zum damaligen Zeitpunkt so überfüllt war, dass sie mich nicht mehr holen werden.

Ich erkläre euch kurz, welchen Sinn und Zweck die JVA Hagen in NRW hat, damit ihr versteht, warum Inhaftierte teilweise in / über die JVA Hagen müssen.

Die JVA Hagen ist in NRW zuständig für das EW (Einweisungs) Verfahren, was so viel heißt wie, dass damals jeder, der einen deutschen Pass hat und noch eine Reststrafe offen hat, die über 30 Monate dauert, in die JVA Hagen muss.Es gibt aber auch Inhaftierte dort, die in U-Haft sitzen!

In dem EW Verfahren wird dein Vollzug geplant, entweder kommst du von da aus in den offenen Vollzug oder du bleibst im geschlossenen Vollzug und die entscheiden dann, an welchen "Maßnahmen" du teilnehmen musst, um eine positive Resozialisierung abzuschließen.

Meiner persönlichen Meinung nach, richtige Verarschung!!!

Die JVA Hagen ist mit Abstand der schlimmste und ekelhafteste Knast in NRW, zumindest habe ich noch keinen schlimmeren gesehen und ich war schon in einigen!

Heute hat sich das mit den 30 Monaten und dem deutschen Pass auch geändert. Nun muss jeder, der noch 60 Monate Reststrafe hat und dabei ist die Nationalität egal, in die JVA Hagen!

Auf jeden Fall war ich in Rheinbach sehr zufrieden und mein Vollzugsplan war wirklich gut geschrieben. Die Chancen für eine Verlegung in den offenen Vollzug standen nun wirklich gut, wäre da nicht noch das EW-Verfahren, welches mir im Nacken hing.

Alles sah so aus, als würde die JVA Hagen es nicht schaffen mich zu ziehen, bis dann 8 Tage bevor ich unter diese 30 Monate gekommen wäre, der Brief aus Hagen kommt, dass die JVA Rheinbach mich verlegen kann!

Wieviel Pech kann ein Mensch denn haben? Nicht in dieses Drecksloch dachte ich mir und das obwohl ich persönlich noch nie da war, aber die Erzählungen über diesen Knast haben mir gereicht. Ich sage euch, die Geschichten waren noch untertrieben!

Nach 5 Monaten in Rheinbach ging es dann im August 2021 in die JVA Hagen und das, was da ablief, war echt filmreif.

Sich jedes Mal an einen neuen Knast zu gewöhnen, die Abläufe kennenzulernen und immer bei Null anzufangen, kann auf Dauer echt nerven, vorallem weil du nicht immer direkt einen Job bekommst und in den Knästen davor hatte ich immer gute Jobs, aber Hagen war bekannt, dass sie für nur sehr wenige Inhaftierte Arbeit haben.

Natürlich bekam ich erst einmal keinen, also wurde der Haftalltag extrem langweilig und mein Konto um einen guten Einkauf machen zu können blieb auch leer, aber zum Glück kannte ich dort auch relativ viele Leute, was mir doch etwas half dort besser klarzukommen!

Ich musste mir ein Konzept für meine Zeit in Hagen zurechtlegen, weil wenn man im EW Verfahren planlos wirkt, so kann es sein, dass eine Verlegung in den offenen Vollzug sehr schnell Geschichte sein kann.

Man muss genau wissen, was man will und den Beamten dort zeigen, dass man sich Gedanken über seinen Vollzug, seine Straftaten und seine Zukunft gemacht hat, damit die wissen, dass du an dir arbeiten willst!

Ich wollte den Weg über die JVA Bochum-Langendreer machen, weil man dort eine Ausbildung oder Weiterbildung machen kann. Dies ist mit Abstand das beste Vorhaben, welches du im Vollzug haben kannst, eine Ausbildung! Die Justiz fährt darauf ab, wenn du in deiner Zeit im Vollzug dich weiterbilden möchtest, weil das für eine Resozialisierung natürlich der beste Weg ist!

Sich beruflich weiterentwickeln zu können ist natürlich immer von Vorteil und ich persönlich finde es auch sehr gut und sehr wichtig, dass so etwas im Vollzug angeboten wird!

Ich wollte also diesen Weg gehen und gab dies auch so in der JVA Hagen an. So bekam ich direkt einen Job, zumindest für einen Monat, weil wenn du dich für eine Ausbildung im Vollzug entscheidest, so muss man in der JVA Hagen einen "HEP"-Kurs machen, damit die beurteilen können, wie dein handwerkliches Geschick ist und wie deine Motivation zu arbeiten aussieht! "HEP" heißt Handwerkliche Erprobungsphase, wenn ich das noch richtig in Erinnerung habe.

Diese Arbeit war echt was für Leute im Vollzug, die Probleme haben, sich zu beschäftigen. Diese Arbeit war zum Kotzen und es war totlangweilig!!!

Nachher bekam ich einen Job in der Kammer, dieser gehört auch zu den besten und angenehmsten Jobs im Vollzug und was das Beste daran war, ein Bruder von mir war auch dort am arbeiten. War ne geile Zeit.

Die Zeit in Hagen verging sehr langsam und man muss wissen, du siehst da beim Hofgang keine Sonne und nichts Grünes. Alles ist grau und trostlos, so als wärst du in einem engen Turm gefangen. Ich spielte viel Schach, Backgammon und auch ab und zu Karten, sonst bleibt dir dort auch nicht viel übrig!

In den ersten 3 Monaten habe ich keine Arbeit gehabt und musste meine Zeit mit DVD-Serien rumkriegen. Diese Warterei und die Ungewissheit lässt dich manchmal verrückt werden. Normalerweise darf so ein EW-Verfahren höchstens 3 Monate dauern.

In anderen Bundesländer wie zum Beispiel Berlin funktioniert das auf jeden Fall, aber nicht in NRW! Im NRW Vollzug läuft, meiner persönlichen Meinung nach, sowieso vieles falsch, aber das ist so umfangreich, dass man diesem Thema ein eigenes Buch widmen muss!

Nach 7 Monaten war es dann auch bei mir endlich soweit und ich wurde zum Gespräch geholt, aber wie soll es auch anders sein, bei mir war es natürlich mal wieder anders als bei anderen Inhaftierten.

Normalerweise holt dich der Sozialdienst zum Gespräch, um mit dir deinen "Vollzugsweg" zu besprechen. Bei mir kam aber eine Beamtin von S. & O. (Sicherheit und Ordnung) und normalerweise ist dies kein gutes Zeichen!

Diese Frau war aber sehr objektiv und wirklich sehr nett. Unsere Gespräche dauerten 6 Stunden und am Ende war sie sogar dafür, dass man mich in die JVA Castrop-Rauxel verlegen sollte. Die war auch ein offener Vollzug und sogar noch gelockerter als Bochum-Langendreer.

Ich war sehr überrascht über ihre doch sehr positive Prognose und meine Hoffnungen, endlich gelockert zu werden, stiegen!

Wäre da nicht so eine unfähige Psychologin gewesen…

Eigentlich wäre der psychologische Dienst in meinem Fall gar nicht für mich zuständig gewesen, da ich für keine Gewalttat verurteilt wurde. Selbst die Beamtin von der S. & O. Abteilung verstand es nicht wirklich!

Das witzige war ja, da ich mich im Vollzug sehr gut auskenne, habe ich in 2 verschiedenen Knästen, in denen ich zuvor war, schon einen Antrag an den psychologischen Dienst geschrieben, um mit denen zu reden und immer kam die Antwort, dass in meinem Fall **kein** psychologischer Dienst nötig sei.

Komisch, aber in Hagen will auf einmal wieder eine Psychologin ihren Senf dazu geben und wie es ja die Vergangenheit schon gezeigt hat, waren die Psychologinnen nicht gerade Fans von mir, siehe die Gutachterin in meinem Prozess!

Ich erfuhr dann kurz vor dem Gespräch mit der Anstaltsleitung von Hagen, dass der psychologische Dienst mich "kaputt" geschrieben hätte, dabei hat diese Frau in den ganzen 7 Monaten, in denen ich jetzt dort war, nicht ein einziges Gespräch mit mir geführt! Sie hat einfach per Aktenlage ihre Stellungnahme geschrieben!

Was für eine Unverschämtheit! Dafür hätte ich keine 7 Monate in der Anstalt sein müssen, so etwas hätte man auch in 8 Wochen machen können und ich wäre jetzt schon 5 Monate weiter in meinem Vollzug!

Wenn man es in 7 Monaten nicht schafft, einen Inhaftierten für 2 Gespräche zu holen, dann sollte man sich mal überlegen, warum man überhaupt im Vollzug arbeitet!

Ihre Stellungnahme war wirklich katastrophal geschrieben und war fast 10 Seiten lang, dass aber die Straftaten 4-5 Jahre alt waren und ich mittlerweile seit 3 Jahren im Vollzug bin und mir nie etwas zu schulden kommen lassen habe, interessierte sie nicht mal ansatzweise! In ihren Augen war ich immer noch der Rocker und manipulative Zuhälter, der nicht in den offenen Vollzug gehört!

Ich zweifle echt an der Kompetenz von vielen Menschen, die im Vollzug arbeiten, aber diese Psychologin ist absolut fehl am Platz meiner Meinung nach, aber es kam noch besser…

Dann kam der Tag, an dem die Entscheidung über meinen Vollzug getroffen werden sollte und welche Maßnahmen für mich am besten wären, um die beste Resozialisierung bei mir zu erreichen.

Ich ging in den Konferenzraum und dort saßen dann alle wichtigen Leute, die nun über meine Zukunft entscheiden sollten, außer genau die Person, die mich unter keinen Umständen in den offenen Vollzug lassen wollte… Die Psychologin!

Die stellvertretende Anstaltsleiterin, der Berufskoordinator, die Beamtin von S. & O. und ein Abteilungsbeamter der für mich zuständig war!

Alle, bis auf die Anstaltsleiterin, die ja die endgültige Entscheidung treffen musste, waren für eine Verlegung nach Bochum-Langendreer, weil dies auch mein persönlicher Wunsch war, dort eine Ausbildung im Handwerk zu machen.

Die Anstaltsleiterin entschied sich gegen eine Verlegung in den offenen Vollzug und das **nur** aufgrund der Stellungnahme von der Psychologin und sie saß nicht mal bei dieser Entscheidung mit am Tisch!

Die legte da einfach 10 Seiten auf den Tisch und genau das sollte dann richtungsweisend für meine Zukunft sein! Die anderen Beamten, die für eine Verlegung in den offenen Vollzug waren, hatten mit mir 7 Monate lang persönlichen Kontakt und konnten sich so sicherlich am besten ein Bild von meiner Person machen. Die Stellungnahme, die aber entscheidend für meine Zukunft sein sollte, wurde von einer Person geschrieben, die mich in 7 Monaten nicht einmal gesehen hat!

Eine halbe Stunde diskutierte ich mit der Anstaltsleiterin über diese Entscheidung, dass man doch nicht einfach nur nach Aktenlage und ohne ein persönliches Gespräch über die Zukunft eines Inhaftierten entscheiden kann! Sie wusste, ich hatte Recht, aber sie wollte und konnte ihre Entscheidung nicht revidieren, weil der psychologische Dienst bei solchen Entscheidungen über der Anstaltsleitung sitzt!

Zusammengefasst war das alles eine riesige Verarsche!

Mir wurde als Maßnahme, dass R & R Training in der JVA Schwerte empfohlen. Dort soll man dann an sich arbeiten und wieder mit Psychologen verschiedene Gespräche in einer Gruppe führen. Der Witz, eigentlich ist dieses Programm für Gewalttäter vorgesehen und ich war in dieser Gruppe der einzige Inhaftierte, der **nicht** wegen einer Gewalttat verurteilt wurde.

Also ging es im März 2022 in die JVA Schwerte und auch in diesem Knast erwischte ich keinen Traumstart und wieder mal war eine Psychologin daran schuld…

Ich bekam wieder vorerst keine Arbeit und musste auch so wieder gucken, wie ich die ersten 3 Monate über die Runden komme! Es kotzte mich alles nur noch an und ich hatte so langsam echt die Schnauze gestrichen voll!!! Es war mittlerweile der 6. Knast in nicht mal 4 Jahren und immer wieder muss man von vorne anfangen, das machte alles keinen Spaß! Ich muss aber sagen, dass die Sozialarbeiterin, die Bereichsleitung und die Beamten dort echt super waren und mir echt geholfen haben, wo sie nur konnten.

Es kam dann der Tag, an dem mich die Psychologin der JVA Schwerte ins Büro holte, um mit mir ein Gespräch zu führen, weil mein neuer Vollzugsplan geschrieben werden musste.

Das Gespräch dauerte etwas länger als 2 Stunden und ich empfand es als nicht unangenehm, was sie aber nachher im Vollzugsplan über meine Person geschrieben hatte, brachte mich endgültig zum Explodieren! Mir reichte es komplett mit diesen Psychologinnen!!!

Ich bat sofort um ein Gespräch bei meiner Abteilungsleiter und beschwerte mich über die mangelnde Objektivität der Psychologin. Sie thematisierte meine Zeit in der Rockerszene und meinen Kontakt zu den Frauen im Rotlichtmilieu.

Zuerst einmal stellte ich klar, dass ich zum damaligen Zeitpunkt seit 5 Jahren kein Mitglied mehr in einem Motorradclub bin und dass ich lange bevor ich verhaftet wurde, den Club verlassen habe. Für die vorgeworfenen Straftaten im Rotlichtmilieu habe ich einen **Freispruch** bekommen, mehr Unschuld geht nicht!!!

Die Abteilungsleiterin machte mir den Eindruck, dass sie fair sei und versprach mir, sich der Sache anzunehmen und tatsächlich wurde die Psychologin von meinem Fall abgezogen und ein Psychologe übernahm meine Akte.

Sein Ruf in der JVA Schwerte war gut. Er soll fair und objektiv sein und man kann mit ihm wirklich gut reden und muss keine Angst haben, dass er dir die Wörter im Mund verdreht.

Genau dieser Psychologe erkannte Fehler in dem Gutachten von mir, welches damals für die Sicherungsverwahrung erstellt wurde und er machte mit mir auch die Vorbereitungsgespräche wegen dem offenen Vollzug. Er selbst war ein anerkannter Gerichtsgutachter, der selbst Gutachten schreiben durfte! Der Mann war kompetent und ich habe noch nie so einen guten Psychologen im Vollzug kennengelernt!

Nur mal so am Rande, dieses R & R Training ist meiner persönlichen Meinung nach voll für den Arsch!!!

Ich bin am 5. Tag eingestiegen und am 25. Tag des "Trainings" ausgestiegen, obwohl dieses "Training" 35 Tage gehen sollte!

Einen riesen Dank also an die unfähige Psychologin der JVA Hagen für diese schwachsinnige Stellungnahme, die mich eine 7 monatige Ehrenrunde in der JVA Schwerte gekostet hat!

Im Oktober 2022 sollte ich endlich in die JVA Bochum-Langendreer verlegt werden, um dort meine Ausbildung als Industrieelektriker zu absolvieren.

Ein Dank geht an meine Sozialarbeiterin, die Bereichsleitung und an den Psychologen, ohne sie wäre es nicht möglich gewesen und alleine schon ihre Entscheidung nicht als falsch aussehen zu lassen, war ich motiviert, die Ausbildung durchzuziehen!

Der 7. Knast in 4 Jahren und 3 Monaten Haft, war mir aber dann egal, ich war endlich im offenen Vollzug!!!

60

Meine Ausbildung im Knast

Wenn man etwas aus seiner Haftzeit mitnehmen kann, dann war diese Zeit wenigstens nicht ganz umsonst und wenn es dann noch eine anerkannte Ausbildung ist, hast du die Zeit wirklich genutzt.

Ich will natürlich ehrlich sein, für mich war der Weg nach Bochum-Langendreer der sicherste und schnellste Weg, um in den offenen Vollzug zukommen! Eine Ausbildung ist immer ein sehr gutes Druckmittel gegen die Justiz, weil sie deiner Resozialisierung nicht im Weg stehen dürfen und sie natürlich wollen, dass du dich von deinem alten kriminellen Leben löst.

Das alles ist für mich persönlich Schwachsinn und ich weiß, dass

98% der Leute, die heute eine Ausbildung oder Fortbildung im Knast machen, diesen Beruf nach ihrer Entlassung niemals ausüben werden. Das ist meine persönliche Meinung und Erfahrung…

Die Inhaftierten wissen, dass eine Ausbildung immer von der Justiz gefördert wird und dass man sich so auch noch mal etwas mehr schützt vor einer Rückverlegung in den geschlossenen Vollzug.

Es gibt nur einen Grund, warum man sein altes kriminelles Leben hinter sich lässt und das ist der eigene Wille, etwas zu verändern, wenn man nicht mehr so weiterleben möchte. Diese ganzen Psychologen in den Justizvollzugsanstalten halte ich persönlich alle für überflüssig und viele von ihnen fehlt auf jeden Fall die Kompetenz! Diese ganzen Maßnahmen wie "Anti-Gewalt-Training" oder zum Beispiel dieses "R & R"-Training sind, meiner persönlichen Meinung nach, absoluter Schwachsinn.

Ich habe mich ganz allein resozialisiert, kein Psychologe, keine Therapie und auch sonst nichts, was die Justiz noch so verkaufen möchte, waren der Grund dafür, dass ich mich geändert habe.

Meiner persönlichen Meinung nach werden die Inhaftierten in den Knästen menschlich herabgewürdigt! Man versucht sie zu brechen und wieder neu aufzubauen.

Keiner kann einem erklären, dass das Leben auf der Straße mit kriminellen Gedanken keinen Sinn macht, außer eine Person, die das alles erlebt hat und den Wandel geschafft hat.

Das ist authentisch und nicht die Bücher, aus denen die Psychologen gelernt haben.

Warum sonst ist die Rückfallquote in Deutschland so hoch?

Ich habe 10 Jahre und 3 Monate meines Lebens in Haft gesessen und wenn ich einem erkläre, dass vieles wirklich keinen Sinn macht und das man sein Leben sauber führen sollte, dann hat das mehr Gewicht, als wenn ihm das ein/e Psychologe/in erklärt, die denkt, dass sie nach 6 Semester weiß, was der andere Mensch denkt und warum er so handelt!

Jeder Mensch ist anders und dafür gibt es keine Faustregel meine Freunde, deswegen und weil ich gesehen habe wie die Psychologinnen in den Knästen arbeiten, bin ich der Meinung, dass das alles mehr Schein als sein ist!

Ich bin also Anfang Oktober 2022 nach Bochum-Langendreer verlegt worden und startete direkt mit meiner Ausbildung zum Industrieelektriker.
Die Dauer der Ausbildung passte perfekt in meinen Vollzugsplan, weil genau da, wo die Ausbildung endete, war auch meine Endstrafe.
Die erste Zeit in Bochum war für mich ungewohnt, aber das wunderte mich nicht, nach 4 Jahren und 3 Monaten im geschlossenen Vollzug ist es auf einmal wieder ein komisches Gefühl, wenn man seine Tür wieder selber abschließen darf und seine Stube verlassen kann, wann man will! Diese Freiheit wieder genießen zu dürfen war traumhaft und erst in solchen Momenten fragst du dich dann, wie man die Zeit im geschlossenen Vollzug ohne einen Schaden im Kopf überlebt hat!

Ich habe starke Menschen im Knast gesehen, die auf einmal anfingen Drogen zu konsumieren oder sich Tabletten einzuwerfen, genau das passiert nämlich in den deutschen Knästen. Das ist die wahre "Resozialisierung"!
Nur darüber redet keiner und das alleine zeigt mir mal wieder, dass die Wahrheit keinen Platz findet. Die heilige Justizwelt ist, meiner persönlichen Meinung nach, eigentlich nur ein Auffangbecken für Menschen, die entweder noch krimineller werden nach der Inhaftierung oder Junkies geworden sind!
Nur wenige schaffen es den richtigen Weg zu gehen und das nur, weil sie es selbst wollen und nicht weil die Justiz ihr dabei geholfen hat!

Die ersten Wochen in der Ausbildung haben mir so gar nicht

gefallen, aber ich war dankbar, dass ich überhaupt im offenen Vollzug gelandet bin, also biss ich meine Zähne zusammen und versuchte es so gut wie möglich zu verbergen.

Meine Ausbilder waren im Großen und Ganzen eigentlich ganz in Ordnung zu mir, mit der Zeit brach das Eis zwischen uns immer mehr und es wurde auch mal humorvoller.

Unser Lehrgang hat sie aber auch Nerven gekostet, das muss man auch mal erwähnen! Eine richtige Chaostruppe, aber wir hatten Spaß und haben uns alle gegenseitig immer unterstützt!

Nach 4 Monaten bekam ich dann meinen ersten Ausgang und ich lernte wirklich eine neue Welt kennen. Corona gab es zu diesem Zeitpunkt schon 2,6 Jahre, aber man merkte sofort, dass es nicht mehr so war wie früher!

Meine Familie holte mich ab und ich fuhr zum ersten Mal in mein neues Zuhause. Ich lebte von nun an nicht mehr in Köln, sondern in Hagen, was nicht meine Wunschstadt war, aber meine Familie machte es zu einem wunderschönen Ort!

Ich bekam Monat für Monat immer mehr Lockerungen und das Ende meiner Haftzeit rückte auch immer näher. Schon verrückt, erst zählt man die Jahre, dann die Monate, dann die Wochen, dann nur noch Tage und umso näher der Entlassungstag rückt, desto mehr denkst du an die Zeit die du im Vollzug geschafft hast.

Die ganzen Schikanen, Verlegungen, Prozesstage, Besuche, einfach alles schießt dir durch den Kopf und mich überkam eine Art stolzes Gefühl. Dieses Gefühl zeigte mir, dass ich mental stark geblieben bin, man mich nicht brechen konnte, ich immer noch ich selbst geblieben bin und dass ich mich alleine von allem Schlechten gelöst habe.

Meine Familie war mein größter Rückhalt und ohne sie, weiß ich nicht, ob ich die Zeit in Haft so überstanden hätte!

Ihnen gehört mein größter Dank!!!

Irgendwann kamen dann die Termine für die Abschlussprüfungen und ob ihr mir glaubt oder nicht, da habe mich ich erst reingehangen, weil ich es irgendwie nicht verkacken wollte!

Ich habe 12 Monate wirklich einfach mal gar nichts gemacht. Im Sommer saß ich nur draußen vor der Werkstatt in der Sonne und habe die Werkstatt vielleicht nur für 10 Minuten von innen gesehen. Ich habe einfach nichts gemacht!

Die Quittung dafür war jetzt, dass ich nun noch mehr tun musste und dank eines Freundes, der auch die Ausbildung dort gemacht hat, habe ich es dann auch schnell auf die Kette gekriegt! Ohne ihn wäre ich auf jeden Fall durchgefallen.

Am Ende kann ich euch sagen, ich habe als zweitbester die Ausbildung bestanden und das mit einem Notendurchschnitt von einer 2!

Damit hat nicht wirklich einer gerechnet in der JVA Bochum-Langendreer, ich rede natürlich von den Beamten, die zum größten Teil dort wirklich alle falsch und hinterlistig waren. Nur eine Handvoll waren wirklich in Ordnung!

Am 9.2.2024 war es dann soweit, ich wurde entlassen…

61

Mein neues Leben!

Ich kam wirklich als neuer Mensch aus dem Knast und wenn ich jetzt sage, dass die Haftzeit und meine damalige Verhaftung mir mein Leben gerettet haben, ist das die Wahrheit!
Das heißt nicht, dass ich mich bei der Polizei und der Staatsanwaltschaft bedanke!!!
Für mich war die Haft wie eine Entgiftung! Ich konnte mir Gedanken machen über mein Handeln und über meinen Charakter, der vor der Haft immer mehr verloren ging!
Diese Zeit hat mir gezeigt, wer wirklich in den schlechtesten Tagen an meiner Seite steht und jedem danke ich von Herzen dafür.

Heute sehe ich viele Dinge ganz anders, ich verhalte mich anders und ich versuche meinen Kreis um mich herum klein zu halten. Es gelingt mir sehr gut und ich habe wieder Lust am Leben gefunden. Ich trainiere 6 mal die Woche, lache wieder mehr und schlafe ohne Dämonen im Kopf ein.

Familie steht über allem und man muss die Zeit mit ihnen nutzen, sie ist kostbar!

Ich habe mich dafür entschieden, in die Medienwelt zu gehen, weil ich weiß, dass ich etwas bewegen kann.
Mein Interview bei den Jungs von 26ix.Tv war erst der "kleine" Anfang. Die Entscheidung, mit den Jungs ein Interview zu machen, kam von mir und ich war froh, dass wir in Kontakt gekommen sind. Ich wollte dieses Interview unbedingt, aber für mich kamen nur die Jungs von 26ix.Tv in Frage, weil ich ihren Content schon monatelang verfolgt hatte und viele ihrer Gäste ebenfalls gestandene Männer waren.

Sie machen keine Interviews mit Zinkern, Verrätern und V-Männern und das gefiel mir am besten an der ganzen Sache.

Der Grund, warum ich unbedingt ein Interview machen wollte, war, dass ich meine Geschichte erzählen kann und vor allem wollte ich das "geschnittene" Satudarah Video richtigstellen! Ein Freund sagte mir mal:

"Wenn du deine Geschichte nicht erzählst, erzählt sie jemand anderes und er erzählt sie dann falsch!" **Free Chemo!!!**

Niemand hat das Recht über mich zu reden, nur ich selbst und ich weiß, dass es auch ein paar Menschen nicht gefallen hat, dass ich ein Interview gegeben habe.

Das alles ist mir aber auch scheißegal, weil es genau die Menschen sind, die über mich reden. Wie also soll man mir das Recht absprechen, nicht selbst über mich reden zu dürfen.

Es gab schon die wildesten Gerüchte über mich und früher hat es mich gestört, heute ist es mir egal und nur die Meinung meiner Familie und meiner engsten Freunde zählt!

"Sagt mir nicht, was die Leute über mich erzählt haben, sondern sag mir lieber, warum sie es in deiner Anwesenheit tun durften!"

Ich liebe dieses Zitat, weil es Loyalität bedeuten soll und diese ist mir persönlich sehr wichtig. Ohne Loyalität sind wir nichts und der Verrat ist unser ständiger Begleiter.

In meinem Leben habe ich viele Menschen kennengelernt und ich sage euch, weniger als 1% sind geblieben, natürlich war auch ich manchmal selber schuld, aber im Großen und Ganzen kann jeder, der mich als Freund hat, auch auf mich zählen und das habe ich zu Genüge unter Beweis gestellt!

2017/2018 war meine persönlich schwierigste Zeit und ich habe mich aus diesem Loch herausgezogen. Man darf nie den Glauben an sich selbst verlieren und man muss immer dafür sorgen, dass man seinen Kopf frei hält.

Heute führe ich ein "normales" Leben, mache meinen Sport und habe ganz andere Zukunftspläne.

Ich werde nicht mehr Teil der MC-Szene werden, auch wenn ich heute noch sehr viele Freunde und Brüder in den verschiedensten Motorradclubs habe, bin ich der Überzeugung, dass es derzeit nichts mehr für mich ist.

Grund ist nicht die MC-Szene, sondern es liegt an mir, weil meine Persönlichkeit nicht mehr zu einem Motorradclub passt und ich keine Bereicherung für ihn wäre.

Ob es immer so bleiben wird, kann ich nicht sagen, aber zum jetzigen Zeitpunkt ist das mein Gefühl, auch wenn ich die Zeit doch sehr vermisse, weil ich eine sehr schöne Zeit hatte!

Mein Club heute ist meine Familie und da werde ich noch eine lange Prospect Zeit machen müssen, weil ich allen beweisen muss, dass sich mein Leben auch wirklich geändert hat…

62

Gegendarstellung

Es gibt Personen, die noch nie in einem Motorradclub waren und dann immer davon reden, dass man sich einem anschließt, um kriminelle Geschäfte zu machen.

Liebe Politik, liebe Psychologen, liebe "Experten für organisierte Kriminalität"...

Ich bin der beste Beweis dafür, dass man sich einem Motorradclub genau nicht wegen solchen Gründen anschließt!
Ich bin als nicht vorbestrafter Mensch dem Hells Angels MC beigetreten und der Grund für meinen Beitritt war nicht, dass ich kriminell werden wollte, sondern dass ich nach einem Zusammenhalt, nach einer Bruderschaft, nach einer Familie gesucht habe.

Viele "Aussteiger" berichteten immer wieder davon, dass die Motorradclubs kriminell sind und dass sie verboten gehören!
Wer sind diese "Aussteiger"? Natürlich werde ich keine Namen nennen, die Liste ist auch sehr lang und mittlerweile ist es auch echt langweilig geworden!
Ich bin auch ein "Aussteiger", mittlerweile seit über 7 Jahren nicht mehr Teil der MC-Szene, aber ich berichte euch von der Wahrheit über das Leben als Mitglied in einem Motorradclub!

Ich werde hier nichts schön reden, natürlich ist viel scheiße passiert, aber dass der Hells Angels MC, der Bandidos MC und andere große Clubs, der "kriminellen Organisation" zugerechnet werden, halte ich für absolut schwachsinnig und falsch!!!
Ich werde euch natürlich auch erklären, warum ich das so sehe und empfinde!

Als ich Teil des Hells Angels MC geworden bin, war ich nicht vorbestraft. Ich wurde deswegen nicht von den Mitgliedern ausgelacht oder anders gesehen.

Ich wurde auch nicht gefragt, wann willst du denn deine erste Straftat begehen, damit du zum Hells Angels MC passt…

Drogenhandel, Menschenhandel, Waffenhandel…

Laut den Medien, der Politik und der Strafverfolgungsbehörden sind das die Haupteinnahmequellen der Motorradclubs.

Bestimmt, haben mal vereinzelt Mitgliedern Drogen verkauft, aber der ganze Club? Mit 100 %iger Sicherheit ist dies nicht der Fall!

Das weiß ich sicher, weil es auch Charter und Chapter gab, die den Verkauf und sogar den Konsum von Drogen verboten und unter Strafe gestellt haben. Die Strafe war ein sofortiger Rausschmiss aus dem Club!!!

Deutschland wird jeden Tag von Drogen überflutet und Schuld sind bestimmt nicht die Rockerclubs.

Jemand, der mit voller Überzeugung kriminell sein will, schließt sich bestimmt keinen Motorradclub an! Mit der Mitgliedschaft in einem Motorradclub rückt man doch automatisch viel mehr in den Fokus der Ermittlungsbehörden, das ist ja kein Geheimnis!

Wer bitte ist denn so dumm?

Also wenn man das doch mal logisch und ganz objektiv betrachtet, weiß man doch, dass man als Krimineller unscheinbar sein muss, um in Ruhe sein Geld zu verdienen.

Du hast Ruhe vor den Ermittlungsbehörden, aber nicht, solange du ein Mitglied in einem Motorradclub bist.

Selbst bei Partys von den Motorradclubs wurden sogar Gutachter vom TÜV geholt, um Motorräder stillzulegen!

Wie soll da bitte ein Krimineller in "Ruhe" seinen Geschäften nachgehen?

Was noch dazu kommt, auch wenn die deutschen Gerichte das jetzt nicht hören wollen (weil wir ja vor dem Gesetz angeblich alle gleich sind), weiß man mittlerweile, dass du als Mitglied eines Motorradclubs noch einen "kleinen Zuschlag" auf deine eigentliche Strafe bekommst!

Gibt es Mitglieder von Motorradclubs, die Bordelle besitzen (führen) oder mit Prostituierten zusammen sind?

Natürlich gibt es die, aber ich weiß, dass sich Mitglieder von richtigen Motorradclubs von Menschenhandel und Zwangsprostitution voll und ganz distanzieren!

Mir persönlich ist kein Fall bekannt, wo ein Mitglied eines Motorradclubs, Frauen aus dem Ausland "verschleppt" hat, ihre Reisepässe behalten hat und sie dann zur Arbeit in einem Bordell gezwungen hat!

Ich kenne eher Fälle, wo es anders herum lief und Rocker diesen Frauen geholfen haben, ihre Papiere wieder zu holen und sie so aus einer Zwangslage befreit haben!

Will natürlich jetzt keiner hören, ist aber nunmal Tatsache!

Wenn man mit einer Prostituierten zusammen ist, ist dies keine Straftat! Wenn ein Rocker mit einer Prostituierten zusammen ist, dann ist es keine Zuhälterei!

Ich kenne verdammt viele Rocker, die mit einer Prostituierten zusammen waren und sie auch schließlich geheiratet haben!

Eine Frage an die Experten in der Runde…

Wie nennt man diese Straftat? "Pretty Woman"???

Gibt es Rocker, die sich mal eine Waffe gekauft haben? Bestimmt!

Mein Stiefvater hatte 86 unregistrierte Waffen auf dem Dachboden liegen und war kein Waffenhändler oder gar ein Rocker!

Ich habe noch nie einen Waffenhandel mitbekommen, gesehen oder von einem gehört. Wäre es so gewesen, hätte ich es hier und jetzt natürlich auch nicht gesagt, aber dann hätte ich zu diesem Thema auch die Fresse gehalten.

Ich berichte nur aus meinen Erfahrungen und schließlich war ich ja auch lange in der MC-Szene dabei und war ein hochrangiges Mitglied!

Für mich persönlich gab und gibt es immer eine Art "Hetzjagd" auf die MC-Szene, gerade wenn es für die Politik mal wieder heißt, auf Stimmenjagd zu gehen!

Dabei haben wir hier in Deutschland doch weitaus größere Probleme, meiner Meinung nach!

Natürlich gab es auch Auseinandersetzungen zwischen den verschiedensten Motorradclubs, aber bei den meisten war nicht eine Rivalität der Motorradclubs schuld, sondern meist eine private Vorgeschichte!

Ich persönlich habe als Prospect bei den Bandidos mit einem Prospect der Hells Angels, 2 Monate an der "Tür" gearbeitet und wir haben uns gegenseitig auf die "Schippe" genommen, aber wenn es hart auf hart kam, konnten wir uns bei der Arbeit aufeinander verlassen!

Ich stand mit meinem Motorrad als "V-Präsident" der Bandidos auf einer Tankstelle, als ein Hells Angels, der ein "Sgt at Arms" war, ebenfalls auf diese Tankstelle fuhr, um zu tanken.

Keiner schoss! Welch ein Wunder…

Nein, wir begrüßten uns, tauschten ein paar Sätze aus und jeder fuhr danach seinen Weg!

Es gibt noch hunderte solcher Beispiele, ich aber will euch damit sagen, lasst euch nicht verarschen von den Medien, die vielleicht gerne einen "Rockerkrieg" in Deutschland gehabt hätten, den es in Wirklichkeit aber nie gegeben hat!!!

Der Sinn und Zweck einer Mitgliedschaft in einem Motorradclub liegt darin, gewisse Werte dort zu finden, die man in der heutigen Gesellschaft vergeblich sucht!

Es ist eine Bruderschaft und es ist eine Familie, aber da man diesen Zusammenhalt in der Gesellschaft nicht mehr so kennt, macht es ihnen Angst, dass es in einem Motorradclub funktioniert! Draußen auf den Straßen streiten sich die verschiedensten Religionen, Länder, aber in einem Motorradclub sitzen Landsmänner nebeneinander, die sich vielleicht ohne das Patch die Hand auf der Straße nicht geben würden.

Ein Motorradclub vereint und ist absolut religionsneutral und politisch neutral! Ein Motorradclub schafft etwas, was seit Jahrzehnten die Politik der verschiedensten Länder nicht schaffen und das ist ein friedliches Miteinander, egal wo man herkommt! Es zählt nur dein Charakter und deine Einstellung, wenn die stimmt, dann ist alles andere egal!

Man hat Brüder überall auf der Welt, nicht um kriminelle Geschäfte abzuwickeln (Laut Politik, Medien, Ermittlungsbehörden), sondern um die verschiedensten Kulturen kennenzulernen!

Du kannst überall Urlaub machen und brauchst so gesehen kein Reisebüro mehr, weil die Brüder in diesem Land, wo du Urlaub machen willst, sich auf deinen Besuch freuen und für dich alles organisieren!

So etwas nennt man Zusammenhalt und Bruderschaft!!!

Meiner Meinung nach ist ein Mitglied in einem Motorradclub im Durchschnitt genauso kriminell wie ein Bundestagsabgeordneter!

Die Verschärfung des Vereinsrechts 2017 hat die ganze Wahrheit aufgedeckt!
Wenn die Politik Motorradclubs für "kriminelle Organisationen" hält, warum wurde dann der Hells Angels MC nicht auch deswegen mal verboten, beim Bandidos MC im Westen hat es ja anscheinend auf Biegen und Brechen geklappt und selbst da bin ich nicht davon überzeugt, dass das vor dem obersten Gericht stand hält!

Man musste also ins Vereinsrecht eingreifen, um den Motorradclubs irgendwie die Colour zu nehmen. Eine "kriminelle Organisation" jedoch, so ist meine persönliche Meinung, sollte man doch mit Strafrecht "bekämpfen"!
Ja, aber woher die Straftaten nehmen, wenn es sie nicht gibt? Ab und an kann man ja eine Geschichte aufbauen und sie zur Verurteilung bringen, siehe unseren Fall in diesem Buch 2011/2012, aber auf Dauer scheitert der Staat mit solchen Versuchen, den Motorradclubs angeblich begangene Straftaten zu beweisen!

Nehmen wir die Anzahl der Mitglieder eines Motorradclubs, egal von welchem der "Großen" Clubs in Deutschland und gucken dann wie viele der Mitglieder in Haft sitzen aktuell!
Ich würde jetzt darauf wetten, dass man auf keine 2 % kommt!!!
Jetzt sagt mir bitte, wie man dann die Clubs als "organisierte Kriminalität" abstempeln kann?

Ermittlungsverfahren sind immer schnell eingeleitet und tauchen gerne in verschiedenen Akten bei Prozessen auf, wie auch bei mir, aber verurteilt wurde ich dafür nie!

Trotzdem werden sie benutzt, um die "Stimmung" während eines Prozesses in die, von Seiten der Staatsanwaltschaft, vermeintlich "richtige" Richtung zu lenken.

"Da sitzt der kriminelle Rocker!"

Unschuldsvermutung: Fehlanzeige! Der Verdacht und der Glaube daran, dass es so ist, reicht den Behörden und leider auch manchmal den Gerichten, wobei ich schon viele Gerichte gesehen habe, die bei dem Spiel nicht mitgespielt haben!
Ermittlungsverfahren werden bei Rocker sehr schnell eingeleitet, egal um welche Straftat es geht, man will es einfach auf eine bestimmte Summe bringen, damit die Medien wieder was zu schreiben haben, aber dann redet mir bitte nicht davon, dass wir in einem funktionierenden Rechtsstaat leben.
Meiner Meinung nach sollte das anders laufen und die wirklich begangenen Straftaten müssen zu einer Verurteilung führen und dürfen dann auch gerne in einer Medienberichterstattung auftauchen!

Ich habe mein Leben als Rocker geliebt, sowohl beim Hells Angels MC und auch beim Bandidos MC.
Diese Zeit hat mich geprägt und mich charakterlich sehr geformt!
Noch heute habe ich in vielen verschiedenen großen Motorradclubs Freunde und teilweise auch Brüder, auch ohne Kutte!

Ich respektiere sie zu 100 % und hoffe, dass sie alle ihren Weg gehen und gesund bleiben!

Schlusswort und Danksagung

Ich bedanke mich bei allen Menschen, die dieses Buch gekauft haben! Natürlich hoffe ich, dass ich euren Erwartungen gerecht geworden bin und bitte seid etwas nachsichtig… Es war mein erstes Buch und ich habe es ganz alleine ohne Unterstützung geschrieben.

Ich wollte meine Geschichte auch mit meinen Worten verfassen, weil es sonst in keinster Weise authentisch rüber gekommen wäre und das wollte ich auf keinen Fall!

Dieses Buch war meine Therapie während meiner Zeit in Isolationshaft und konnte mich von dem damals anstehenden Prozess etwas ablenken!

Es wird noch eine Menge von mir kommen und ich werde in meinem youtube-channel sehr viel Interessantes berichten!

In diesem Buch ging es von meiner Geburt an bis zum 17.Juli 2018, meiner Verhaftung!

Ich bedanke mich bei meiner Frau und bei meiner Familie, für die Unterstützung und den Halt in den schwersten Zeiten.

Ich bedanke mich bei P., ohne ihn wäre das Projekt nicht so schnell oder vielleicht auch gar nicht entstanden.

Ein Dank geht auch an meinen "Cavemin" Mehmet!

Ich bedanke mich bei Twin, der von Tag 1 mein Bruder und für immer Familie ist!

Ich bedanke mich bei den Jungs von "26ix.TV". Ohne ihre Ratschläge hätte ich bestimmt schon den ein oder anderen falschen Schritt gesetzt in der Medienwelt!

Ich bedanke mich bei allen Freunden! Die von Tag 1 an an meiner Seite waren und auch bedanke ich mich bei allen, die nicht mehr an meiner Seite sind, auch durch euch konnte ich viel lernen.

Ein Dank geht auch an meinen Freund Janez, der mir bei der Verwirklichung dieses Buches mit Rat und Tat zur Seite stand!

Ein Dank geht an meinen Sponsor und Freund "Big Balls Society"!
Vielen Dank an jeden einzelnen Leser dieses Buches! Ich hoffe ich konnte euch etwas unterhalten und euch zeigen, dass man nicht alles glauben soll, was man euch über die Rockerclubs erzählen will!

Was ich in diesem Buch erzählt habe, hat sich genauso zugetragen und ich habe nichts davon dramatisiert oder übertrieben dargestellt!
Freut euch auf meinen Youtube Kanal, denn dort werde ich euch noch tiefer in jedes Kapitel dieses Buch mitnehmen und das mit der Kamera.

Youtube: FernandoS.official

HARDY UND SARAH

Ein Buch zu schreiben ist selten das Werk einer einzelnen Person – es entsteht durch die Zusammenarbeit vieler Talente und kreativer Köpfe. An dieser Stelle möchte ich mich von Herzen bei euch bedanken, dass ihr mich auf diesem Weg unterstützt habt.

Zuerst an Hardy Bond – den Social-Media-Magier und Videoprofi. Du hast nicht nur die Kameras gerockt, sondern auch dafür gesorgt, dass wir online gut aussehen. Deine kreativen Ideen und dein Auge fürs Detail sind unbezahlbar.

Und natürlich Sarah Mencke – die Designerin mit dem goldenen Händchen. Vom Buchdesign über das Logo bis hin zu den Fotos, du hast alles perfekt in Szene gesetzt. Danke, dass du meine Ideen so genial umgesetzt hast und dem Buch seinen Look gegeben hast.

Ihr beide habt das Projekt erst richtig zum Leben erweckt. Ohne euch wäre das Buch nur halb so cool geworden! Danke für euren Einsatz, eure Kreativität und die gute Laune – ihr seid die Besten!

mr.credits_

sarahmenckefotografie

Danke für euer Interesse und denkt immer daran…

Finger weg von den Drogen, vermeidet Gewalt und denkt immer daran, bleibt respektvoll!!!

Euer Fernando S.

Big Balls Society - Offizieller Sponsor

Big Balls Society ist eine Marke, die für wirklich jedermann gedacht ist. Die Marke hat mich mit ihrer Qualität überzeugt und natürlich stimmte von Anfang auch die "Chemie" zwischen dem CEO von Big Balls Society und mir. Wir sind halt beides Kölner!!!
Big Balls Society spiegelt genau meinen Lifestyle wieder... Klamotten, Autos und Motorräder!
Die Marke wurde 2018 geschützt und ist seit 2021 auf dem Markt.
Ich bin von dieser Zusammenarbeit und von der Marke absolut überzeugt und freue mich auf eine schöne und erfolgreiche Zukunft!

Ich bedanke mich bei Big Balls Society für die tatkräftige Unterstützung in jeglicher Hinsicht!